本书得到国家社会科学基金项目"基于生态视角的资源型区域经济转型路径创新研究"（15BJL034）、"农资销售中的信任传递模式及营销策略研究"（15BGL087）的资助出版，并受到河南省高等学校哲学社会科学创新团队支持计划（2013–CXTD–08）、华北水利水电大学高层次人才科研启动项目的支持。

知识溢出、产业集聚与企业区位选择研究

黄志启　著

The Research on Knowledge Spillover,Industrial
Agglomeration and Enterprise Location Choice

中国社会科学出版社

图书在版编目（CIP）数据

知识溢出、产业集聚与企业区位选择研究/黄志启著．—北京：中国社会科学出版社，2016.8

ISBN 978 – 7 – 5161 – 7781 – 5

Ⅰ.①知…　Ⅱ.①黄…　Ⅲ.①企业管理—知识管理 ②企业管理—区位选择—研究　Ⅳ.①F270

中国版本图书馆 CIP 数据核字（2016）第 051447 号

出 版 人	赵剑英
责任编辑	侯苗苗
特约编辑	沈晓雷
责任校对	杨　涛
责任印制	王　超
出　　版	中国社会科学出版社
社　　址	北京鼓楼西大街甲 158 号
邮　　编	100720
网　　址	http://www.csspw.cn
发 行 部	010 – 84083685
门 市 部	010 – 84029450
经　　销	新华书店及其他书店
印　　刷	北京君升印刷有限公司
装　　订	廊坊市广阳区广增装订厂
版　　次	2016 年 8 月第 1 版
印　　次	2016 年 8 月第 1 次印刷
开　　本	710×1000　1/16
印　　张	18
插　　页	2
字　　数	305 千字
定　　价	68.00 元

凡购买中国社会科学出版社图书，如有质量问题请与本社营销中心联系调换
电话：010 – 84083683

目　　录

第一章 研究问题的提出

第一节 研究背景与意义

一 研究背景

本书选题背景主要有三个方面：一是知识经济时代的到来，知识作为经济增长的内生变量，逐渐发挥着重要的作用，区域或国家之间的经济角逐日益表现为知识技术之间的较量。其中研发创新、知识共享、知识溢出、知识吸收利用成为经济发展的内在动力源泉，日益成为经济学、管理学等学科的研究焦点。二是企业商业竞争模式发生变化，企业商业竞争模式由传统的单个企业之间的竞争转变为产业集群之间的竞争；由经济个体之间的点状竞争发展为区域经济体之间的块状竞争。三是市场规模与企业商务成本关系密切，产业集聚带来地方市场规模的扩大，市场规模的扩大直接影响着企业商务成本，进一步决定业务区位选择战略。

（一）研发创新、知识溢出和知识利用日益重要

知识经济是指建立在知识和信息的生产、分配、共享和利用基础之上的经济发展模式。在知识经济时代，知识是唯一不遵循生产要素收益递减规律的要素，逐渐成为企业的利润源泉，是提高企业生产率和竞争力的决定性因素。企业需要重视创造知识、获取知识和利用知识，实施有效的知识管理，才能在日趋激烈的市场竞争中获胜。

知识的创造和使用能够降低企业成本，由于知识资源具有可复制、边际报酬递增等特性，逐渐使传统的资本、能源、劳动力等生产要素失去其主导地位。知识资源成为创新的首要战略因素。专有技术、产品品牌、知识型员工等已经成为企业最重要的战略资源，是企业发展核心竞争力的主要基础。企业如果要通过知识资源建立竞争优势，就需要善于进行知识创

新和获得知识资源。知识要素的边际收益见图1-1。

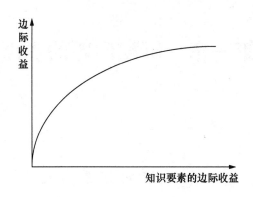

图1-1　知识要素的边际收益

对企业知识优势的探讨来自20世纪80年代美国战略管理学派对企业竞争优势来源的重新思考,认为企业的竞争优势不仅来自外部的市场环境,更重要的是依赖于企业拥有或长期积累下来的内部独特资源。Grant (1996) 提出企业是一个知识集成机构,并认为知识是一个组织最重要的战略资源。另外,改变企业物质资源产出的关键是人力资源的素质,决定人力资源素质的关键是人力资源在开发物质资源时拥有的知识和技能,因此,人力资源的知识化水平和专业技能是企业拥有异质资源的关键变量。知识优势是企业竞争优势的前提和内在本质,只有真正拥有知识优势,并不断进行知识创新的企业才可能拥有持久的竞争优势。

企业内部知识共享与集群网络环境中的功能协作有关。知识在企业间的流动是通过由信用推进的互动活动展开的,而信用的基础则是由很多因素构成的,其中一种很重要的因素就是信誉,企业所享有的信誉对其知识生成和知识共享关系的形成具有重要的作用。很多研究人员,特别是专门从事以社会网络视角研究企业关系中知识共享的研究者都接受这样一种观点:知识交流促进网络中各种性能的进步,企业之间可以相互学习,彼此可以从企业外部生成的知识中受益。

(二) 企业商业竞争模式的变化

传统企业的商业模式是将个体企业视为最主要的竞争载体,商业竞争在单个企业之间展开。历史上许多有名的大公司,在传统商业模式时代追求向前或向后一体化,企业试图占有该产业的全部产业链。然而,20世纪下半叶以来，随着经济全球化发展趋势的日益明显，传统商业模式的弊端表现得更加突出，越来越多的企业改变了传统的纵向垂直一体化的管理模式，逐渐对企业一些非核心能力的经济活动进行外包。现在很少有企业力争创建垂直供应链并对之进行管理；相反，他们将重点放在如何更好地创造紧密连接的虚拟网络。于是，一种全新的集群网络型商务模式逐渐出现，在集群网络型商务模式中，集群网络由一系列的"节点"和"经济链条"连接起来，从而便形成了产业集群，在集群中每一个节点包含特定能力或资源的来源，每一根经济链条是指可以使这些能力和资源应用并在市场中创造价值的通道和界面。

在集群网络型商务模式中，各个节点之间的经济链条联系并非简单地通过所属关系来实现，更主要的是通过集群企业之间的信息知识共享关系和信任合作关系来实现。信息知识可以通过集群网络内的利益相关者——如客户、供应商和员工等之间紧密的联系来获取。然而，仅仅作为集群网络中的一员，如某个企业那样，还不足以表明知识会自动流入某一家企业内部。

有关集群网络型商务模式的研究关注更多的是集群网络价值，集群网络价值是通过网络中主要成员以及客户对该网络综合知识、能力和资源的利用而产生的。集群网络的价值是建立在集群内部各个主体之间的联系能力和资源供给者的供给能力基础之上的，如果对集群网络中利益相关者的行为管理不善，可能会严重影响集群内每一个企业的风险预测。企业对集群网络的涉足越深，其对其他网络成员在知识及其他资源的依赖就越多。因为存在着这种依赖性，重要企业也存在其信誉可能会被其他网络成员的行为所损坏的危险，在这种情况下，企业又会减少未来同其他企业合作和知识共享的可能性。在关键网络界面没有被妥善处理的条件下企业的信誉风险问题表现得尤为突出，因此积极地对集群网络中利益相关者直接关系进行管理，会降低集群企业风险和促进企业之间的知识共享。

随着企业商业模式的转变，从单个企业竞争到集群网络竞争，企业信誉风险也由单个的企业风险逐渐转移为集群各企业的集群风险。集群网络的关键界面和知识共享利益关系是构建产业集群的基础，是创造集群企业互助合作和知识共享的重要因素。在集群网络竞争过程中，集群企业需要对集群网络中连接各成员的界面进行积极有效的管理，以及对集群网络中的知识适时进行更换和调节。

（三）市场规模与企业商务成本关系密切

改革开放 30 多年来，我国 GDP 年均增长 9.8%，是世界经济增长速度最快的国家之一，但区域差距以及区域间企业差距却成为一个非常严峻的问题。虽然从纵向来看，西部地区的经济、社会及基础设施等都有了明显的改善和提高，但横向比较来看，东西部差距不但没有缩小，反而呈扩大趋势（胡大立，2006）（见表 1 - 1）。

表 1 - 1　　　　　　　　　经济区域 GDP 和人口比重　　　　　　　　单位:%

地区	1980 年		1990 年		2000 年		2010 年	
	人口	GDP	人口	GDP	人口	GDP	人口	GDP
东部	43.8	33.9	45.9	34.1	53.5	35.1	54.3	36.7
中部	22.3	28.3	21.8	28.5	19.2	28.1	19.3	27.1
西部	20.2	28.7	20.3	28.5	17.3	28.3	17.8	27.9
东北	13.7	9.1	11.9	8.8	9.9	8.6	8.6	8.3

资料来源：根据《中国统计年鉴》整理。

从表 1 -1 可以明显看出，东部地区 GDP 占全国比重呈明显上升趋势，其他地区则呈下滑态势；人口更是向东部地区集聚。2010 年东部地区占全国总面积的 9.50%（是西部地区的 13.3%），但居住着 54.30% 的人口（是西部地区的 3.05 倍），生产了 36.70% 的 GDP（是西部地区的 1.32 倍）。从表 1 -2 可以看出，东部地区的经济远比西部地区发达。西部

表 1 - 2　　　　　2010 年东、中、西部地区及东北地区经济数据比较

指　　标	东部地区		中部地区		西部地区		东北地区	
	绝对数	比重	绝对数	比重	绝对数	比重	绝对数	比重
土地面积(万平方公里)	92	9.50	103	10.70	687	71.50	79	8.20
年底总人口（万）	47965	36.70	35466	27.10	36522	27.90	10874	8.30
GDP（亿）	177580	54.30	63188	19.30	58257	17.80	28196	8.60
第一产业	12146	36.00	9227	27.30	9065	26.00	3308	9.80
第二产业	91727	55.00	32193	19.30	28019	16.80	14943	9.00
#工业	83347	55.90	28331	19.00	23954	16.10	13350	9.00
第三产业	73707	58.20	21768	17.20	21173	16.70	9945	7.90

续表

指　　标	东部地区		中部地区		西部地区		东北地区	
	绝对数	比重	绝对数	比重	绝对数	比重	绝对数	比重
人均GDP（元）	37213		17860		16000		25955	
货物进出口总额（亿美元）	22487	87.70	989	3.90	1067	4.20	1089	4.20
出口额	12425	86.80	592	4.10	654	4.60	637	4.40
进口额	10062	88.80	397	3.50	414	3.70	453	4.00
城镇居民可支配收入（元）	19203		13226		12971		13120	
农村居民人均纯收入（元）	6598		4453		3518		5101	

资料来源：根据《中国统计年鉴》整理。

地区虽然土地辽阔，占国土面积的71.50%，但第一产业GDP只有东部地区的74.63%，其他产业更是远远落后（第二产业为30.55%，第三产业为28.73%），人均GDP在第一产业的拉动下也只有东部地区的43.00%；城镇居民可支配收入为东部地区的67.55%，农村居民人均纯收入为东部地区的53.32%；在对外贸易和交流方面，西部地区货物进出口总额只有东部地区的4.75%，图1-2为货物进出口总额比重。

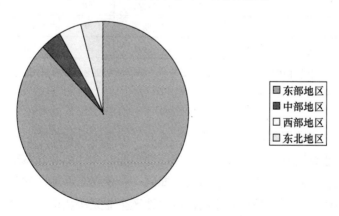

图1-2　货物进出口总额比重

从企业层面看，截至2010年12月31日，全国共有1625家A股上市公司（包括中小板及创业板所有股票）。这些上市公司分布在全国31个省市（自治区）。其中，广东省共有 A 股上市公司 205 家，居全国第一位。上海市次之，有 148 家，浙江省 130 家，江苏省 117 家，北京市 116 家。上市公司数目比较少的省（自治区）是西藏、青海、宁夏、贵州，上市公司数量分别为 9 家、10 家、11 家、18 家。东部地区上市公司的数量是西部地区上市公司数量的 3.19 倍（见表 1-3）。

表 1-3　　　　　　　　　　各地区 A 股上市公司

东部地区		中部地区		西部地区		东北地区	
地域	数量	地域	数量	地域	数量	地域	数量
广东	205	湖北	63	内蒙古	20	黑龙江	25
上海	148	安徽	57	广西	25	吉林	34
浙江	130	湖南	49	重庆	28	辽宁	51
江苏	117	河南	38	云南	27		
北京	116	山西	26	陕西	29		
山东	98	江西	25	新疆	33		
天津	30			四川	70		
海南	22			贵州	18		
河北	35			甘肃	20		
福建	56			宁夏	11		
				青海	10		
				西藏	9		
合计	957	合计	258	合计	300	合计	110

资料来源：根据中国证监会、上海证券交易所、深圳证券交易所、全景网、华弘证券同花顺、搜狐网、新浪网等资料整理而得。

以上这些数据都表明，东西部地区的经济差距日益扩大；同时，西部地区的企业在达到一定规模之后，往往把总部、设计中心或营销中心迁到东部地区，这隐含了这样一个前提，即同一企业在东部地区的利润率要大于西部地区。那么，是什么原因使西部地区企业无法获得和东部地区同等的回报？西部地区企业的成本是否比东部地区的企业高？这是一个很大胆的设想，因为一般来看，西部地区土地辽阔、资源丰富、劳动力工资低，企业在西部地区的经营成本自然应该比东部地区低。带着这一问题，跟随"西部企业发展中的障碍与制约机制"课题组走访了青海、陕西、甘肃、宁夏四省（自治区）的十余家企业，通过企业实地调查、与企业高层和中层管理者访谈、发放调查问卷（总共发放问卷 1500 份，回收有效问卷 969 份，有效回收率 64.6%），发现西部地区的企业普遍存在企业商务成本高企的问题。

二　研究意义

（一）理论意义

在文献综述中发现，第一，学术界目前对产业集群研究主要从三个层面展开：一是宏观层面的产业集群分析，主要从国家和地区层面考察产业集群的空间分布、区位选择以及战略发展等问题，如韦伯工业区位、克鲁格曼经济地理学等；二是中观层面的企业集群分析，主要研究整个集群的产业联系与竞争合作关系等；三是微观层面的集群内部企业分析，但是关于微观层面的研究较少，更多的研究停留在宏观层面和中观层面，这主要是因为在这两个层面，研究数据比较容易获得，而微观层面的数据较难获取。

第二，关于知识溢出及其效应的研究主要从以下两个层面展开：一是从宏观层面探讨知识溢出对城市的生产力和城市发展规模的影响作用，研究涉及了知识溢出与城市聚集经济、城市规模发展及产业发展的关系和相互影响；二是从微观层面讨论知识溢出效应，重点研究了知识传播机制，知识溢出与网络、空间距离及研发之间的互动关系。从文献研究中发现，关于知识溢出、经济增长的模型中知识的生产与利用是经济增长的发动机，是知识溢出效应研究的焦点。

第三，文献整理还发现：一是关于知识溢出与产业集群的研究也较多，但是从知识溢出的视角分析产业集群发展的研究并不多，特别是在揭示产业集群发展核心因素的研究较少；二是关于知识溢出和集群企业研发行为的研究同样较少，尤其是在微观层面上研究知识溢出与集群企业衍生、企业知识存量变化、企业研发选择、企业研发成果吸收能力以及集群企业研发环境构建等方面的研究并不多。

第四，本书的理论意义在于论证了市场规模与企业商务成本之间的反向关系，研究了企业商务成本对企业区位选择和进入模式的影响，并提出了企业商务成本的自我强化机制，对于企业区位选择理论、空间经济学理论和新经济地理学理论进行了补充。

（二）现实意义

在知识经济时代，产业集群，特别是高科技产业集群已经成为一个国家或地区经济发展的引擎。在产业集群中，研发创新、知识共享、知识传播、知识溢出所创造出的生产力已经主导着国家甚至全球经济发展的方向。由于信息科技革命与全球化趋势的深化，使得企业、产业以及国家或地区通过传统的物质资本投资所形成的竞争力正在发生变化，知识要素的生产、积累、扩散、应用与增值所产生的动态竞争力，逐渐取代了传统的土地、资本、劳动力等要素所形成的竞争力。产业集群的知识价值链见图1-3。

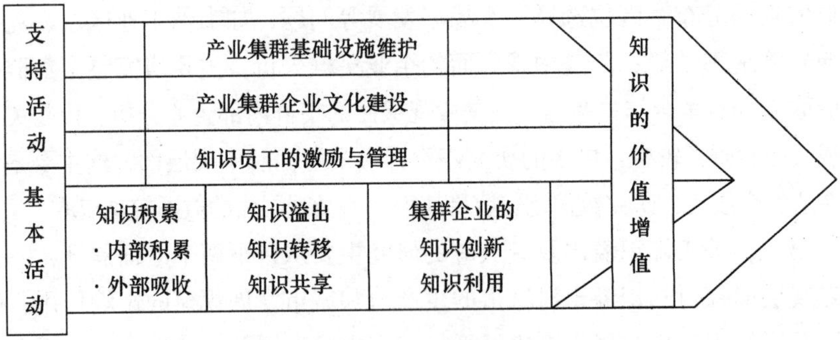

图1-3 产业集群的知识价值链

一个国家或地区的创新系统、知识分配能力与知识获取及利用能力越来越成为这一国家或地区经济增长与国家竞争力的关键因素。为了抢占国际竞争的制高点，各国和各地区特别是发达国家和地区，高度重视发展高科技含量、高附加值和高竞争力的高技术产业，不断发展和完善各自的创新体系以图主导经济发展的方向，各国发展高科技产业空间集聚的趋势日益明显，成功的高科技产业集群都有区位的烙印。

产业集群的形成主要有这样两种主要方式：一种是自发形成原生型（内生型）的产业集群；另一种是借助外部动力形成的嵌入型（外生型）的产业集群。在这个经济竞争的时代，中国同样面临上述问题，各地方政府都大力发展自己的产业集聚区，促进产业集群的发展。中国产业集群发展的现实是：一是原生型的产业集群形成时间较晚，集群发展时间较短，集群内存在若干机制不成熟和不健全，集群企业之间的关系不健康，信任合作关系不成熟，集群整体水平不高，处于产业集群发展的初级阶段；二是为了赶上发达国家或发达地区，中国各个地方政府积极推进本地产业集群建设，当前存在着大量的这种政府主导的嵌入型产业集群，在这种外力主导产业集聚中有成功的案例，但更多的只是一种简单的产业聚集，聚集体内的各个主体之间的关系并不紧密，互补性不强，不能发挥集聚效应；三是中国的高科技产业集群发展滞后，高科技产业集群数量少、水平低，已经存在的产业集群更多的是低端的制造业产业集群，停留在生产加工制造的层面，当然有一些政府主导的高科技产业集群，但是其在发展和运行中的实际效果并不理想。

本书并不否定嵌入型产业集群的发展方式，对于赶超型的经济体而言，发展嵌入型产业集群也许是一种较好较快的途径，但是在发展这种嵌入型的产业集群时应该注意产业选择、企业协调性、研发创新、知识吸收与利用等多种因素；另外，对于原生型的产业集群，当其发展到一定阶段，也需要借助一定的外部因素促进集群内部机制的发展和健全。正是基于上述分析和考虑，本书从研发创新和知识溢出的角度分析产业集群的区位选择、发展形态，研究知识溢出和产业集群中企业知识存量变化、研发策略选择、研发成果吸收以及产业集群研发环境的构建等问题，试图对中国的产业集群发展和产业集群中企业研发策略选择进行理论解释和对现实中产业集群的发展有所启示。

本书的政策意义在于通过实证研究和理论研究，发现较高的企业商务成本阻碍了企业在西部地区的区位选择，并影响了企业在西部地区的进入方式，对西部地区的经济发展构成了不利影响。提出西部地区可以通过政策激励来降低企业商务成本，改变企业的心理预期和区位选择，促进企业区位选择等级体系的形成；进而促进集聚的形成和发展；集聚在自我强化以及强化企业区位选择的同时，还可通过溢出效应等有效地降低该地区的企业商务成本，而企业商务成本的降低则进一步吸引了企业的区位选择，从而步入良性循环轨道。

第二节　研究对象与方法

一　研究对象与基本概念

（一）研究对象

本书第一部分的研究对象是以知识溢出为研究切入点，分析知识溢出和产业集群发展及集群企业研发行为之间的相互关系。本书首先分析研发创新、知识溢出对产业集群区位分布和发展形态的影响，说明知识溢出是产业集群发展的核心因素；其次，详细讨论产业集群中的知识溢出现象对企业衍生发展、企业知识存量变化、企业研发策略选择、企业研发成果吸收的影响；最后，思考产业集群中企业研发环境的构建问题。本书围绕研发创新、知识溢出、产业集群发展、企业知识存量变化、企业研发策略选择、企业研发成果吸收等关键词展开，试图解释在知识溢出的情况下，企业是否选择进入产业集群、进入产业集群后企业是否选择进行研发创新，以及企业如何对研发成果进行利用和产业集群研发环境的建设等问题。

本书第二部分主要研究了市场规模与企业商务成本的反向关系，进而研究了在市场规模的影响下，企业商务成本与政策激励联合作用对企业区位选择的影响，以及企业在区位选择确定后在企业商务成本影响下的进入方式，最后研究了企业商务成本的自我强化机制和对西部地区的影响。

本书重点研究了市场规模对企业商务成本的影响。首先，由于企业商务成本的内涵非常丰富，本书在课题组调研基础上，主要研究了劳动力成本、运输成本和公用事业成本。对于西部企业来说，运输成本高是一个不争的事实，由于西部地区企业密度远远小于东部地区，并且较少存在规模化的产业集群，形成了独特的"两头在外"的购销模式，运输成本高是先验性的，但西部企业面临的不仅仅是运输价格的问题，还面临着运输时间、"寻租"甚至运输延误的制约，这些问题对企业的压力更大。另外，一般认为，西部地区幅员辽阔、资源丰富、劳动力工资低，西部企业的劳动力成本应该比东部企业低。但本书发现西部地区的劳动力成本是所有地区中最高的。

其次，建立了一个寡头垄断模型研究外生的、易变的、均质的企业对两个市场规模不同的地区利用简化的政策激励，即企业所得税优惠争夺投资情况下的区位选择以及企业的区位选择对东道主的福利影响。发现在市场规模、企业商务成本、政策激励的共同作用下，区位租金会以对等均衡的方式上升，经济一体化导致了企业商务成本与均衡税率之间的"U形"关系。在对称纳什均衡中，税率可能为正值也可能为负值。随着经济一体化的发展，企业商务成本持续降低，均衡税率从正值跌至负值，然后再次升高，当企业商务成本为零后，两地区仅存在市场规模差异时，随着企业商务成本的下降，两地区税率均呈现先降后升的趋势，而且市场规模较大地区在企业商务成本各水平上均会征收较高税率，并呈现集聚程度增加的趋势。在一定范围内，企业商务成本随着经济一体化程度增加而下降，并降低市场规模较大地区的福利水平而提高市场规模较小地区的福利水平。

在企业区位选择既定条件下，进而建立了两阶段博弈模型来研究在企业商务成本影响下和当地企业竞争下企业的进入方式。在企业商务成本很低时，外地企业仅会出口而不会采取其他策略；在企业商务成本较高时，则由两企业成本差距决定最优进入策略：若两企业成本差距较小，外地企业会采用授权策略进入目标市场；在两企业成本差距较大时，外地企业会采取直接投资的策略进入；此外，经过比较各种进入模式下的东道主福利水平，发现当企业商务成本较低时，东道主偏好外地企业采取出口的进入策略；当企业商务成本较高时，东道主则偏好外地企业采取直接投资的进入策略。

最后，根据调研和相关统计资料分析了西部地区企业商务成本以及企业商务成本的自我强化机制。认为政策激励通过降低某一地区的企业商务成本，有效地改变企业的区位选择，企业商务成本的构成及其结构性变动会进一步改变企业区位选择的心理预期，促进企业区位选择等级体系的形成，进而促进了集聚的形成和发展；集聚在自我强化以及强化企业的区位选择的同时，还通过溢出效应等有效地降低了该地区的企业商务成本，而企业商务成本的降低则进一步吸引了企业的区位选择。从而形成了政策激励、企业商务成本降低、企业区位选择、集聚形成及强化、企业商务成本降低的自我强化机制。

（二）基本概念

关于知识溢出、产业集群、企业研发行为的研究具有多学科性性质，在不同的研究视角下，对于相关概念的理解和界定不尽相同，为了避免本书引起歧义和研究的方便，本书对接下来的研究中出现的重要概念进行统一界定。

1. 知识（knowledge）的内涵

综合考虑众多学者对知识内涵的理解，本书采用 Davenport 和 Prusak（1999）对知识的定义：知识是结构性经验、价值观念、关联信息及专家见识的流动组合。知识产生于并运用于知者的大脑里，在企业结构中，知识往往不仅仅存在于文件或文库中，而且也根植于企业机构的日常工作、程序惯例及规范之中，知识为评估和吸纳新的经验和信息提供了一种结构框架。知识的构成及特征见表1-4。

表1-4 知识的构成及特征

构成	特 征	意会的	成文的
假设	发现、记录和维护	是	是
判断	自行提炼并检测	是	
经历	提供历史依据	是	是
文稿	便于心智表达，指导人们思考，排除可能导致错误方法和途径	是	
规则	对现状提出有效分析并依据经验提出解决方法	是	是
标准和价值观	分工决策的基本依据	是	
观念	企业文化的灵魂	是	是
技巧	经过岁月磨炼出来的能力	是	是

2. 知识溢出 (knowledge spillovers)

本书采用知识溢出的广义概念，把知识的主动和非主动（非自愿）的溢出都称为知识溢出。由此得出知识溢出的内涵是在一定社会环境中，企业或组织的一种非目标行为结果，知识接受者获得外部知识，却没有给予知识的提供者以补偿，或者给予的补偿小于知识创造的成本，是知识扩散过程中的外部性，是知识提供者没有享受全部收益，接受者自觉或不自觉地没有承担全部成本的现象。

3. 产业集群 (Industrial cluster)

关于产业集群的一般定义是指集中于一定区域内，特定产业的众多具有分工合作关系，不同规模等级的企业及与其发展有关的各种机构、组织等行为主体，通过纵横交错的网络关系紧密联系在一起的空间积聚体，代表着介于市场组织和科层组织之间的一种中间性的企业网络组织形式和新的空间经济组织形式。

本书对产业集群的界定是认为产业集群是一种社会经济实体，它的特点是一定的社会群体和一定量的经济主体落户于地理位置紧邻的特定区域。在产业集群内，社会群体与经济主体之间的关系是在相关的经济活动中协同运作，共同创造市场需求的优质产品和服务，分享彼此的产品、存货、科技以及组织知识。产业集群内各主体间的互动不是随意的，而是具有很强的目的性，这也是集群企业竞争成功的决定因素之一。对于产业集群中产业的界限，本书无特别规定，凡是建立在专业化分工基础上形成的产业或行业都属于本书的研究范围，本书所研究的产业集群包括传统产业集群及各种高新技术产业集群。

4. 企业行为

一般而言，企业行为可以分为价格行为和非价格行为，企业的价格行为在产业经济学中已经进行了充分的研究和论证。企业的非价格行为主要是指企业的知识获得、企业治理、获得市场租金、研发等行为。本书探讨的重点是知识溢出背景下产业集群中企业的产生发展、企业知识流失或获取、企业研发策略选择以及知识利用等非价格行为。

5. 市场规模

市场规模对企业商务成本来说有重要的影响。一般来说，市场规模越大，企业获得溢出效应与规模经济的可能性就越大，企业商务成本就越低。对于企业而言，单独为一个消费者或厂商提供服务的生产成本往往太高，但大量的消费者或厂商的集聚却可以达到规模生产的要求，一旦实现规模经济，企业的生产就会具有效率，成本就会大幅度下降，从而产生更多的有效需求，进一步扩大市场规模，形成正向的本土市场效应。

6. 商务成本

目前，国内外对企业商务成本尚没有形成统一的定义，对于企业商务成本的内涵也没有形成统一的认识。但所有的研究都把企业商务成本指向了要素成本和交易成本，都认同企业商务成本具有区域性。本书认为，企业商务成本是一种与选择有关的成本，并不是企业的所有支出都属于企业商务成本（如购买设备的价款，由于不存在地区差距，因而不属于企业商务成本范畴，但设备的运输费用则属于企业商务成本范畴），而且不同类型的企业由于生产经营方式不同，在同一地区或城市，往往面临不同的企业商务成本。

二　研究方法

（一）历史研究方法

历史研究方法指对与本书所涉及理论观点相关的已有研究成果进行收集、整理、阅读、评判及引用。其一，本书通过文献梳理对知识溢出相关研究作了详细的回顾和评析，针对已有文献研究的不足，重点述评了知识溢出实证研究，并介绍了国内外最新研究动态，为进一步研究知识溢出做铺垫。其二，本书对关于产业集群文献研究重点分析产业集群的目的性，对产业集群的研究脉络、概念界定、生命周期以及最近研究进行述评。其三，对与知识溢出、产业集群和集群企业研发行为相关研究进行归纳评价；在文献综述的基础上对国内外研究进行评论，指出其进一步研究的方向，提出本书研究的分析框架和主要内容。

（二）模型推演方法

本书借鉴工作搜寻模型的思想建立模型对衍生企业的厂址选择进行推导，说明衍生企业将选择在产业集群中设厂，企业面对产业集群中强烈的知识溢出效应，将带来企业知识存量的变化，企业将作何选择；对产业集群中企业是否开展研发活动，利用博弈理论，建立和扩展集群企业研发选择博弈模型，分析集群企业研发策略选择。

（三）规范与案例相结合

本书通过规范研究分析集群企业面对产业集群中的知识溢出，是否选择进入集群，进入集群后是否进行研发创新，企业研发策略选择，然后是集群企业对外部知识进行吸收利用，以及集群企业研发环境的构建；在案例分析中，通过实地调研，发现现实问题，用规范研究中的理论和结论解释现实状况，并对规范研究得出的结论进行证明。

（四）样本数据回归分析

本书搜寻了我国286个城市的企业商务成本数据，并用这些数据研究市场规模和企业商务成本之间的关系。本书关于企业商务成本的数据有两种形式：一种是连续变量，如劳动力的效率工资或企业消耗的每一立方米水的成本；另一种是类别变量，如停电频率是从不、极少、偶尔、时常还是经常，又如停电后多久能够维修好或铺设新电线。

对于第一种连续变量，根据市场规模和其他可能影响该项成本的变量（当然，这些变量数据必须能够合理地取得），对其进行了回归分析。由于某一个地区的市场规模（如GDP和人口），尤其是其相对规模变动一般很慢，不同市场之间的方差就很有必要。也就是说，需要对市场规模进行交叉回归。

对于类别变量，本书采用两种研究方法：第一，根据市场规模分类后，构建了二维交叉分类列联表，以检验变量之间是否有相关性。第二，本书构造出一个序列对数方程来研究某个市场规模狭小的企业落入某一特定样本类别的概率与该市场的规模的关系；如果有关，就接着研究市场规模对企业来说究竟是增加了企业落入该类别的概率从而导致企业商务成本劣势还是降低了企业落入该类别的概率从而促进了企业商务成本优势。虽然无法像研究连续变量那样将类别变量用元或分来表示，但这些变量的研究有助于我们定性地了解市场规模对企业商务成本的影响是正效应还是负效应。

（五）文献研究方法

通过对与本书所涉及理论观点相关的已有研究成果进行分析与评价，发现政策激励通过降低某一地区的企业商务成本，有效地改变了企业的区位选择，企业商务成本的构成及其结构性变动改变了企业区位选择的心理预期，促进企业区位选择等级体系的形成；进而促进了集聚的形成和发展；集聚在自我强化以及强化企业区位选择的同时，还通过溢出效应等有效地降低了该地区的企业商务成本，而企业商务成本的降低则进一步吸引了企业的区位选择。从而形成了政策激励、企业商务成本降低、企业区位选择、集聚形成及强化、企业商务成本降低的自我强化机制。

（六）数字建模方法

企业商务成本是企业选择市场进入模式的重要影响因素。本书建立了两阶段博弈模型，研究在不同的企业商务成本水平下，企业在出口、直接投资、授权三种市场进入模式中的选择以及对当地的福利影响。通过模型分析，发现在企业商务成本很低时，外地企业仅会出口而不会采取其他策略；在企业商务成本较高时，则由两企业成本差距决定进入最优策略：若两企业成本差距较小，外地企业会采用授权策略进入目标市场；在两企业成本差距较大时，外地企业会采取直接投资的策略进入目标市场；此外，经过比较各种进入模式下的东道主福利水平，发现当企业商务成本较低时，东道主偏好外地企业采取出口的进入策略；当企业商务成本较高时，东道主则偏好外地企业采取直接投资的进入策略。

（七）规范研究与实证相结合

本书通过规范研究分析了企业商务成本的自我强化机制，提出政策激励通过降低某一地区的企业商务成本，有效地改变了企业区位选择，企业商务成本的构成及其结构性变动会进一步改变企业区位选择的心理预期，促进企业区位选择等级体系的形成，进而促进了集聚的形成和发展；集聚在自我强化以及强化企业区位选择的同时，还通过溢出效应等有效地降低了该地区的企业商务成本，而企业商务成本的降低则进一步吸引了企业的区位选择，从而形成了政策激励、企业商务成本降低、企业区位选择、集聚形成及强化、企业商务成本降低的自我强化机制。

本书还结合课题组的实地调研，研究了企业在两个大小不同的地区均提供政策激励条件下的区位选择，以解释现实状况。发现西部地区企业密度远远小于东部地区，并且很少存在规模化的产业集群，形成了独特的"两头在外"的购销模式，运输成本高是先验性的，但西部企业面临的不仅仅是运输价格的问题，还面临着运输时间、"寻租"甚至运输延误的问题，这些问题对企业成本的压力更大。另外，一般认为，西部地区幅员辽阔，资源丰富，劳动力工资低，企业在西部地区的经营成本自然应该比东部地区低。但本书通过研究劳动力成本，发现西部地区的劳动力成本（效率工资）是所有地区中最高的（最低的）。

第三节　研究思路

本书详细地对国内外关于知识溢出、产业集群及集群企业研发行为的研究进行了综述，特别是针对本书即将研究的内容作了详细述评。文献述评试图解决本书的研究意义和目的，提出本书的具体问题和研究方向以及其理论基础。从研发创新、知识溢出的角度分析产业集群的结构、联结因素、区位选择和发展形态，这是本书正式研究的开始，在分析研发创新、知识溢出和产业集群发展关系中，提出知识溢出是产业集群发展的核心要素，为接下来的研究进行理论铺垫。具体分析知识溢出和产业集群中企业的研发行为，选择了集群企业衍生、知识存量变化、研发策略选择、研发成果吸收等具体内容作为分析对象。一是分析知识溢出对衍生企业的形成、发展与生存的影响，说明企业衍生发展与知识溢出的关系，通过模型分析知识溢出对衍生企业的现有知识存量的影响；二是通过对集群企业研发行为的动力和影响因素的分析说明知识溢出是影响企业研发行为的重要因素，对集群企业研发策略选择进行博弈分析得出相关结论，然后，以陕西、甘肃、青海三省的实际调查为例进行案例分析；三是企业研发成果吸收，分析如何提高集群企业研发成果吸收能力。

接下来，本书在课题组调研的基础上，主要研究了市场规模对企业商务成本的反向作用以及商务成本对企业区位选择、市场进入模式的影响，并分析了西部地区的企业商务成本，提出了政策激励、企业商务成本降低、企业区位选择、集聚形成及强化、企业商务成本降低的自我强化机制。研究市场规模对企业商务成本的影响。对于西部企业来说，运输成本较高是一个严峻的事实，由于西部地区企业密度远远小于东部地区，并且较少存在规模化的产业集群，形成了独特的"两头在外"的购销模式，运输成本居高不下，但西部企业面临的不仅仅是运输价格的制约，还面临着运输时间、"寻租"甚至运输延误的问题，这些问题对企业成本的压力更大。一般认为，西部地区幅员辽阔、资源丰富、劳动力工资低，企业在西部地区的劳动力成本应该比东部地区低。但本书研究发现西部企业的劳动力成本是所有地区中最高的。本书从市场规模角度进行了尝试性解释，证明了市场规模的狭小给企业带来了企业商务成本劣势。

在此基础上，以我国东部地区和西部地区为例，建立了一个寡头垄断模型，讨论外生的、易变的、均质的企业对两个市场规模不同的地区利用简化的政策激励，即企业所得税优惠争夺投资情况下的区位选择。证明了企业的区位租金会以对等均衡的方式上升，经济一体化导致了企业商务成本与均衡税率之间的"U形"关系。还证明了即便在企业分布对称均衡中，同样会出现可征税的区位租金。因此，地方政府均试图通过政策激励吸引资本流入和企业入驻，从而降低企业商务成本，增加本地福利水平。这些互相抵制的力量最终产生经济一体化的非单调结果，即随着企业商务成本的不断下降，税率和福利首先下降，而后上升。西部地区在经济一体化过程中会得到较高的福利增加。在企业区位选择既定条件下，进而建立了两阶段博弈模型来研究企业在企业商务成本影响下的进入方式（出口、直接投资或授权）。发现企业商务成本的高低、本企业与当地企业成本差距的大小，均会影响企业进入策略。当企业商务成本很低时，企业仅会出口；当企业商务成本较高但不至于太高，且两企业成本差距不大时，企业的进入模式将会由授权取代出口；当企业商务成本较高，且两企业成本差距不大时，企业的进入模式则会由授权取代直接投资。此外，企业的不同进入模式也会影响当地的福利水平，只有当企业商务成本很低或很高时，企业的进入模式才会与当地政府的偏好一致。

虽然西部地区狭小的市场规模构成了西部地区经济增长和企业发展的障碍，但通过政策激励，西部地区可以降低本地区的企业商务成本，增进企业在西部地区的区位选择，企业商务成本的构成及其结构性变动同时还改变了企业区位选择的心理预期，促进企业区位选择等级体系的形成；进而促进了集聚的形成和发展；集聚在自我强化以及强化企业区位选择的同时，还通过溢出效应等有效地降低了该地区的企业商务成本，而企业商务成本的降低则进一步吸引了企业的区位选择。从而形成了政策激励、企业商务成本降低、企业区位选择、集聚形成及强化、企业商务成本降低的良性循环。同时，西部地区通过扩大外部市场、降低企业商务成本，可以更多地吸引东部企业以直接投资方式进入本地市场，促进西部地区的市场化进程，实现与东部地区的对接，这种经济的融合会更多地促进西部企业的发展，增进西部地区的福利。

第二章　相关研究文献综述

　　有关研发创新、知识溢出与区域经济发展的研究一直是当代经济学和管理学的核心问题。随着知识经济时代的到来，研发创新、知识技术成为区域和企业获得竞争优势的主要源泉，知识型产业集群成为区域经济增长的支柱，研发创新、知识溢出、产业集群的作用可以从一个侧面解释区域经济增长和收敛的过程，日益成为理论与实践的焦点。

第一节　知识溢出研究综述

　　研发过程和人力资本溢出过程在最近十几年中一直是知识溢出实证研究的主题。Romer（1986，1990）在其经济增长模型中最初认为知识是人力资本积累到一定水平的一般溢出，后来将知识模型转化为非竞争性知识积累溢出和竞争性创新知识溢出，改进后的经济增长模型把知识积累和知识溢出作为经济增长的内生基础。Lucas（1988）建立的经济增长模型中认为知识溢出具有空间地域性，能够促进城市的发展，是城市发展过程的组成部分，而且正是城市的进步推动了国家经济增长。Jaffe、Henderson和Tratjenberg（1993）则从知识传播空间衰减性的视角去分析知识溢出效应，他们关于专利著作引文的实证性研究指出有关专利著作来源的引文具有空间衰减趋势，也叫作知识的空间衰减性，Lamoreaux和Sokoloff（1999）在关于19世纪美国专利市场的历史研究中也支持这个概念。

　　从文献研究中发现，关于知识溢出、城市发展、经济增长的模型中城市发展是经济增长的发动机，是知识溢出效应研究的焦点。本书首先从知识溢出的宏观效应角度，评述其在促进生产力提高和城市规模扩大及城市产业发展的作用，然后分别从网络化理论、空间研究、R&D理论的角度讨论知识溢出的微观作用。通过对最近十几年以来相关文献或观点的述评，从宏观和微观的角度辨别知识溢出的效应，最后针对研究现状提出进一步研究方向。

一 宏观层面的研究

从宏观层面探讨知识溢出对城市的生产力和城市发展规模的影响作用，这涉及知识溢出与城市聚集经济、城市规模发展及产业发展。知识溢出与城市发展之间关系密切，研究发现知识溢出能够促进城市的发展，城市发展反过来又为知识溢出提供更加适宜的环境，由此产生知识溢出效应和城市聚集经济效应，在一般的研究中难以把二者区分开来。

（一）*知识溢出效应与城市聚集经济效应*

Krugman（1991）最早进行了一系列有关城市集聚的研究。Glaeser、Scheinkman 和 Shleifer（1995），Rauch、Glaeser 和 Mare（2001）的研究表明在一个城市里，不同的知识水平和城市工资呈相关关系，Duranton 和 Puga（2004）、Abdel - Rahman 和 Anas（2004），以及 Rosenthal 和 Strange（2004）关于城市研究的实证性研究验证了 Marshall 的知识溢出、劳动力市场经济以及社会投入分配等概念，这些研究评估了知识水平对城市发展的作用，没有很好地区分知识溢出效应和城市集聚经济效应，过多地强调知识溢出的作用而忽视了城市聚集经济效应，产生了一些实证性偏差。例如 Moretti（2004）关于城市知识溢出效应的研究。

Moretti（2004a）通过改变市区里受过大学教育人数的百分比和控制从事本专业工作人员教育水平，研究了 1982—1992 年这些变化对生产率增长的影响，发现受过大学教育的人数每增长 1%，生产力就会提高 0.6%—0.7%，在高科技产业生产力提高更大，同时发现，位于市区内的产业与经济联系越密切，收益就越多，而那些与经济关系不大的产业正好相反。接下来，Moretti（2004b）研究受过大学教育人数的变化对城市工资增长的影响，结果发现该人数每增长 1%，他们的工资仅增长 0.4%，而那些低学历者的工资竟然增长了 1.6%—1.9%，学历低的工人收益竟然更多，文中没有给出合理解释。研究还发现高技能的工人可能集聚在非常重视他们的地区，因此对高技能的部分回报是对未被观察的能力的一种回报。

本专科生人数的相对变化与城区规模和市区范围的扩大呈正相关（Glaeser 和 Saiz，2004），本专科生的人数变化也可能引起集聚发生变化，而在 Moretti 的研究中没有控制任何集聚作用，由于没能区分知识溢出效应和城市集聚经济效应，所以对研究中出现的疑问无法给出解释。

Rosenthal 和 Strange（2005）在区分了集聚经济和知识溢出效应的情况下，研究知识的空间衰减性。通过研究受过和没受过大学教育的总人数的变化分别对人员工资影响，结果发现空间衰减效应在 5 千米以外很明显。对于那些整体规模相同（除了受教育水平）的城市，每 5 万名没有上过大学的工人转变成其中有上过大学的工人，他们的工资大约要增加 10%。由于研究的是教育水平对工资水平产生的作用，所以关注的重点是，教育措施和生产力的联系，以及教育措施在这种相互联系中的不能被观察到的作用。然而，这些方法没有清楚地划分高水平技能和低水平技能。

Ciccone 和 Peri（2006）反对研究工资变化方法，他们从劳动力供给和需求关系研究，认为需求是科技规范和高、低技能人员间的相互作用，高技能人员的增加会产生要素需求效应，对高技能人员的引申需求就会减少；高技能人员通过普通要素替代效应可以提高低技能人员的生产力，这种效应有助于解释为什么 Moretti 发现低技能人员从增加高技能人员的过程中收益大于高技能人员。这个结果把知识溢出效应和要素需求效应联系了起来，它可能和知识积累没有关系，没有找到人力资本溢出效应的证据，但是却证明了集聚经济效应，表明完全有必要区分知识溢出效应和城市集聚经济效应。

（二）教育水平与城市规模发展

Black 和 Henderson（1999）根据人力资本的外部效应建立了城市内生增长过程模型，用以区别人力资本外部效应和区域性知识溢出效应。研究证明在稳定的状态下，假设所有城市都是以相同的速度发展，如果城市类型不同，人力资本类型、教育水平、名义收入和生活费用等也还是有差异的。Rossi-Hansberg 和 Wright（2006）简化了这个模型，得出相似的研究结论。Duranton（2007）把显性创新和专利创新引入 Grossman-Helpman（1991）模型研究城市进化和发展的基础。Mary O'Mahony 和 Michela Vecchi（2009）运用取自美国、英国、日本、法国和德国的公司账目分析了无形资产和生产力之间的关系，研究将公司的数据与有形和无形的投资及劳动力技能组成的信息联系在一起，并对数据运用两种不同的分类法进行了汇总，分析生产要素和技术密集在部门内对知识积累和创新活动的差异起着决定作用，研究结果提供了研发和技术密集型产业具有更高生产率的证据,这可以作为知识溢出效应存在的证据。

不同于生产力研究文献里的观点,Glaeser 和 Saiz(2004)以经济发展文献的方法为基础,结合城市的人口供求关系、城市规模发展与生产力提高的联系,研究大学教育对城市规模发展的影响。研究表明在一个自由移民的城市里,由于教育水平相对提高,实际工资就相对增长,这引起了大量的人从其他城市迁移进来,在控制了许多基期的条件下,一个基期里的大学教育水平每增加一个标准差,城区规模就增加了2.5%。

Henderson 和 Wang(2006)使用从 1960—2000 年每隔 10 年的一个关于 10 万多个城区的数据,把城市发展和国家教育水平联系了起来,研究了城市发展的基本因素。结果发现,随着城市规模发展越快,知识的作用就越强:在一个百万人口的城市,高中生的数量每增加一个标准差,城市的规模就会扩大9%,如果是在 250 万人口的城市里,这种作用就会上升到17%。

但是在 Henderson 和 Wang(2006)的城市知识溢出研究中,没有区分出是教育的变化推动了城市发展,还是基期教育水平的变化推动了城市发展。对这个疑问的一种可能解释是:城市教育水平推动了知识积累和国家创新能力。另外,从知识的角度上讲,城市规模发展是否仅仅只是科学知识和技术创新的作用,或者这些作用是否只包括管理创新和已有技术和生产要素的有效利用,在研究中没有清楚地表述。

Chia – Liang Hung、Jerome Chih – Lung Chou 和 Hung – Wei Roan(2010)对我国台湾地区市场上 53 个国立电信计划(NTP)项目及 63 个国家科学技术计划(NSTP)的产业研发经理进行了调查,结果表明,NSTP 成员素质和人员流动是人力资本的良好指标,与合作出版、合资经营、共享设备和设施的意向相比,企业主更倾向于共享研发资源;有更大的产学合作力度的参与者能够获得特殊优势,即通过特定 NSTP 联动效应从与其他更多的领域获取知识溢出,从人力资本和社会关系资产的角度,阐述了在政府科技政策和 NSTP 计划之内促进吸收来自良好的人力资本和知识外溢造成的关系资产能力的重要性。

Christian R. Stergard(2009)实证性地考察企业员工和本地大学内无线通信领域的研究者之间的非正式接触的程度,分析了工程师从这些非正式的接触获得知识的特征。在高技术产业群内,从大学知识溢出到本地企业起着重要作用,与大学的研究人员合作正式项目工程师以及从与大学研究者的非正式接触中获取知识的可能性更高。

（三）知识溢出与城市产业发展

知识溢出在大城市比在小城市里可能更有利于科技的发展和进步的观点引出不同规模的城市在经济中的作用问题。为什么知识流动在大城市里比在小城市里更加重要，特别是在那些发展中国家？在经济发展的不同阶段，密集性知识溢出和集聚经济对于城市不同的产业是否都非常重要？

Kolko（1999）的研究表明，1995 年美国最大的城市以商业服务性行业为主，而小城市和乡村地区主要以制造业为主；相反，1910 年在大城市制造业大量地分布，商业服务性行业只占很小一部分。历史上像纽约之类的大城市是制造业城市，密集的经济活动主要集中于铁路和码头入口处周围，1860 年服装业占了全市就业的 30%，而现在只占 1%，纽约成了一个金融中心和像广告业之类的商业服务中心，几乎看不出它的制造业历史。

在发展中国家大城市也已经转变了它的角色，制造业开始以大城市为中心，然后以周围的郊区和城市远郊区为中心，最后又以乡村地区为中心。1983 年韩国的首尔、釜山和大丘占了这个国家制造业就业率的 44%，位于这些大城市中间地带的卫星城市占了 30%，到 1993 年仅仅十年间，大城市制造业的就业率从 44% 下降到了 28%，而卫星城市的就业率却未发生变化，可见制造业很大一部分转移到了乡村和小城市。这些变化部分由交通运输的发展引起，因为在发展中国家，依赖交通运输系统的制造业渐渐走出了大城市，并且慢慢地覆盖了整个农村。

另外，在经济发展的早期阶段，由于大城市是引进国外科学技术和外商直接投资的中心，现代制造业集中在大城市里。Duranton 和 Puga（2000）的模型证明，一旦国内生产者通过实验学会了国外的科技，学会了选择适合自己产品、适合自己员工技能和要素成本的知识，试验和学习国外技术的需求减少，制造业就相对集中在土地和劳动力廉价的地区。同时，随着经济的发展，商业和金融服务业得以相对地扩展，由于网络化和营销目的，从提高产业效率来说，这些行业集中在大城市就显得非常重要了。

二　微观层面的研究

一些国外研究文献从微观层面讨论知识溢出效应，重点研究了知识传播机制，知识溢出与网络、空间距离及研发之间的互动关系。知识溢出现象的存在已经被承认，对一些专门类型的知识而言，可以通过社会交流和专利引用及知识影响来追踪知识流和判断知识溢出效应，但是大部分用来检验知识与空间互动活动的推论是间接获得的，需要进一步从知识溢出机制、空间距离与知识溢出、研发活动与知识溢出等微观角度去研究知识溢出效应。

（一）知识和信息的传播机制

Jackson 和 Wolinsky（1996）、Bala 和 Goyal（2000）通过研究网络间的知识共享方式分析知识溢出机制，研究认为在网络中通过联系双方的链接，甲乙双方可以直接链接，甲方可以直接地进入乙方或其他双方联系的网络，在不考虑网络结构的情况下有两种知识共享形式：一种是付费方式，当甲方付出一定的成本时才可以进入乙方得到所需信息，此时信息交流是单方面非自愿的；另一种是免费方式，网络由双方共同决定，如果信息在甲乙双方间交流，对于共享内容则双方都必须同意。但是何种类型的信息公司能成功地隐藏信息而且又能进行信息分享，如何对合同双方以外的第三方进行清晰信息共享设置，何种类型的信息因为附有第三方协议而不能完全分享？总的来说，实证研究还没有真正回答这些问题，甚至会引发出更多的问题，实证研究取得一定进展方面是基于完全不同的数据资料，而这些数据资料关注的是面对面交流和电子交流的作用，电子交流可以同时发生在任何距离之间而不受影响。

Gaspar 和 Glaeser（1997）提出信息可以隐藏在电子交流中，所交流的内容更加有策略性，对于读取信息者可以隐藏关键信息。还有观点认为面对面交流和电子交流是互补的，利用互联网时，电子信息列出了很多可能性的菜单，但是菜单仅为样品和评价，而其有用信息需要通过面对面交流来实现，实用性的电子信息越多，就需要越多的面对面交流评价；如果面对面交流需要付出空间时间成本的话，那么使用电子交流也有明显间接的空间影响成分。

Duranton 和 Charlot（2006）通过研究关于信息交流方式的数据，考察了公司的职员信息交流，并没有发现能够支持这种假设的证据。Parenth 和 Lesage（2008）使用贝叶斯等级泊松空间相互作用模型对知识溢出进行了说明，将知识溢出重心从个体之间的知识溢出转移到区域之间的知识溢出，为进一步说明知识溢出的机制开辟了另一种方法。

Carmen López - Pueyo、María - Jesús Mancebón（2010）使用适当的技

术理论与非即时溢出延伸的理论框架，使用非参数方法进行分析，探索信息和通信技术是发达国家的产业劳动生产率增长的源泉。得到的结果显示，高劳动生产率的增长速度主要是由于技术变革、资本集约化，而对溢出知识吸收速度的不同还不足以缩短新领域内既有的距离（不包括美国）。因此，需要刺激物质资本投资、鼓励创新、鼓励与时俱进的政策来助长劳动生产率，这将在 21 世纪为经济增长和社会进步发挥主导作用。

（二）知识溢出的空间影响

有关知识溢出的空间影响效应研究经历了以下历程，Ciccone 和 Hall（1996）指出密集度在城市集聚中的关键作用，Lucas 和 Rossi‐Hansberg（2002）已经对此进行了模型验证，Rosenthal 和 Strange（2003）在研究公司创立方式的基础上，分析了制造业活动中基本知识溢出的空间影响。文献研究表明，地理信息系统和地理符号数据库的发展为检验知识溢出空间效应提供了更优的方法和手段，而且空间统计学和计量经济学的发展也致力于如何规范空间差的研究，分析知识信息因距离不同而产生的不同空间效应，同时把空间距离从社会距离中分离出来，因为经济活动间距离的增加不仅是空间距离的增加而且可能是社会和经济距离的增加。从计量经济学方面看，主流计量经济学还没有完全理解数据库的空间关联思想的重要性，但是以提高估算效率的方式来解释空间关联的技术正在被一些空间研究工作所采用。Fisher 等（2006）使用 1997—2002 年期间 203 个区域的专利引用数量，利用空间面板模型验证了知识溢出导致的知识存量变化对相邻区域生产力差异的影响，证明知识溢出的生产力效应随着地理距离的临近而增强。

Adi Weidenfeld、Allan M. Williams、Richard W. Butler（2010）探讨位于英国康沃尔主要景点间的知识转移，重点关注景点的空间聚集及其产品相似性的意义，研究建立在与两种截然不同的空间集群旅游景点管理人员和关键线人的深入访谈之上。结果表明，在本地和本区域范围内，空间距离的接近，产品相似性和市场的相似性在整体上促进知识转移与创新溢出效应。

Timothy C.、Ford A.、Jonathan C. Rork（2010）使用工具变量的方法进行分析表明，美国各州的专利数随外国直接投资（FDI）的增加而增加，从而为 FDI 对经济增长的影响提供一个联系的机理。研究表明，FDI 促进了一个国家的经济增长，FDI 对专利数的影响也很大，外国直接投资过程中的知识溢出，可以通过专利数来衡量，来促进经济增长，从而进一步证明了知识溢出可以跨越州界。

Thomas Kemeny（2010）评估外国直接投资（FDI）过程中知识溢出是否会促进被投资国的技术升级，是否 FDI 的影响取决于被投资国的社会能力和经济水平。研究显示，在较长一段时间内，FDI 流入对被投资国的技术升级产生积极的影响，在社会能力水平更高的贫穷国家 FDI 对其技术升级的促进效应得到提升，而 FDI 对富裕国家的提升作用仍是积极的，但效果较弱，社会经济能力对那些相近的经济体施加影响不大。

（三）知识溢出与企业研发

现在已经有大量的关于专利和 R&D 的研究，通过 R&D 能直接测量在知识发展过程中的投入，而通过专利著作引文能够观察到知识溢出效应，还有一些研究试图把网络内的信息交换，或者溢出效应机制模型化，这类研究在地理信息系统软件、科技以及空间计量经济学等方面取得了进步，特别是实证和评价空间滞后或者空间相互关系的方法受到空间计量经济学的关注。

R&D 活动成为知识溢出研究的焦点是因为 R&D 过程包括了创新知识、专利、专利计费及可被追踪的专利引用。如果数据库显示 A 的研发经费增加，从而提高了 B 的生产力或是提高了 B 的研发活动，就有这样的推论：上述现象的发生是因为知识溢出提高了 B 投入的生产力；Audretsch 和 Feldman（2004）把公司的出现和知识或创新的出现联系起来，公司出现率在密集区要高一些，然后把高的公司出现率和高密集率、高生产力、高生产增长率或更有创造性活动联系起来，最后能推断甲公司更多的研发活动和更高的公司出现率，使得乙公司生产力提高，创造性增强。Cassar 和 Nicolini（2008）研究了局域化技术溢出对经济增长的影响程度，验证了邻近区域间的研发投资溢出效应提高了彼此创新成功的可能性，从而促进了经济增长。由于选择问题和变量缺失的问题阻碍了上述推论，对于选择问题，可能最好的发明家也会选择去发明活动最密集区，一种试图解决选择问题的方法是使用面板数据，面板数据能追踪环境中的变化对同一公司的影响，但是这又会引起 Moretti 指出的变量缺失问题：环境中不可考察变量所引起可考察变量的变化同样影响生产力。

是否能找到与协变量关联的研究方法，其不影响生产力而且不与能影响生产力的其他不可考察变量相关联？理想的实证研究是自然的试验，在试验中相邻公司的研发活动或是相邻公司的出现率是随机变化的，但这样的试验很难找，至少文献中没有分析。但是类似的试验存在于其他环境中，Holmes（1999）利用阶段性回归的方法分析在美国开设店铺立法对制造业就业增长的影响，一些州已经通过了对开设店铺的立法，该法律允许公司雇用非工会的工人，而在没有通过开设店铺法律的州，雇员必须是工会成员。如此一来，可以推测老板们开设店铺会选择通过立法的州，然而在通过该法律州的内部变量也不是随机的。为了解决非随机问题，Holmes 仅关注两种不同类型州的边界位置，研究优先选择权，发现通过法律的州对开设店铺和就业率有很强的积极影响。这个研究对 R&D 和知识溢出研究有借鉴作用，唯一不同的是是否设立商铺和是否进行 R&D 活动。

　　关于研发和空间的互动关系，Carlino 等（2006）研究发现研发等知识密集型活动不一定会出现在空间最密集的环境中，在中度密集的中等城市每人平均专利数量能达到最高水平。不管研发、知识溢出和空间距离的关系多重要，实际上的研发活动不愿在最密集的城市而支付高工资和高租金。Berliant 和 Fujita（2008）在研究研发、知识创造和转移的微观机制方面取得了一定进展，代表着以后研究知识创造和转移机制的一种趋势。

　　Pedro de Faria 和 Wolfgang Sofka（2010）通过对葡萄牙和德国 1800 多个企业技术创新活动的统一调查做实证性的研究，证据表明，跨国公司在一个知识溢出机会较少的东道国（如葡萄牙）采取知识保护战略更广泛，在德国，如果他们投资在技术创新领域，他们选择的知识保护策略较为狭窄，由于知识交流需要，希望充分受益于东道国的知识流动。相对来说，国际知识外溢，特别是通过跨国公司的知识溢出，对公司防护有价值的知识溢出到东道国的竞争对手的能力知之甚少，通过调查正规的保护措施（如申请专利）以及战略性的保护措施（保密、所需的时间、复杂的设计）将该研究领域进行延伸，对企业知识保护战略的广度进行阐释并将其和跨国公司子公司的具体情况联系起来，因在东道国所遇到的挑战和机遇的不同，他们所用的方法也有所不同。

　　Chang‐Yang Lee（2009）提出了一个企业的 R&D 测试模型，通过对由世界银行收集的来自多个国家的多种产业数据的实证分析，探讨产业集群对企业研发力度产生的潜在影响，评估位于集群之内的企业是否比非集群企业的 R&D 投资力度更大。因为自然排他性或研发技术所具有的机会高度关联性，地理上的接近使自发的知识溢出和 R&D 机会只能局限于集群企业；地理上的接近，通过市场机制、合同研发或研发合作可能有助于提高知识交流的效率；集群中企业在 R&D 上潜在的优势或劣势取决于企业的技术能力在集群中的对称度。结果表明，位于产业集群之中实际上会对企业的研发力度产生负面影响，就公司研发强度而言，这和纯粹的、自发的本地知识外溢与传统理解形成对照。

Rui – Hua Huang（2010）使用的 Stackelberg 主从架构对知识溢出困境进行探讨，虽然协同知识创新对企业获得新的竞争优势是重要的，但是知识溢出伤害企业现有的竞争优势，这使 R&D 项目投资成为一个两难问题。分析发现，在协同知识创新中，企业目前的创新知识和先前的已有知识可以互相替代，通过控制当前知识创新的投资与以往知识投资的比率，技术领导者和追随者可以从合作中受益，在限制知识的同时传出或溢出，R&D 主导者和从属者可以同时从研发合作和限制知识溢出中受益；因为 R&D 主导者首先面临着资源投资的道德风险，只有当它从知识合作创造的成果中得到好处时，它才具有参与协同知识创新的动力，它面临越多的道德风险，要求的回报也就越多。如果它们能将数额确定，R&D 主导者和从属者的投资比例应与它们得到的利益相一致，否则合作就不会稳固。

三　进一步研究的方向

经济活动的区域专业化一般认为是可取的，形成经济活动区域专业化主要有以下三个原因：比较优势法则、局部化规模经济和知识溢出。从个人主义的方法论角度来看，比较优势法则对个人和企业有效，当地区被看作由不同个体组成的差异化结构并不一定意味着区域专业化；局部化规模经济很少具体到某个行业，仅局限区域一级；知识溢出的研究没有可靠结论，从更具体化的分类角度看将更加有利（Samuli Leppala, Pierre Desrochers, 2010）。

无论知识溢出效应对技术进步、城市发展和经济增长有多么重要，知识溢出和网络、空间距离及研发之间的关系多么紧密，对知识溢出的本质研究还是很有限，留下了许多进一步研究知识溢出的方向。

第一，虽然有网络模式研究知识溢出效应，但几乎没有相关的研究来考察网络的工作机制、空间网络模型如何构建以及是否这些模型能够证明知识溢出、城市发展和经济增长等之间的相互关系，虽然发现它们之间有明显的关联性和强烈的内在关系，但是缺少自然的随机试验去验证它们之间的因果关系及对知识溢出效应合理量化。

第二，以往的研究忽略了以下情况：如果把一个区域看作由商业和非商业两大部门组成，在不同部门就职的低技能人员是否会从周围其他行业高技能人员身上获益，这样是否有利于其部门效率的提高；如果生产力提高只存在于商业部门，随着商业部门生产率的提高，非商业部门的工资是否会被抬高；非商业部门的高工资并不意味着这个部门的生产力得到了提高，如何解释知识溢出效应和价格效应对非商业部门的影响，等等。

第三，大部分的知识信息交流有市场交易和非市场交易两种类型，在这两种交易类型中知识或信息的交流如何分别实现；在交换过程中，针对交易类型的不同如何对知识信息采取不同的保护措施；知识溢出作为知识或信息交流的结果之一，一般研究并没有区分这两种不同交易类型中的知识溢出效应。

第二节　产业集群研究综述

一　产业集群的研究历程

关于产业集群现象的讨论最早可追溯到亚当·斯密，他在《国富论》中从分工专业化的角度解释产业集群，认为产业集群是一群具有分工专业化性质的中小企业为了联合生产而形成的群体。其后，马歇尔从规模经济和外部经济的角度研究产业集群现象，把产业集群看作企业为了共享集群内的基础设施、劳动力市场等集群优势而形成的经济聚集体。

区域集聚经济理论认为，工业区位的选择是由成本费用大小决定的，当集聚所带来的好处等于或大于由此引起的运费增加时，集群因素便会对工业区位选择产生影响，Weber（1929）把产业集群因素归结为四个方面：技术设备依存度、专业化劳动、市场化因素和经常性开支减少。

新经济地理学认为企业和产业一般倾向于在特定的区位空间集中，根据群体和相关活动的差异区域选择也不相同，空间差异与产业专业化有关，Krugman（1991）通过建立一个"中心—外围"的模型说明区域或地理在要素配置和竞争中的重要作用。

交易费用理论的代表 Williamson（2001）把企业集聚现象解释为在不确定情况下，基于社会资源价值的企业治理机制的选择结果，指出在交易频率大大增加的情况下，为减少不确定性的发生，企业会借助契约实施治理。由于单纯的市场契约成本高，人们转而借助于建立在社会资本之上的信任和产业文化降低交易费用，产业集群的出现与发展能够通过产业集群内部的社会资本实现减少不确定性、降低交易费用等需要。

产业集群创新理论认为，在创新的系统因素中，制度、文化、法律、企业家精神等软因素是至关重要的，企业集聚所形成的社会性系统刚好促使各种软因素日趋同质化，并形成相互学习机制，进而降低创新风险，加速创新速度。

新竞争经济理论的代表 Porter（2003）认为企业的竞争优势来源于企业集聚，其结果是形成学习机制；借助集群交流机制，形成产业集群内部的自我加强机制，进而形成持久竞争力。Porter（1998）在《国家竞争优势》中认为产业集群是某一特定产业的中小企业和机构大量聚集于一定的地域范围内而形成的稳定的、具有持续竞争优势的集合体，提出了垂直企业集群与水平企业集群的概念。

20 世纪后期各种产业集群在世界经济发展过程中表现出色从而产生新产业区理论，新产业区的概念来源于马歇尔式产业区的概念并在此基础之上得以发展，即现在的产业集群理论。

在我国，对产业集群的研究始于 20 世纪 80 年代中后期对江浙一带出现的"块状经济"的关注，由于中小企业集群在江浙的迅速发展，学者们对这个问题从区域经济、产业结构、非正式制度、制度变迁等方面进行了一些探讨，有些学者则从企业网络或者企业家网络的角度来研究产业集群，强调创新精神在产业集群发展中的重要作用，也有一些学者从生态学的角度来研究产业集群。

仇保兴（1999）从中间组织角度认为，小企业集群是一群自主独立相互关联的小企业据专业化分工和协作建立起来的组织，产业集群是处于纯市场组织和科层组织之间的中间性组织。

王辑慈（2001）从产业区位的角度研究了企业集群现象，认为产业集群是一个典型的综合社会网络，是具有共同的产业文化和价值的企业在一定地域空间内的集聚，强调产业集群内企业共同的社会文化背景及价值观念是生产区域"根植性"基础条件。产业集群的各个主体聚集在一个特定的领域，由于共性和互补性联系在一起，王辑慈教授重点探讨了创新与集聚之间的关联，将文化、传统、制度、人缘、地缘、血缘等因素作为影响产业集聚的重要元素。

魏后凯（2003）认为，产业集群是指大量的相关企业按照一定经济联系集中在特定地域范围，形成一个类似生物有机体的产业群落。

二 产业集群的概念

关于产业集群的研究文献众多，这些研究认为产业集群是政治经济、公共政策、商业管理等跨领域、跨学科共同研究的对象。由于不同的学者、专家、组织的学术背景不同，并且采取的研究方法也各不相同，于是对产业集群的定义有很多，表2-1主要列出了几个主要的产业集群概念。

表2-1 产业集群概念

主要观点	代表学者	主要内容
企业在一定地域空间内的集聚	Porter（1990）	在某一特定领域内相互联系的、在地理位置上集中的企业和机构的结合
	Rosenfel（1997）	具有地理接近性和相互依赖的企业在特定地理位置上的集中
	王辑慈（2001）	一组在地理上靠近的相互联系的企业和机构，处于同一特定区域，由于具有共通性和互补性联系在一起
区域内形成的一种产业组织形式	仇保兴（1999）	由众多独立的相互联系的小企业依据专业化和协作的关系在一定地域空间上集聚，建立起介于纯市场和纯科层组织间的产业组织形式
	芮明杰（2000）	通过信息共享和人员相互作用形成的中小企业间的结合，产生的企业和产业组织制度
	Porter（1990）	产业集群是一种区域内形成的企业网络
具有高度竞争优势的社会关系系统	Anderson（1994）	一群企业以地理接近性为必要条件集聚在一起增进彼此的生产效率和竞争力
	Porter（1990）	一系列相关企业和产业集聚在一起，能够增强各自的竞争优势，提高创新能力的组织形式

资料来源：笔者整理。

为了更好地理解产业集群现象可以从两个方面展开：一是从产业集群内在的社会结构的本质与特点来理解产业集群创造和革新知识的潜力；二是通过评估产业集群经济活动的深度和广度，理解提高其竞争力和业务逻辑的驱动力。从社会知识、经济因素以及商业竞争力这几个层面基本上能够让我们动态地了解产业集群的概念，而这一理解对于宏观和微观经济政策制定与实施都有很强的指导作用。

现有产业集群内涵各有所侧重，本书认为产业集群的内涵是一个社会经济实体，它的特点是一定的社会群体和一定量的经济主体落户于一个地理位置紧邻的特定区域。产业集群内，社会群体以及经济主体之间在相关的经济活动中协同运作，为创造市场里的优质产品和服务，分享彼此的产品存货、科技以及组织知识。这既包含了马歇尔的城市化概念，特别是区域规模经济，但是它又明显不同于聚集这个概念，因为集群内的知识互动不是随意的而是具有目的性的，知识是迁移竞争成功的决定因素之一。

首先，对产业集群的内涵强调集群潜在的社会结构的本质、特点及优点决定了集群整合已有知识和新知识的方式，集群的目的是创造更优质产品和服务。这正是产业集群和那些简单的地理聚集的经济主体之间的区别。产业集群关系的优点一直被描述为社会网络的"嵌入"水平（Gordon & McCann，2000）。事实上，所有的经济关系即使是聚集形态的纯粹市场关系都带有社会嵌入性，这些关系依赖于各成员共享的规范、体系以及多种假设，同时这些经济关系本身并不仅仅只是经济决策的结果。

其次，有些社会学方面的文献研究则认为产业集群不同于"社会网络"，因为产业集群不仅反映了技术机遇和互补性，而且也反映了嵌入性和社会整合的不同寻常的水平。尽管社会网络形态具有明确的空间应用性，但其本身并不具备固有的空间性，社会网络是一种可供长期使用的社会资本，是由社会历史与持续的累计活动共同创造并维护的。前者主要是由合同连接在一起的众多经济主体，而后者主要是由企业之间密切的知识互动所联结，而企业之间的知识互动比企业内部的知识互动更频繁（Granovetter，1992）。本书把社会网络看成是一种特别的产业集群，在这个集群中，企业之间知识互动、经济主体之间制度化的信任以及人事互动都非常频繁。

最后，产业集群是由加入受益的经济主体组成，集群成员的关键活动有目的性，集群度由主体长期合作的程度决定，当然，这些主体在合作的同时，也一直保持着原有竞争性。当然，在特定地域同时发生的企业合作和竞争关系，要求存在一个高度发达的社会结构来组织和促进知识整合、信息交流和经济主体之间身份共同感的培养。因此，便导致了无论哪一类产业发展产业集群的知识整合度可能都相当复杂。

三　产业集群的生命周期

随着以弗农为代表的把产品生命周期理论引入到市场营销学之后，生命周期理论作为一种研究思维被应用于产业经济学领域。产业集群也是动态的演进过程，同样能够应用生命周期的观点来分析产业集群的演进。学者们从不同的角度出发把产业集群的演进过程划分为不同的阶段。

Bergman 和 Feser（1999）认为产业集群可分为四个阶段：潜在阶段、显现阶段、已存阶段、衰退阶段。Tichy（1998）借鉴弗农的产品生命周期理论，将产业集群生命周期划分为诞生阶段（formative phase）、成长阶段（growth phase）、成熟阶段（maturity phase）和衰退阶段（petrify phase）。Ahokangas 等（1999）提出把区域产业集群发展过程分为起始和初始阶段、增长和趋同阶段、成熟和调整阶段。其中，产业集群稳定状态如图 2－1 所示。

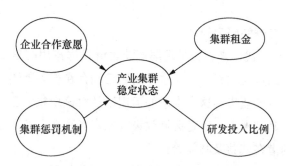

图 2－1　产业集群稳定状态

Porter（2003）认为钻石模型中各个影响因子的相互作用与变化决定了产业集群演进，把产业集群的演进阶段分为诞生、发展和衰亡三个阶段。Pouder 和 John（1996）把产业集群看成该产业整体中的一个子群，并使用断续性均衡的模型，把产业集群的演进阶段分为产生形成阶段、收敛阶段、重新调整阶段，具体概括如表 2－2 所示。

表 2－2　　　　　　　产业集群的生命周期及其特征

阶段	产业集群内主要特征			竞争行为	创新业绩
	资源状况	组织形式	管理者认知模式		
产生形成阶段	集聚经济	不断增加相互适应性	容易产生突出的竞争对手	增加进入者竞争多样性	增加创新水平阶段

续表

阶段	产业集群内主要特征			竞争行为	创新业绩
	资源状况	组织形式	管理者认知模式		
收敛阶段	没有集聚经济	模仿行为同态性	认知上偏见（忽略外部竞争对手）同质性	进入数量比较稳定、近似的竞争增多	创新减少
重新调整阶段	集聚不经济	组织上的惯性没有弹性的深层结构	惯性无法跨越认知障碍	企业数量减少	创新在产业集群外产生经济研究

资料来源：Pouder R. & John C. H. ST. Hot Spots and Blind Spots：Geographical Clusters of Firms and Innovation，*Academy of Management Review*，1996，21，4，pp. 1192 – 1225.

四　产业集群的研究简评

20 世纪 90 年代以来，为了理解产业集群发挥作用的重要因素及使其在国际上成功的重要因素，针对这一问题已经存在很多著述，也许因为多视角的研究，对产业集群这个术语的运用以及对该现象的已有解释越发显得扑朔迷离，其结果之一就是区域政策的制定者和众多商人很难指出产业集群所带来的潜在威胁及其前景机遇。

分析发现，过去形成的一些理解和解释产业集群的理论至少包括以下几个方面的内容：应用区域集群分析框架、战略竞争分析描述框架以及实证分类模式。Carrie（2000）注重研究产业集群制度性构建的属性和多样性，Gordon 和 McCann（2000）则研究由地理临近产生的净经济优势。这些分析方式的共同点在于他们依赖于这样一种观念：用产业集群中经济主体之间的经济联系来分类和分析产业集群的属性和实力，所有这些方式都很少明确地将知识因素视为其潜在分析框架或分类模式的一个部分。

Porter（1998）的研究对于知识因素给出了更多的关注，并将其视为产业集群实力的决定因素之一，但其在很大程度上仍然在解释产业集群竞争动态和特点分类时，坚持经济联系的观点。相反，在产业集群定性研究和案例研究中，将知识因素视为产业集群实力和提高集群绩效的途径得到了足够的重视，这些研究提供了必不可少的观念基础和实证性证据，根据已存研究总结发现在理解产业集群时应包括关键变量知识因素的作用。

知识整合程度和产业集群竞争范围都可以用来解释产业集群的经济绩效。这类研究可以解释和决定产业集群经济绩效的众多特征，有些特征与产业集群所在产业部门的竞争性因素有关，而另外一些特点则同产业集群的制度结构、地理区位、经济联系以及其他因素有关。从经济和社会角度分析了产业集群现象的复杂性和广博性与其潜力对涉及的经济主体和社会群体的作用。在对知识整合和全球竞争范围的关键维度中，可以通过对经济政策制定者和商务执行者有意义的方式捕捉到产业集群很多潜在功能结构。

大量的实证研究表明，集群企业之间的知识整合度越高，全球竞争性越强，产业集群的经济绩效越好，尽管这些研究并非完整无缺，但是仍表明在高知识整合程度和全球范围竞争的集群企业比趋于在一定地理界限范围内竞争的、低整合度的产业集群更具创新性，呈现更多的增长模式，更适应多变的环境条件，更具持续性的绩效。

同时，有关产业集群的研究也存在一定的问题和矛盾，特别是进入21世纪，虚拟通信科技和全球运输物流业的发展已经使区域化经济对企业竞争力产生更为巨大的影响，也对产业集群理论和实践带来挑战。另外，与产业集群相关的某些因素也会阻碍产业集群的发展，从供给和需求两个方面看，产业集群中竞争和过剩的情况都会有所加剧，可能面临大量雇员离职或企业之间不合作等问题，而这些问题都会对整个产业集群构成威胁。产业集群的主体需要一方面设法加强彼此之间的合作，而另一方面又会产生更激烈的竞争，对这一矛盾的处理对产业集群经济的长期发展至关重要。

学术界目前对产业集群研究主要从三个层面展开：一是从宏观层面的产业集群经济分析，主要从国家和地区层面考察产业集群经济的空间分布、区位选择以及战略发展等问题，如韦伯工业区位、克鲁格曼经济地理学等；二是从中观层面的企业集群分析，主要研究整个产业集群的产业联系与竞争合作关系等；三是从微观层面的产业集群内部企业分析。但是关于微观层面的研究较少，更多的研究停留在宏观层面和中观层面，这主要是因为在这两个层面，研究数据比较容易获得，而微观层面的数据较难获取。

五　知识溢出与产业集群的研究

（一）知识溢出与产业集群研究概况

利用 www. google. com 搜索引擎和西北大学图书馆 Elsevier（SDOS）

数据库、中国期刊网全文数据库、中国博士学位论文数据库分别采用关键词精确检索或联合检索的方式分别对"industry cluster""knowledge spillover""产业集群""知识溢出"及"industry cluster"与"knowledge spillover""产业集群"与"知识溢出"进行精确检索,涉及产业集群、知识溢出的研究检索结果(见表2-3)。

表2-3　　　　　产业集群、知识溢出研究文献检索统计

关键词或联合检索	篇数或网页	检索来源	检索方式与期间
industry cluster	8080000	www. google. com	关键词
knowledge spillover	516000	www. google. com	关键词
industry cluster knowledge spillover	37500	www. google. com	关键词
industry cluster	568	Elsevier (SDOS) 数据库	联合检索
knowledge spillover	240	Elsevier (SDOS) 数据库	联合检索
industry cluster knowledge spillover	10	Elsevier (SDOS) 数据库	联合检索
产业集群	17868	中国期刊网全文数据库	关键词 2000—2010 年
知识溢出	434	中国期刊网全文数据库	关键词 2000—2010 年
产业集群	272	中国博士学位论文数据库	关键词 2000—2010 年
知识溢出	29	中国博士学位论文数据库	关键词 2000—2010 年
产业集群知识溢出	3	中国博士学位论文数据库	关键词 2000—2010 年

资料来源:经笔者整理得出,检索时间:2010 年 3 月 12 日。

(二)产业集群与知识溢出研究文献的年份数量分析

仅利用西北大学图书馆 Elsevier(SDOS)数据库,在所有资源中用"industry cluster"与"knowledge spillover"为检索词进行检索,对摘要、篇名、关键词三种方式联合检索得到的文献是 10 篇,仅以"knowledge spillover"为检索词从 2000—2010 年进行联合检索约有文献 218 篇,进行篇名检索约有文献 40 篇,从表 2-3 可以看出,2004 年后的联合检索文献数量是 165 篇,占总篇数的 69.1%,2004 年以后的篇名检索文献有 32 篇,占总篇数的 73.6%,表明从 2004 年开始,研究者对知识溢出的关注较多。文献的年份数量分布,如表 2-4 所示。

表 2 - 4 　　　 有关产业集群知识溢出研究文献的年份数量分布

年份	2000	2001	2002	2003	2004	2005	2006	2007	2008	2009	2010
联合检索	8	11	17	10	22	21	23	20	44	31	10
篇名	1	3	3	1	4	6	7	4	7	5	1

资料来源：经笔者整理得出，检索时间：2010 年 3 月 12 日。

（三）国外知识溢出研究文献的期刊分布

利用西北大学图书馆 Elsevier（SDOS）数据库，在所有资源中以"knowledge spillover"为检索词，对摘要、篇名、关键词三种方式联合检索得到的文献进行分析，发现国外有关知识溢出的文献期刊分布如表 2 - 5 所示。

表 2 - 5 　　　 国外有关知识溢出研究文献的期刊及数量分布

期刊英文名	期刊中译名	篇数
Research Policy	政策研究	31
European Economic Review	欧洲经济评论	5
Economics Letters	经济通信	9
International Journal of Industrial Organization	国际工业组织期刊	7
Journal of Urban Economics	城市经济期刊	8
Regional Science and Urban Economics	区域科技与城市经济	4
Technovation	技术创新	5
Journal of International Economics	国际经济期刊	5
Journal of Development Economics	发展经济期刊	4
Journal of Economic Behavior & Organization	经济行为与组织期刊	7

资料来源：经笔者整理得到，检索时间：2010 年 3 月 12 日。

（四）产业集群知识溢出研究对象与范围

在文献分析中发现，有关以知识溢出为对象的研究主要集中于知识溢出本身的理论研究和知识溢出与国家、区域、产业集群发展的实证研究两个方面；就学科范围而言，有关知识溢出的研究集中于产业经济学和知识管理两大学科。关于知识溢出的研究具体情况：一是对知识溢出本身的研究，主要集中于知识溢出的内涵、本质特征、形成机制、溢出途径、影响因素、测量分析、溢出效应及评价等方面；二是关于知识溢出与国家、区域、产业集群的关系研究，主要集中在外商投资（FDI）、跨国公司的知识溢出分析，知识溢出与区域经济增长，知识溢出与产业集群中企业学习、创新、发展等方面。相对而言，有关对知识溢出的微观层面的研究较少，特别是关于知识溢出与企业研发行为的相关研究较少，关于知识溢出与产业集群中企业的知识获取吸收、知识转移共享、知识利用以及集群企业之间的知识网络及研发环境的构建等方面的研究相对不足。

关于企业研发、知识溢出的理论和实证研究一般集中在研发、知识溢出的地理邻近区域作用方面，这些研究都将知识溢出作为区域内企业研发行为一个重要的假设条件（Griliches，1998；Cohen、Nelson 和 Walsh，2002）。

企业进行研发投入、技术创新，研发结果以知识和技术的形式存在，知识技术具有社会公共品的性质，很容易被传播和抄袭，而知识技术的传播再次利用的成本很低，因此，研发创新者对研发成果的占有具有非排他性和非竞争性（Arrow，1962），由于研发活动和知识溢出效应的外部性；另外，研发创新活动投入大、周期长、风险多，中小企业一般不会主动地进行研发投入，只有规模很大、实力很强的企业为了自身发展才会采取研发策略，以获得市场竞争优势。这样，在研发创新选择问题上，发达国家的政府部门都十分重视，通常会采用政府参与的方式或者政府鼓励支持的方式进行，"官—产—学"合作研发就是一种常见的研发模式（Etzkowitz & Leydesdorff，2000）。在研发创新方面常常会涉及国家层面的因素，政府的支持、奖励等措施有利于形成研发合作的制度安排。如美国、日本等都是采用和鼓励"产—学—研"结合的研发方式。中国政府同样重视研发创新活动，政府参与的程度较深，采用公共财政投入、科研补贴、科学技术奖励等方式鼓励企业或科研院所的研发行为。

由此可见，在实践中国内外都将研发合作、知识溢出效应作为形成国家创新能力和促进创新绩效的一种重要制度安排，但是，在理论上这种制度安排执行的结果如何，需要在微观的企业层面进行研究和探讨，更好地为实践提供理论支撑。

国外关于研发创新、研发合作与知识溢出的研究主要集中在企业及产业领域等方面。Aspremont 和 Jacquemin（1988）最早使用博弈论对企业研发行为和知识溢出现象进行研究，并且构建了 Aspremont – Jacquemin 模型，模型把存在外生知识溢出的双寡头间的合作看作是两个寡头决定研发水平高低，然后在产品市场进行 Coumot（古诺）竞争，此后相关的研究都是在 Aspremont–Jacquemin 模型基础上的扩展。

Cassiman 和 Veugelers（2002）构建了描述溢出知识的指标体系，采用调查数据对 1993 年比利时的制造业进行了实证回归分析，发现较高的外部知识溢出能够促进企业、大学、公立和私立研究实验室等主体之间合作，企业外部的公共知识对企业非常重要，企业的研发创新能够从与其他研究机构的合作中获得收益。

知识溢出的一条重要途径就是区域研发创新主体之间的合作关系，Jorde 和 Teece（1990）的研究表明，通过政府的研发科技政策，鼓励企业之间的研发合作，构建一个竞争合作的市场环境，对研发创新和知识溢出有很大作用。

Schartinger、Schibany 和 Gassle（2001）采用 1990—1995 年的调查数据，对澳大利亚企业研发创新活动与大学之间的合作进行回归分析，表明大学科研成果的流动对企业吸收转移知识的影响，证明文化观念的差异和企业信息闭塞是企业和大学之间的障碍因素。

Becker 和 Peters（2000）对德国制造产业的研究表明，企业与大学合作能够提高研发的可能性，将进一步促进企业研发投入。Fritsch 和 franke（2004）的一项研究是在 KPF 框架下，采用 1995 年问卷调查数据，对德国三个区域的知识溢出与研发合作对创新行为的影响进行的实证分析。研究结果显示，各个区域的生产效率差异很大，其中主要原因是研发项目本身和知识溢出的影响，研发合作的中介机构处于相对次要的地位。

Belderbosa、Carreeb 和 Lokshinb（2004）利用 1996—1998 年的欧共体创新调查数据对荷兰包括竞争者、供应者、消费者、大学、研究机构等之间的研发合作与企业绩效进行了回归分析，发现供应者与竞争者的研发合作对区域劳动生产率的提高呈正相关关系，外部进入的知识溢出同样与大学、研究机构及供应者的合作对新产品销售量具有积极作用。

Audretsch 和 Feldman（2004）用研发创新与知识的观点解释企业的产生和发展，研发创新密集的区域更容易诞生新的企业，企业的高出现率进一步促进区域生产效率的提高，研发创新更加频繁，企业出现、研发创新与生产力的提高呈正相关关系。

关于研发和空间的互动关系，Carlino 等（2006）研究发现研发等知识密集型活动不一定会出现在空间最密集的环境中，在中度密集的中等城市每人平均专利数量能达到最高水平。不管研发、知识溢出和空间距离的关系多重要，实际上的研发活动不愿在最密集的城市而支付高工资和高租金。Berliant 和 Fujita（2008）在研究研发、知识创造和转移的微观机制方面取得了一定进展，代表着以后研究知识创造和转移机制的一种趋势。

Veugelers 和 Cassiman（2005）使用 1993 年的欧共体调查数据和模型，对比利时的制造企业和产业的特性与大学研发合作进行了计量分析，表明政府研发政策支持、分担研发成本，能够促进企业研发活动与大学的合作。

Jefferson 等（2001）使用 1995—1999 年中国大中型企业的面板数据分析结果显示，研发创新与企业规模和市场呈正相关关系，大型企业和中型企业的研发人员投入和研发投入弹性具有较大差异，研究没有对"产—学—研"合作及其溢出效应进行实证检验。

Cassar 和 Nicolini（2008）研究了局域化技术溢出对经济增长的影响程度，验证了邻近区域间的研发投资溢出效应提高了彼此创新成功的可能性，从而促进了经济增长。

国内对研发溢出的研究主要集中在外商直接投资、国际贸易与研发知识溢出的关系等方面，从政府、企业、大学、科研机构合作的角度和从研发合作与知识溢出研究的成果较少。有一些研究企业之间的研发合作和知识溢出的文献，这类研究通常采用博弈论的一般性分析方法以定性分析为主。

鲁文龙、陈宏民（2003）采用博弈分析模型，假设在市场经济开放的环境下，分析国内和国外两个企业的研发创新行为，加上政府研发政策变量，研究结果显示，企业之间的研发交流合作与企业研发投入是相互促进、相互影响的正相关关系，企业间的研发合作、知识溢出、技术交流对企业有利，同样能够提高整体社会福利，每个国家的政府都倾向于对本国企业的研发创新进行投资和政策支持。

韩伯棠、艾凤义（2004）采用 Aspremont – Jacquemin 模型，探讨了在不对称条件下双寡头企业的研发合作关系，在知识溢出不对称情况下，寻找企业之间不完全合作研发、部分合作研发、完全合作研发三种状态的纳什均衡及其存在的条件，研究发现，在每一个企业都追求利润最大化的前提下，企业之间的研发合作利润比企业之间不合作研发时的利润高，每家企业都能够得到更多的利益，即使是竞争对手，企业之间的研发合作也能够实现和达到"双赢"状态。

（五）知识溢出、产业集群与企业研发行为研究评价

综上所述，国内外关于企业研发和知识溢出之间关系的研究，无论是理论研究还是实证研究都主要集中在"管—产—学—研"合作与知识溢出作用方面，总的研究结论都倾向于证明企业之间的研发合作对企业研发创新行为的促进作用，在大多数的研究中都将知识溢出作为企业研发行为中的一个假设条件。这样的假设在研究中也存在不足，因为影响企业研发行为的因素众多，仅仅将知识溢出作为其中一个重要的变量，在解释现实问题时是缺乏解释力度的，一般的经验研究更关注政府对企业研发行为的政策支持和资金支持，对"产—学—研"特别是知识溢出对企业研发行为的影响关注较少。

通过文献回顾发现：第一，关于知识溢出及其效应的研究主要从宏观层面探讨知识溢出对城市的生产力和城市发展规模的影响作用，研究涉及知识溢出与城市聚集经济、城市规模发展及产业发展的关系和相互影响；以及从微观层面讨论知识溢出效应，重点研究了知识传播机制，知识溢出与网络、空间距离及研发之间的互动关系。在过去的研究中，关于知识溢出与集群企业的研究也较多，但是从知识溢出的视角分析产业集群发展的研究并不多见，特别是在揭示产业集群核心演变因素的研究较少；另外，从知识溢出的角度研究社会经济的主体——企业行为的同样较少，尤其是在微观层面上研究知识溢出与集群企业衍生、知识存量变化、研发行为选择、知识利用以及产业集群研发环境建设并不多。

第二，对产业集群研究主要从宏观层面的产业集群经济分析，研究国家和地区层面考察产业集群经济的空间分布、区位选择以及战略发展等问题；从中观层面的企业集群分析，主要研究整个产业集群的产业联系与竞争合作关系等；但是关于微观层面的研究较少，更多的研究停留在宏观层面和中观层面，这主要是因为在这两个层面，研究数据比较容易获得，而微观层面的数据较难获取。

第三，关于企业研发和知识溢出之间关系的研究，主要集中在"管—产—学—研"合作与知识溢出作用方面，总的研究结论都倾向于证明企业之间的研发合作对企业研发创新行为的促进作用，在大多数的研究中，都将知识溢出作为企业研发行为中的一个假设条件。这样的假设在研究中

也存在不足，因为影响企业研发行为的因素众多，仅仅将知识溢出作为其中一个重要的变量，在解释现实问题时是缺乏解释力度的。

20世纪90年代以来，大量的实证研究表明，集群企业之间的知识整合度越高，全球竞争性越强，产业集群的经济绩效越好，尽管这些研究并非完整无缺，但是仍表明在高知识整合程度和全球范围竞争的集群企业比趋于在一定地理界限范围内竞争的、低整合度的产业集群更具创新性，呈现更多的增长模式，更适应多变的环境条件，更具持续性的绩效。

第三节　市场规模与商务成本研究概述

一　市场规模的研究概述

市场规模对企业商务成本来说有着重要的影响。一般来说，市场规模越大，企业获得溢出效应与规模经济的可能性就越大，企业商务成本越低。对于企业而言，单独为一个消费者或厂商提供服务的生产成本往往太高，但大量的消费者或厂商的集聚却可以达到规模生产的要求，一旦实现规模经济，企业的生产就会具有效率，成本就会大幅度下降，从而产生更多的有效需求，进一步扩大市场规模，形成正向的本土市场效应。

黄玖立（2006）通过实证研究发现，我国各省区的地区市场规模和出口开放程度对各省区经济增长速度影响显著；在地区差距的形成和演进过程中，本地市场和外地市场是相互替代的，估计结果显示，地区市场规模和出口开放度变量的估计系数均在1%水平上显著为正。从而在市场规模越大的省区，其经济增长率也就越高。黄玖立（2008）从细分产业的层次上进一步验证了"市场范围"假说。

安虎森（2006）认为，尽管西部地区拥有丰富的自然资源等比较优势，但由于市场规模过小，运输成本大，企业无法实现利润最大化的目标，即使对于出口导向型企业也缺乏吸引力。

刘凤根（2009）选取35个国家2001—2008年的面板数据，以东道国市场、东道国劳动力成本、双边贸易以及教育水平等指标，采用固定效应分析方法对我国对外直接投资区位选择的决定因素进行实证检验。结论表明，我国对外直接投资区位选择受东道国市场规模的影响显著，但两者呈负相关。东道国的成人识字率越高，出口于东道国的贸易额度越大，我国对其直接投资就越多；我国对其直接投资与东道国的工资水平呈负相关，东道国工资水平越高，我国对其直接投资就越少。

Tae Hoon 与 Jong Hun Park（2004）通过对跨国公司在东亚各国的调查与研究发现市场规模、地理区位、劳动力因素与集聚性区域的增长潜力等是跨国公司在东亚进行区位选择的重要因素。

Grub 等（1990）采用问卷与访谈的方式，研究了美国对华的投资动机，发现市场潜力和廉价劳动力是其最重要的因素。Gruben、William C.（1998）的研究表明东道国市场规模是 FDI 的一个正的显著因子，Junjie Hong（2007）也得出了类似结论。

但理论界对于市场规模的界定标准并不统一，如 Ades A.（1999）在研究市场规模、规模报酬递增与经济增长的关系时，用人均 GDP 来衡量一国或地区的市场规模。Peter Egger（2004）、Carr D. L.（2001）等学者在研究跨国公司的经营行为时，用 GDP 来衡量一国或地区的市场规模。侯晓辉（2007）以地区人力资本存量、城市化率及产业聚集程度作为控制变量，采用各省区的 GDP、人均 GDP 和收入差距等变量来衡量我国各省区的市场规模，发现地区 GDP 总量、人均 GDP 与城乡收入差距对企业区位选择影响显著；前两个因素对 FDI 的流入量有正向的影响，地区城乡收入差距的扩大则对 FDI 具有显著的负面影响。

郑政秉（2003）则以非农业人口密度反映市场规模差异，他认为，在引入空间后，市场的边界就必须同时引入交易半径。也就是说，市场规模是由一定交易半径内居民的数量和可支配收入的乘积决定的。在这个半径内，市场规模越大，达到规模经济生产的需求越多，市场提供的产品和服务的数量和种类就越多，就可以实现劳动分工，降低单位成本，从而使给定的家庭收入的购买力上升。提出在人均收入一定、经济制度不变与交通技术（这意味着交易半径不变）的条件下，单位面积内人口数量即人口密度越大，市场规模（劳动力和消费市场）则越大，交易成本越低，聚集效应就越大，并指出市场规模存在规模报酬递增规律。

本书采用 GDP 作为市场规模的界定标准，并把人均 GDP 和人口作为辅助变量。GDP 反映了各地区经济规模、总体购买能力和市场交易的总量，度量各个城市市场规模的总量维度。但 GDP 不能反映人均收入，一个地区 GDP 总量即使较高，但如果人口过多，人们普遍贫困，则该地区的有效市场规模就不会像 GDP 指标表现得那样大。因此，本书还把人均

GDP 和人口作为辅助变量来研究市场规模与企业商务成本之间的关系，以及二者对企业区位选择、进入模式等的影响。

本书也考虑过沿用新古典经济学把市场规模界定为人口规模和人均收入，但最终还是把人口规模作为辅助变量进行解释，这主要是由于人口与企业商务成本的解释关系并不明确，理论界对于二者谁是自变量谁是因变量尚存在较大争议，如究竟是高成本导致企业利润降低，人民收入下降，从而生活水平降低，人们在该地区生活的意愿或激励下降；还是人口多降低了企业商务成本。但在一些样本的研究中，发现人口对企业商务成本具有显著性，GDP、人口和人均 GDP 之间存在严格的线性关系，任何一个变量都与另外两个变量的组合存在严格的线性关系。因此，本书把 GDP 作为主解释变量，而把人口作为辅助解释变量。至于人均收入，从收集到的数据看，地区平均工资主要统计国有和非国有规模以上部门职工平均工资，而未考虑民营和其他所有制部门职工的平均工资，较之于地区人均 GDP 而言，它是一个有严重偏误的衡量指标。因此，本书采用人均 GDP 代替人均收入作为度量市场规模的变量，一方面是该地区劳动力要素成本的代理指标，另一方面也反映了该地区人均购买力水平。

如前所述，本书根据 GDP、人均 GDP 和人口对市场规模进行分类，并根据世界银行公布的收入分组标准把不同城市定义为低、中低、中、中上、高收入组，根据中国城市划分标准（非农业人口）将城市划分为小城市（人口小于 20 万）、中等城市（人口 20 万—50 万）、大城市（人口大于 50 万）、特大城市（人口 100 万—200 万）、超大城市（200 万人以上），表 2-6 定义了市场规模类别。

表 2-6　　　　　　　　　　市场规模分类

类别	人口（万人）	GDP（亿元）
1	20 以下	100 以下
2	20—50	100—500
3	50—100	500—1000
4	100—200	1000—3000
5	200 以上	3000 以上

二　企业商务成本的定义与内涵

目前，国内外对企业商务成本尚没有形成统一的定义，对于企业商务成本的内涵也没有形成统一的认识。

Fortune 杂志发布的全球最佳商务城市调研（Best Cities for Business Study）的调查指标为商务环境、营业成本、劳动力供应及生活质量。

《伦敦金融与商务竞争力》（*Competitiveness of London's Financial and Business Services Sector*）（英国经济与商业研究中心）报告主要考虑房地产价格、劳动力成本、管理成本（税负和交易成本）和通信成本（电信、交通、水电煤）。

"全国 e 城市排序"（《日经个人电脑》杂志）中的企业商务成本具体包括商业用地地价、工资和货运费。

"亚洲主要城市与投资相关的成本比较"（日本贸易振兴会，JETRO）主要包括工资、地价与房租、电信费、公用事业费（水电煤）、汽车购置费和税收。

毕马威（KPMG）以利润最大化为投资目的，站在投资者的角度考察不同城市的企业商务成本和投资回报，在其对美国、德国、法国、英国、日本等发达国家的企业商务成本研究模型中，主要包括人工成本、交通成本、场地成本、日常消耗成本、财务成本、折旧成本及税收成本等。

傅钧文等（2003）认为，企业商务成本是企业用以支付生产要素的费用和维持经营而发生的其他费用，包括劳动力成本、通信交通成本、财产购置成本、公用事业费支出成本和管理成本（主要指税费）。但本书认为，企业商务成本是一个与地域有关的概念，因而，不存在地区差异的支出如财产购置成本（设备采购等）并不能作为企业商务成本的内容，他们将该项支出也列为企业商务成本，实际上无限扩大了企业商务成本的范畴。

王春彦等（2007）认为，企业商务成本是指投资者和企业为完成各类交易活动而支出的与所在地相关的成本总额，包括要素成本、营业成本、制度成本、其他成本（投资地特有的成本）。其营业成本包括在所在地进行谈判、交通、运输、广告、中介、渠道建立与运行、服务、外部培训与咨询、公关等经营活动发生的成本，但营业成本的界定没有有效地与制度成本进行区分。

王志雄（2004）认为，企业商务成本为企业在设立和商务营运中所发生的与区域投资环境相关的直接或间接成本支出，主要包括要素成本、配套成本、政策成本、运作成本和环境成本。其中，要素成本指区域地价、工资、租金等构成生产要素的企业成本；配套成本指区域市政设施等配套项目收费形成的企业成本；政策成本指区域用地、补偿、税收等政策产生的企业成本；运作成本指区域审批、咨询等商务运作中发生的企业成本；环境成本指区域经济、政治、文化等环境间接导致的企业成本。

陈珂等（2005）认为，企业商务成本是企业在开办期或经营期，在经营活动中所发生的用以支付生产要素的费用、享受专业化服务所支付的费用和用以维持经营而发生的其他费用之和，分为要素成本和为所需公共环境而支付的交易费用。

李锋等（2003）把企业商务成本定义为典型企业在生产经营时所面临的，除与技术差异相联系的成本因素以外的综合成本。他们认为，企业商务成本包含生产要素投入成本、交易成本（市场运行规范程度、要素配置市场化程度、区域经济信息可获得程度、政府部门运作效率、企业承担收费项目等）、其他成本（如社会治安状况、文化兼容程度等）。

潘飞等（2006）、毕子明（2003）认为，企业商务成本是企业在一定的城市或地区，进行投资和维持经营所发生的与经营所在地相关的各种特定耗费。

从文献分析中可以看出，理论界并没有对企业商务成本形成统一的、规范化的定义，但所有的研究都把企业商务成本指向了要素成本和交易成本，都认同企业商务成本具有区域性。本书认为，企业商务成本是一种与选择有关的成本，并不是企业的所有支出都属于企业商务成本（如购买设备的价款，由于不存在地区差距，因而不属于企业商务成本范畴，但设备的运输费用则属于企业商务成本范畴），而且不同类型的企业由于生产经营方式不同，在同一地区或城市，往往面临不同的企业商务成本。

本书认为，企业商务成本是企业在存续期间发生的与特定地区相关的成本，包括运输成本差异、劳动力差异（价格、供给量及劳动力质量）、原材料及中间品差异（价格、可获得性及质量）以及政策环境、政府部门运作效率、市场发育程度、基础设施差异等。

三 企业商务成本的实证研究

由于企业商务成本包含不同类型的指标，对企业商务成本进行完全的度量和比较缺乏足够的理论支持，不同的学者建立了各自的指标体系对企业商务成本进行了城市间的比较研究。

Shengliang Deng 等（1997）指出对于企业商务成本评价，东道国的特征应该与投资类型相匹配，系统地评价政策措施，并协调当地政府与投资者的预期目标。

杨晔（2008）选取劳动力资源、基础设施、技能存量、税收、企业商务成本、经济发展、市场规模、外资参与八个一级指标及若干个二、三级指标，对区域投资环境进行了实证分析。

刘斯敖（2008）从现代经济增长的基本要素、市场条件、国际化程度、城市基础设施、公共部门服务和居民生活五个维度对长江三角洲的11个城市进行了实证分析。

安礼伟等（2004）建立了3级指标体系来度量企业商务成本，通过德尔菲（Delphi）法，考察了长江三角洲五城市（南京、无锡、昆山、上海和宁波）的要素成本、交易成本、其他成本。发现从相对偏差上看，要素成本、交易成本和其他成本总得分的变异程度基本上都比各单项指标得分变异程度低，因此，各城市都有自己的比较优势。他们还发现投资者对劳动力要素成本的评价和实际工资水平有较大差异，这可能是各地产业特征不同的结果，如劳动密集型产业和技术密集型产业对劳动力成本的敏感性不同；也可能是"坏孩子效应"的反映，据他们调研，台湾地区投资者的"坏孩子效应"表现比较明显。指标分解如表2-7所示。

表 2 - 7　　　　　　　　　　企业商务成本指标

一级指标	二级指标	
	指标名称	权重
要素成本	劳动力要素成本	21
	土地房地产成本	16
	水气成本	6
	权重小计	43
交易成本	基础设施状况	4
	投资信息获得成本	8
	金融服务便利度	2
	区域产业集聚程度	5
	企业税费负担	6

续表

一级指标	二级指标	
	指标名称	权重
交易成本	基础设施状况	4
	政府部门运作效率	9
	市场体制发育程度	3
	劳动力要素可获得性	1
	技术要素可获得性	2
	劳资关系	1
	权重小计	41
其他成本	文化兼容程度	3
	融入本地程度	2
	生活便利程度	5
	社会安全程度	6
	权重小计	16

施放（2007）建立了指数化企业商务成本测定方法，从商务基础条件、商务支撑体系、商务环境三个层次对温州以及环杭州湾地区六城市（杭州、宁波、台州、佛山、芜湖、九江）进行了企业商务成本比较研究，提出了行政成本概念，并建议控制和降低政府行政成本。

陈建军（2004）对长江三角洲地区的杭、沪、甬、嘉、苏五城市的企业商务成本进行了研究和比较分析。

昝国江等（2007）以成都、重庆、郑州、武汉、北京为参照系，从生产要素成本和交易成本两个方面比较研究了西安市的企业商务成本。发现虽然西安市土地单位面积产出并不高，但土地基准价却较高；西安虽然拥有众多的高等院校和科研机构，培养了大量的中高级人才和专门技术人才，但劳动力资源相对丰富的优势并未显现，同时其劳动力的效率工资却是比较低的，因而，劳动力成本相对是最高的；西安的生产服务（如水、电、通信等）成本也较高；企业税收负担一般，但政府行政机构的成本偏高。

四 企业商务成本的理论研究

关于企业商务成本的渊源我们应该追溯到德国传统古典区位理论。约翰·冯·杜能 (Johann Heinrich von Thünen) 认为厂商不愿定位大城市 (特别是首都和省会) 的原因在于离心力, 并分析了产业集聚的七大原因 (Johann Heinrich von Thünen, 1993), 对企业商务成本与集聚形成作了较为精确的描述。1882 年, 劳恩哈特 (Launhardt W.) 构造了一个区位三角形, 寻找使运输成本在厂商生产区位的极点, 他建立了"劳恩哈特漏斗"研究运输对生产和消费的影响, 还建立了"劳恩哈特—霍特林"解法解决异质双头垄断问题 (Launhardt W., 1882)。

对于制造业企业大规模迁徙, 阿尔弗雷德·韦伯 (Alfred Weber, 1909) 严谨地表述了一般的区位理论, 并成功地将劳恩哈特著名的"区位三角形"概念一般化为区位多边形 (阿尔弗雷德·韦伯, 1997)。《工业区位论》对以后的区位理论、经济地理乃至空间经济学的研究和发展产生了深远的影响。

沃尔特·克里斯塔勒 (Walter Christaller) 于 1933 年系统地阐明了中心地理论 (Central Place Theory) (沃尔特·克里斯塔勒, 1998)。奥古斯特·勒施 (August Losch) 系统地对克里斯塔勒描述的市场规模 (严格地按几何方法) 进行了重新阐述, 以最概括性的描述将一般均衡理论应用于企业成本的空间研究 (奥古斯特·勒施, 1998)。

1956 年, 沃尔特·艾萨德 (Walter Isard) 把区位问题表述为一个标准的替代问题, 即企业在生产成本和运输成本之间的替代 (Walter Isard, 1956)。

威廉·阿隆索 (Alonso W.) 建立了一个单中心城市模型对冯·杜能的模型进行了发展 (威廉·阿隆索, 2007)。塞洛普 (Salop S., 1979) 研究若干个企业在价格竞争条件下的区位选择, 证明了这些企业最终会在圆环上等距离选址; 波尔 (Pal D., 1998) 证明了圆周上两个相互竞争的企业最终会选择在圆周直径的两端进行生产; Matsushima N. (2001) 假设 n 个企业进行两阶段竞争, 结果必然是 50% 的企业集聚在圆周上一点, 而另外 50% 的企业与之对称分布。保罗·克鲁格曼 (Paul Krugman) 建立了一个有 12 个地区的圆周跑道模型, 假定商品必须沿圆周运输, 他论证了不管经济活动最初如何分布, 制造业企业最后几乎总是集中到两个具有一定对称性的地区, 如果把地区数目增加 (大于 12 个), 这种规律会更加明显 (保罗·克鲁格曼, 2000)。

保罗·克鲁格曼和藤田昌久 (Fujita Masahisa) 极大地推动了区位理

论的发展。克鲁格曼定义的区位为生产的空间区位，他研究经济活动发生在何处以及为什么发生在此处。克鲁格曼成功地将"报酬递增"理论引入经济学主流。报酬递增意味着一个成功可以催生下一个成功。也就是说，经济不是静态的，而是动态的；经济中面临的独特选择最终决定于初始优势的积聚。克鲁格曼（1995）以垄断竞争和规模报酬递增为理论基础，在市场的非完全竞争结构及生产要素的收益递增的假定下研究企业的区位选择和分布，他强调集聚对生产和区位的再构影响，并提出了中心—外围区位动态均衡模型（CP 模型）。克鲁格曼论证了系数的微小变化就可能使经济发生波动，最先产生微弱优势的地区会不断积累这种优势，最终该地区变成产业集聚中心，而另一个地区则成为外围，完成了原先两个互相对称地区的转变。克鲁格曼用 Turing 方法证明了即便放松农业运输成本为零这一非现实假设，中心—外围模型对多个地区乃至连续空间的基本研究结论也不会有多少改变，并且集聚因素将产生数量更少、更大规模的集中（Paul Krugman, 1979, 1991, 1993, 1995, 1996, 2000, 2004）。

藤田昌久关于集聚的文章是现代经济地理学的经典文献，他从一般性的角度研究了集聚行为并提出了一个普遍适用的分析框架，进一步解释了在不同形式的报酬递增（Increasing Reurns）和不同类型的运输成本之间的权衡问题，并首次对企业和家庭集聚提供了一个完整的经济学解释（藤田昌久，2004）（Masahisa Fujita, 1993, 1997, 2001, 2007, 2009）。他与克鲁格曼等合作的论文极大地扩展了杜能的区位理论，开辟了新经济地理学的研究领域。他们不仅将经济活动的区位选择与克鲁格曼早期的新贸易理论有机结合起来，而且也建立了精致而严谨的基本模型（藤田昌久，2005）（Masahisa Fujita, 1995, 1999）。为研究资源的空间分布与要素的空间集聚提供了系统的理论工具（梁琦，2005）。

国内外的学者根据不同的理论从不同的层面对企业商务成本进行了研究，主要集中在：第一，对企业商务成本的内涵、构成、评价、区域企业商务成本的比较等基础问题的研究；第二，企业商务成本对区域经济发展、产业结构的影响；第三，产业集聚对企业商务成本结构的影响；第四，政策激励对企业商务成本的影响；第五，调控企业商务成本的优先选择研究。

以上研究对于我们深入、正确地认识企业商务成本的内涵、特性有着非常重要的意义，但在指标设计、指标权重、调查样本选择等方面也存在一些不足：一是对企业商务成本评价指标体系的要素选择、衡量纬度缺乏理论支持和严密的逻辑性，而不同类型的要素在成本本质上具有很大的差异，不作区分地进行数字的比较隐含了成本同一性的假设，而这种假设使企业商务成本的要素成本与交易成本各自的内涵无从体现。二是侧重要素成本的研究，对于政府部门运作效率、市场发育程度、区域文化等研究不足。三是注重对城市间进行综合性比较研究而没有考虑不同投资主体对企业商务成本的敏感性不同，忽视了企业的区位选择。四是研究方法主要利用已有的数据库或统计数据以及问卷调查的方法，前者受数据的局限（关于企业商务成本的数据较少），后者在指标选择上容易受调查者主观意愿影响（尤其是关于交易成本的研究）。

第三章　产业集群的构成分布与发展

　　研发创新、知识技术和产业集群被视为衡量区域发展的重要指标，向成功的创新地区与产业集群学习已经成为修订区域产业政策的重要方式。在实践中，由于产业政策参谋部门特别是决策制定者在制定区域产业政策时大多采用简单的方案去解决复杂的问题，经常忽视技术制度、产业结构和企业实践及动态发展等因素。在理论上，研究更多关注的是在特定区域出现和兴盛的创新技术以及创新技术与区域经济增长之间的关系，对研发创新过程的本质、技术变革的条件及区域产业集群的发展考虑不足，因此，从研发创新、知识溢出的过程和本质入手，分析产业集群的内涵结构、区位分布和发展形态，更能够解释区域经济发展的产业集群不同类型及模式选择。

　　本章从研发创新、交易成本和知识溢出的视角分析产业集群的结构、内在联结因素、区位分布和发展形态，共分为三个部分：第一部分对产业集群的构成与联结因素进行分析，指出知识技术是产业集群的重要联结因素，知识溢出是产业集群发展的核心要素；第二部分讨论企业研发创新行为和产业集群地理区位分布的关系；第三部分按照知识管理理论分析产业集群的不同发展形态，讨论交易成本理论分析的局限性，指出科技知识在阐释集群发展方式中的重要性，说明产业集群发展的复杂性和不确定性。

第一节　产业集群的构成要素

一　产业集群的构成要素

　　一个成熟和完善的产业集群一般由共有的价值观念、集群机构和经济主体、共同的地理区位、集群主体之间的联系等要素构成。

（一）共有的价值观念

产业集群最重要的特征是集群主体拥有相似的价值观念，这些价值观念是群体对其伦理道德、工作活动、家庭生活、互惠互利以及变化革新的表达。在一定程度上，经济生活中所有重要方面都受集群价值观念的影响。某地区流行的价值观念为该地区的发展提出了一个基本要求，为区域再生产提供了重要条件，但这并不意味着，只有所有价值观念的结合才导致了该地区的生存和发展。在任何情况下，集群价值观念都不可能阻碍企业的发展与对先进科技的引进，如果集群价值观念产生了阻碍作用，该地区就不可能成为一个能够随着时间发展的实体，而沦为一个社会停滞区。

（二）集群机构和经济主体

集群机构体系必须在集群内支持和宣传集群价值和观念，进而发展自身。这些机构不仅包括市场、企业、家庭以及学校，而且还包括地方政府、政党和工会以及其他公共或私有、经济政治、文化慈善以及宗教艺术机构等。另外，产业集群还拥有与自己进行的经济活动相关的专业技术或知识的企业和个体，这些经济主体还包含了诸如大学、研究机构、行业协会以及技术研究所等机构，这些机构在产业集群中开展相互合作，促进所有成员进行技术知识共享。这类机构被认为包含"协会式经济"（Schmitz，2000），还有学者认为它们构成了介于经济政策宏观层次和企业竞争微观层次之间的"中间层次"（Stamer，1999）。

（三）共同的地理区位

产业集群内涵还强调集群成员密集地选址于一个特定的地理区域之内，因此，相关研究的重心是由企业高度地理集中所直接产生的优势经济类型。关于产业集群的研究已经对这些优势经济类型作过大量的分析（Czamanski & Ablas，1979；Feser & Bergman，2000）。产业集群可以在特定贸易联系和客户—供应商关系方面发展内部规模经济，在本地网络和联系方面，可以牢牢依靠创新型企业来支持其新型产品和服务，值得注意的是，这些优势均紧密依赖于一个产业集群中企业的高度地理邻近。

（四）集群主体之间的联系

紧密联系的社会群体是产业集群经济实力和集群持续性背后的重要因素，"协会式"或"中间层次"的集群机构和集群主体在提高具有良好目的的合作中效果明显，这些合作对于在国内或国际市场竞争中寻求成功的企业来说，具有提高绩效的作用。

事实上，产业集群内部生成的以规模或知识为基础的优势是由集群内部成员之间特定联系的特点决定的。在一个发展成熟的产业集群中存在众多的联系，包括：

——共有客户（包括企业和个人）；

——共有供应商和服务提供者；

——共有的基础设施，如交通、通信和其他公有设备等；

——共有人才库，如技术熟练的专业人员和专业化的劳动力；

——共有员工教育、培训及辅佐设施和渠道；

——共有大学、研究机构及专业科研机构；

——共有风险性资本市场。

二 产业集群的联结要素

产业集群中的成员能够进行资源共享和拥有共同的产品、科技和知识库，研究者将产业集群的这一重要特征描述为可将集群粘贴在一起的社会联结剂（Porter，1998），也有研究者将其称为共用联结剂或组织联结剂，这种联结剂能够集合多种结构主体并跨越文化、组织和功能界限，把集群成员联合在一起（Evans，1993；Morosini，2002）。

产业集群通过社会联结剂将集群粘贴在一起的同时也拓宽了集群成员接触到重要的资源和信息的渠道，使其能够深入到集群内接触具有竞争性的资源。在一个经济体中，如果仅仅是企业、供应商和研究机构之间的合作也可以创造出潜在的经济价值，但是这并不完全保证它的实现，这就要求经济体中各个主体之间具有面对面的接触、拥有共有兴趣以及作为"内部人"等的条件。在产业集群内部正好具备这些条件，这些重要的联结条件或因素可以被描述为：集群领导能力、集群构建框架、知识交流惯例、集群知识互动与专业技术人员流动五个方面。具体分析如下。

（一）集群领导能力

成熟的产业集群是由一些重要的具有明确功能的单个企业专门合并而组成的，受益于集群所有成员的共同利益在于培养共同合作、知识共享和纠纷裁决的能力等，每个企业及其功能明确地被该集群中的所有主体所识别和接纳，这就需要集群中支柱企业家或核心企业家具有很强的领导能力。许多研究已经对不同产业集群环境下领导功能做了著述，例如，中国浙江和福建的一系列行业协会：服装协会、鞋业协会、打火机协会等作为集群的领导组织，将地区各个企业激烈竞争的局面转变为在该行业紧密合作的产业集群。另外，各行业协会注意培养一些有前途的企业家，并且培养提高这些人的领导才能，使集群能够健康发展。在成熟的产业集群中，类似行业协会这样的"中间层次"的机构往往扮演着这些协调机制发起者和管理者的关键角色。

（二）集群构建框架

集群构建框架一般包括：社会文化关系、共用语言、集群产业和氛围等要素。集群主体之间强有力的社会文化关系能够创造和加强互信和积极合作的行为模式；共用语言，并不是指表面上使用的语言，还包括技术、商业及组织专用术语，以及对集群产业、集群氛围、集群专业劳动力、集群产业基本竞争动态的商业理解等（Rabellotti，1995；Simmie & Sennett，1999）。稳定的产业集群形成了一个清晰、共用的组织知识库，组织知识库可以跨越功能、文化和企业专用的界限而被所有成员使用，产业集群的经济实力、竞争力是同集群社会文化和经济价值，以及支持和发展该价值的科研机构紧密联系在一起的（Pyke 等，1990）。

（三）集群交流和知识互动

功能良好的产业集群中往往存在有规律的知识交流、员工互动以及集群成员不断培养的身份共同感。在产业集群所有成员中培养不同于外界的身份共同感包括开发共用的产品或质量标识以及清晰的共用质量标准。在产业集群中采用了一系列有规则、明确的、高度发达的机制来进行惠及所有成员的重要技术和商务知识共享。具体内容包括：积极推动集群内部企业之间相互合作和技术转换；提高研究中心、技术机构、大学、智囊团、行政教育和员工培训机构等之间的合作；企业间共同开展的研发、产品设计、加工制造等活动；本地或国外出口和贸易组织等。产业集群中的交流互动活动以及开展具有较高层次的集群企业内部合作，在宏观经济和竞争环境中能提高产业集群的适应性。

（四）专业人员流动

在一个竞争高度激烈的产业集群内，通常都有一个与集群主要经济活动有关的技术知识专业人才库。这些专业人才的跨企业的活动范围一般也局限在集群界限的范围之内，该现象最明显的案例可能就是硅谷。在硅谷中存在大量的有天赋和有创业精神的人才，他们具有很强的移动性，经常从一家企业跳到另一家企业，或者开办自己的企业，但是这些移动相对一般都是发生在硅谷的地理范围之内（Leonard & Swap, 2000）。在产业集群内部有天赋和技术的专业人员持续性的流动促进了集群经济主体间新知识、技术转移、合并和复制模仿的发展，提供了企业间共享隐性经验，是实践经验和知识的有效载体。

三　产业集群的核心要素

如果分析不同地域部门中不同产业集群的发展，仅对某个集群中活动者关系和交易特征的描述，即便是非常详细的解释，也只能作为最终解决方案的一部分，仍有必要分析产业集群与知识溢出和研发创新过程本质相关的问题。如果考虑到知识更为广义的概念，在理解何为特定科技类型趋于在特定区域繁盛，又是如何影响集群发展时，可以认为产业集群发展是由产业集群基础科技知识库影响和决定的，正是知识的本质变化和新知识的出现决定了某个集群的发展逻辑会不会以及怎样随着时间的推移而发展。

（一）知识溢出是产业集群发展的核心要素之一

为了解释特定类型产业集群的地理区位分布差异性，首先应该解释对于在空间上进行集聚活动的每个企业来说，面对其他潜在竞争者或合作者，他们可以计算的收益和代价分别是什么？即在企业和集群关系上，企业是如何处理本地知识和信息溢出潜在的负的外部性和正的外部性。对于这个问题可以分别从知识溢出两个方面来观察，即知识流入和知识流出，企业对于知识溢出的看法，无论是知识流出还是流入，都将依赖于对这两种作用相对重要性的评价。

可以认为所有企业都会积极评价知识流入，但是非意愿性的知识流出会对企业产生积极和消极两个方面的影响。企业非意愿性知识流出的潜在积极效果是知识的公众化，在本地知识流出过程中，通过增加本地知识库的途径有助于知识良性循环，其积极效果极为重要，这种现象对其他研发创新型企业的吸引力更大，能够导致更大范围的知识流入，因此是一个比较典型的理想化的发展过程。非意愿性知识流出的隐性消极效果是高价值智力资本和隐性资产的流失（Grindley & Teece, 1997）。产业特点和企业结构将会影响企业对知识流出的认识。

首先，在竞争性很强的市场结构中，如果存在大量企业，且每家企业占有相对较小的市场份额和利益，参与竞争的企业因知识流出而产生的损失较小，而获得来自一个强势集群地域的知识流入的收益很多，那么，在这种情况下本地知识的公共性优点将会成为主流，企业一般认为知识流出是积极的。

其次，在市场供应垄断产业结构的情况下，如果只包含几家大型企业，而且每家企业都占有和享有很大的市场份额和战略性依赖关系，在这样的情况下，知识的隐性优势通常占据支配地位，那么，向行业竞争对手的知识流出在丧失竞争优势方面的代价极高。当一家企业的知识流出比其从竞争对手处获得的潜在知识流入更重要时，非意愿性知识流出的总体净效果将会被视为消极的，这将促使企业决定不按纯集聚集群形态选址，虽然企业选址仍需依赖于交易成本，它们将考虑企业选址于以稳定策划和长期企业关系为特征的产业集群中。这也印证了许多大型企业并不将其知识创新活动同其竞争对手的知识创新活动设置在邻近区间（Cantwell & Santangelo，1999；Cantwell & Iammarino，2003）。

最后，产业集群被认为是运行在集群企业互信关系基础之上的，但是一旦引入内向型和外向型的知识溢出，信任关系将会出现折扣。

（二）企业知识学习是产业集群发展的核心要素之二

首先，当科技、知识成为经济增长的内生变量时，任何区域地理系统活力均建立在对知识的获得和有效利用基础之上，依靠知识溢出三个主要功能维度：创新技术和科学知识的产生、知识库的创新扩散和企业对所需研发创新知识的吸收。产业集群中的企业通过这三个功能维度获取外部知识；同时，企业需要建立自己的知识库，并提供潜在共同学习过程，通过该学习过程，科技和知识可以被创造、传播和应用。

集群企业学习过程本质上是一种社会共有现象，在解释研发创新、知识溢出和集群发展关系时，集群科技能力和科技辐射范围等要素尤其重要，集群科技能力是指区域地理系统投入研发创新和组织过程以及研发创新制度的变化，是集群实施与新科技相关联的技术特征能力；而科技辐射范围是指集群离技术前沿的距离。能力和知识互补在产业集群发展的过程中呈现出更多的优点，越多互相依赖的知识碎片被整合起来，就越能保持更高的研发创新率。对于默认知识和"黏着"知识的交换是通过动态性非正式渠道和应用学习途径，这种知识学习过程被认为是嵌入式学习，存在于各种活动参与者和组织之间互相作用的特殊性环境之中（Audretsch & Feldman，1996；Feldman，1999）。

其次，一家企业对研发创新的回归其实主要是对其默认能力创造性的回归，这一过程受到新的潜在公共知识的支持，但其并不可能最终简化成为后者。知识在组织机构和企业界限内"黏着"的同时，在企业外部环境中也具有"渗透性"或易于转移性，并能生成知识流出。在组织机构内部无法转移的思想、发明和实践，在一定情况下，会在组织机构外部流动起来（Brown & Duguid，2001）。

知识被局限于特定地理领域的主要原因是由其自身固有的复杂性造成的，特别是关于技术知识方面，这将使互相起作用的活动主体和组织之间的知识共享获得变得困难起来。知识的这样一种固有复杂性可以防止其被编码、被详述或被转移。因此，在知识通过信息的渠道被储存传播的过程中，不但从隐性的默会知识到编码的显性知识的转变过程本身具有问题，而且隐性知识在编码后成为显性知识，显性知识的实用性方面也是必须关注的（Acs，2002）。这些问题引出了知识"过滤"的假设，而且知识更广义的概念也包含着文化和体制差异，这些差异决定着其作用规模的空间格局，例如知识的产生吸收和扩散。

另外，通过将知识创新视为复杂化、系统化、渐增的过程，部分知识是隐晦和黏着的（无论是否编码），完全可以认为研发创新很有可能会在地理区位上高度集中，行业或企业结构和层次会促成很有特色的发展形态。

第二节　产业集群的区位分布

产业集群的理论基础来自 Marshall（1920）关于区域集聚经济正外部性的三个解释，即知识溢出、专业化经济和劳动力市场经济，主要的研究集中于聚集经济外部性在本地经济增长中的作用及所扮演的角色。最近十几年来自全球化竞争和国际供给需求变化以及科技进步速度加快，地理区位和本地经济增长之间关系变得比 Marshallian – Arrow – Romer（MAR）集聚模型更为微妙和复杂多变。

通过将科技、知识作为本地经济增长的内在变量，外加城市化经济、本地专利计数、研发支出费用、知识创造和研发创新等指数，MAR 模型得以延伸和扩展（Jaffe，1993；Acs，2002）。随着新经济地理学派与城市经济学派的兴起，研究认为，企业内部知识溢出虽然也会主导特定企业生产部门的发展，企业之间的知识溢出在解释经济增长方面比企业内部溢出更为重要，关注产业集群、集聚形态多样性的文献越来越多（Krugman，1991；Fujita，1999；Glaeser，1992；Henderson，1995；Martin & Ottaviano，1999）。

企业研发创新分布行为中普遍存在的不均衡空间分布状况，在研发创新过程和区域发展的文献中，关于研发创新与产业集群区位分布的研究存在以下几种可以互补的分析框架。

一　研发创新生产周期理论的分析

研发创新生产周期理论主要是从不同行业或企业在不同的生命周期中研发创新活跃性出发，讨论由于行业或企业研发创新的地理分布差异，导致产业集群的区位分布差异。研发创新生产周期理论对产业集群区位分布有两种主要的解释。

第一种解释认为，产业集群分布是由行业或企业的研发创新的地理分布决定的，行业或企业研发创新现象的地理区位分布实质上是由于该区域具有较强的创新性经济活动。在一个经济体中，在任何时期总有一些行业部门中的经济活动比其他行业部门存在更多的产品创新或过程创新，或者一些行业已经进入生命周期中生产集合的特殊时期，或者有些行业具有较短的生命周期活动而长期处于研发创新阶段，由于行业分布制约因素不同，加上生产技术特征、市场营销过程的不同，那么研发创新活动产生的地理区位可能会最终成为行业分布产业集聚的区域。

第二种解释认为，行业或企业的研发创新活动的地理区位分布是行业生产或盈利周期的时间与空间差异的结果，强调行业生产周期或盈利周期之间的转变对地理区位的要求（Markusen，1985），在早期研发创新阶段，拥有研发创新技术和存在风险投资机构是成功研发创新和不确定性管理的必要条件，当该行业发展到比较成熟的阶段，达到一定的产量规模，生产方式惯例化之时，成本因素变得越来越重要，行业将自然地向生产资料、劳动力等要素成本较低的地区地理分散转移，因此，真正影响研发创新活动地理区位分布的因素取决于再生产周期不同阶段、空间和生产成本情况之间的关系。

以上两种关于产业生产周期中行业或企业的研发创新分布和产业地理分布的解释，均来源于生产周期理论，生产周期理论主要从行业或企业的生产周期出发，分析行业或企业在不同的生产周期研发创新行为的分布对产业集群分布与发展的影响。当然，上述两种解释又存在不同之处：第一种解释是一个静态的分析框架，认为随着研发创新活动的发展，企业再分布行为方面是静态的，以至于产业集群地理区位的改变不会反映出行业或企业生产周期的各阶段；第二种解释是一个动态的分析框架，认为企业研发创新行为在分布行为方面是动态的，以至于产业集群地理区位发展会反映出生产周期的不同阶段，对于在生产周期各阶段一直保留在相同地域的经济活动，其所支配的区域也会随该周期的推移而变化。

二　研发创新空间聚集理论的分析

研发创新空间聚集理论的分析框架从行业或企业研发创新行为的空间分布差异出发，讨论产业集群的区域分布，也存在两种基本观点。

第一种观点认为，行业或企业的研发创新行为的地理区位分布是不同区域之间特色变异的结果，区域差异导致了研发创新和企业家在地理分布上的差异，从而造成了产业集群的区域分布差异。此理论将研究重点集中在创造性和企业家关系上，认为区域特色通过已建或新建商业机构的渠道，支持潜在研发创新或新改进的产品或服务，实现和发展商业辐射功能。这种观点强调刺激和促进研发创新产生的一些因素：诸如由创意思想、技能、科技和文化组成的外部环境及研发创新氛围，认为在浓厚的研发创新氛围中，新的发明、技术、产品或服务得以出现，而且在一个可以将首创精神引入市场的宽松外部环境中选择与制定标准，有利于形成未来更广阔的市场。研发创新的外部环境十分重要，适宜的研发创新外部环境也是新企业结合科技和市场技能的最低要求，Porter（1990）主张在某一特定部门中，具有识别能力的本地市场和本地生产厂家的竞争对手，实际上是一种促进研发创新、促进产品或服务质量提高的催化剂。

第二种观点认为，研发创新活动最容易发生在中小型企业，而中小型企业的空间分布很不均衡，从而形成研发创新分布的区域差异，在此基础上产业集群区域分布出现差异。这种解释企业研发创新不均衡地理区位分布涉及另外一种环境论，即将视角集中在地理区位的合作以及研发创新最易发生的中小型企业上，中小型企业由于规模较小从而没有抵御较大风险的能力，它们无法为自己的利益而付出所有的关键性投入，所以中小型企业地理区位上的接近是建立在不同企业决策部门配合的共享经验基础之上，是互信关系发展的必然要求。在这样的背景下，社会网络形态强调了社会性和纯工具性商业链接在培育地方经济增长方面所扮演的角色。

在上述产业集群区位分布分析框架中,明确认为企业研发创新行为与产业集群空间聚集有本质上的联系。当然,这种产业集群区位分布分析方法近些年来也受到挑战和质疑,一方面,在过去的 30 多年中,交通运输和电子网络等领域广泛的技术变革已经在很大程度上缩减了空间交易成本,处于地理边缘的地方也能从经济发展中受益,因此如果仅仅考虑交通运输的交易成本,而不考虑其他因素,那么产业集群的逻辑根据就不存在,现代城市也就不会出现;另一方面,在现代社会中,为了确保使知识和信息转移更为便利,电话、网络等技术迅速发展,然而电话、网络交流和面对面接触之间不是互相替代关系而是互补关系,人与人广泛而频繁的面对面接触所涉及的费用,才是城市和产业集群产生的关键动力因素。这一点明确指出知识在地理区位方面的相关性,知识的诸多方面实际上是与特定地理区位相关的,完全有理由相信克服知识获得方面的现代空间交易成本是构成产业集群的存在基础和重要依据。

第三节 产业集群的发展形态

为了研究集群分布和发展的行为逻辑,不应仅仅以部门或区位为基础,还应以集群的微观经济行为及目标、集群企业交易关系为基础,将集群的微观经济基础和抽象逻辑清晰化。通过将科技、知识作为本地经济增长的内在变量,外加城市化经济、本地专利计数、研发支出费用和知识创造和研发创新等指数,Marshallian - Arrow - Romer(MAR)模型得以延伸和扩展,并逐渐将企业研发创新、知识溢出效果视为解释集群存在和发展的主要分析框架。

一 基于交易成本理论的分析

利用交易成本分析方法讨论"地理区位—企业—产业组织"的关系,可以从一个角度解释集群中企业特点、企业关系及其所进行的交易本质,并在此基础之上将产业集群发展形态分为纯集聚形态、产业综合体形态和社会网络形态三种(Gordon & McCann, 2000; McCann & Sheppard, 2003; McCann & Shefer, 2004),其具体特征如表 3-1 所示。

表 3 −1　　　　　　　产业集群发展形态

特征	纯集聚形态	产业综合体形态	社会网络形态
企业规模	小型	大小企业共存	没有特殊要求
企业间关系特征	临时的、不稳定的	长期稳定的、稳定的贸易关系	信任、忠诚、联合、交流、共担风险、非机会主义
开放性	开放	封闭	部分开放
形成动因	地租、区位接近	国内投资、区位接近	共同的历史、相似的经验、区位接近
空间产出	地租增加	地租不变	部分租金资产化
空间特征	城市化	区域化但非城市化	区域化但非城市化
典型案例	竞争性城市经济	钢铁、化学生产综合体	新产业区体
分析方法	纯集聚型	区位——产出模型、投入产出分析	社会网络理论

资料来源：Philip McCann, Tomokazu Arita, Ian R. Gordon. Industrial Cluster, Transcaction Cost and the Institution Determinants of MNE Location Behaviour. *Internatonal Business Review*, 2002（11）：647 −663.

（一）产业集群纯集聚形态

在纯集聚形态中，各企业在本质上是相对独立的，企业之间的关系是短暂的，当企业认识到不拥有市场权力时，会通过转变与其他企业或客户的关系作为对市场机会的回应，由此导致了激烈的本地竞争。因为各企业之间没有所谓的信任忠诚或其他特定的长期关系，对于所有本地企业来说，它们的存在仅仅会得到由集群而带来的益处，而它们所需付出的就是当地市场租金房价的攀升。由于从来不存在免费的市场租金，而且集群的大门会向任何组织或企业敞开，本地市场租金房价的上涨是聚集消极效果的指示器。这种集聚形态存在于个体城市中及局限于城市区间。

（二）产业集群产业综合体形态

这种形态涉及企业间频繁的交易，以集群企业间长期稳定和可预见的利益关系为特征。产业综合体形态在诸如钢铁、制造化工等行业中最为常见，由于它代表了本地区位投入分析和产出分析的融合，因此成为古典（Weber，1909）和新古典（Moses，1958）研究的最多空间集群形态。为了成为某集群当中的一分子，在该空间集群的企业需承担一部分长期的投资，特别是实物资本和当地房地产方面的融合，这样的互相邻近基本上是将企业间交通、交易费用最小化的必然要求。市场租金和地产租售金的增加并非是该集群形态的主要特点，因为在该形态中企业已购买的用地并不是为了再次出售。产业综合体中的空间概念是本地性的，但并不一定必须是城市的，其有可能延伸至次国家级地域水平，并在很大程度上依赖于交通运输成本。

（三）产业集群社会网络形态

Granovetter（1973）最早研究产业集群社会网络形态，在这种形态中，集群企业之间的信任合作关系十分重要，企业间的信任关系是此种形态的核心特点，不同企业的核心决策部门相互信任的关系至少同各组织内部决策层同样重要。集群企业之间信任关系可表现为多种方面，例如公用营业厅、合资、非正式联合、贸易关系方面的互惠措施，而且这种信任关系可以减少企业间的交易成本，有了信任关系，企业无须面对机会主义的问题。

产业集群社会网络形态所有的行为特征均依赖于共有的互信文化，而这一文化的发展又在很大程度上依赖于相同的历史和决策机构的经验。社会网络形态实质上也是空间性的，但从地理角度看，空间相近只有在相对长期内才能培育出这种互信关系，并最终导致充满信心、敢于承担风险和通力合作的本地商业环境的出现。空间上的接近是必要条件，但并不足以获得仅部分开放的网络准入，虽然一般组织机构有准入机会，本地租金并不能保证其顺利准入。

二 交易成本理论分析的不足

交易成本方法提供了分析产业集群空间集聚多样性一个理论分析框架，行业或企业结构及其他因素被视为交易成本变化的结果，在很大程度上忽略了诸如知识创造、积累和学习等动态因素，具有一定的局限性。

（1）交易成本分析框架实质上是一种静态的分析方法特征，在典型的交易成本模式中规模经济、范围经济、交易和交易成本以及投入产出联系方面等指标大多数基于的是静态聚集经济效率所得，在产业统计中科技和企业准入、退出、发展与重新选址及以集群诞生、发展、衰落和开放等关系也是静态的。然而，产业集群并非处于静止状态，而是随时间而发展，集群可能会表现出多种形态综合特点，也可能在其生命周期中某一阶段，从一种主要形态转换到另外一种形态。知识创新和学习所扮演的角色可能是导致集群动态发展的特别途径。

（2）交易成本分析框架中关于知识和科技定义是狭义上的，有关市场契约性交易成本推理方法在很大程度上依赖于狭义上的知识、科技定义。知识定义的区别以及显性知识（"编码"知识）与隐性知识（默会知识）之间的区别，在分析研究中极为重要（Polany，1966）。经济学传统做法认为，知识是一种公共利益，因此知识被认为是在任何时间、任何地点，跨越地理疆界的无所不包无限制向任何人开放的，可以很清楚地看到这种分析方法把知识和信息视为同义词。数据、信息、知识和智能的关系如图3－1所示。

图3－1　数据、信息、知识和智能的关系

一旦考虑到隐性知识，一般来说，隐性知识具有很强的"黏着性"，并且有地理上的不可移动性，那么创新在地理上的集聚的倾向性就会在默认知识起主要作用的行业或生产周期阶段更为突出，技术不能轻易地被交易或更换，只有潜在公共知识成分在交易成本分析中易于被评估。将科技知识的概念缩小至相似于信息的层次，并将注意力集中于这些信息交易的组织时，就可能会过分强调一些问题（Winter，1987，1993）。

通过分析发现所有产业集群的发展，甚至某单一类型的集群发展都不是自发的，基本上归属于三个交易成本模式中的一种，只是当某种特定的逻辑占主导地位时，与其相适应的集群类型就会出现。同时，大多数关于产业集群的讨论均采用基于各种知识、信息、企业和交易成本概括性和程式化的区域经济地理模式，这主要是对近年来白热化的本地知识溢出认定的回应，集群方式往往与实际中具体的产业和地理区位之间的相互关系没有明显联系，也与不同集群具体发展特征关系不大。在理解特定集群的地理区位存在问题时，应对产业组织的中心问题包括产业结构、公司策略、产业外部竞争本质以及知识和科技之间的关系等进行研究。

三　基于知识管理理论的分析

影响产业集群发展形态另外一个主要因素是区域基础知识条件，包括研发创新的条件、研发创新的可能性、研发投资、技术知识的渐增度和知识库特征。区域基础知识条件可以解释在行业部门和地理层面的行业竞争动态中的不对称性及不同产业集群所依靠的不同途径。这样，产业集群被视为一种选择活动，它可以为企业提供满足技术变革新需求的有利条件，集群选择行为不仅影响活动参与者，而且会对环境产生变革性影响。对过去知识积累和学习、对本地知识结构特征的继承过程又是由地理因素决定的，因此，路径依赖因素可以形成并约束产业集群发展机遇。产业集群的生命周期和对应的知识积累关系如图 3-2 所示。

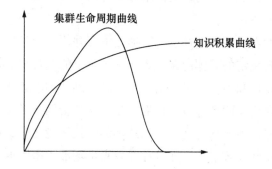

图 3-2　集群生命周期曲线和对应的知识积累曲线

为了讨论产业集群空间集聚的动态性，重视知识条件和经济增长之间多种联系渠道，通过引入知识识别、科技变革、技术制度和产业结构等产业集群中区域基础知识条件，交易成本分析框架得到整合、修正和延伸，从而能够更好地解释企业与产业结构和科技环境互相作用的方式，解释产业集群发展差异的原因。

首先，在理论分析上，（1）在纯集聚形态中，空间的概念实质上是指城市，知识作为一个整体是明确清晰并被编码化的，它可以为任何活动参与者和组织机构获得，知识的生成不受企业界限的限制。城市的典型特征是多样化和混杂性，在城市内，各部门存在不同流派，是不同的知识合成体，而且由于城市的增长特征是低水平渐增性，个别主体之间的联系或关系具有不可预见性，在这样的环境下，研发创新型企业通常履行知识密集型商业服务。（2）产业综合体与积累学习的关系主要来源于行业和企业内部，并且建立在特定行业应用知识基础之上，一般显示出低准入和高产业集聚的特征，而该特征有可能显示出在空间层次的互补强势集中。大型主导企业占据了相关部门的大多数研发创新活动，而且这些企业可以从研发创新活动中获益。在某种程度上，是因为这些企业具有排除对手企业使用其所生产的新产品和工艺的潜力，在这些情况下，基于非转移经验的知识是在生成研发创新活动中的重要输入要素。因为研发创新是相对惯例化的，在等级分明的政府机构的环境中生成的，因而主导企业比新成立的企业更有研发创新优势。主导企业扮演了关键的角色，而且权力不对称，主导企业对于价值链和研发创新智力系统极为重要。

一旦集群形态在科技制度、治理结构及交易关系方面被区分开来，可以将交易成本分析框架中的社会网络形态分为两种：新型社会网络形态和旧型社会网络形态。

从知识角度看，在旧型社会网络形态中，并非一定存在任何明显等级结构，研发创新系统的总体协调成为合作与竞争的混合物。知识在很大程度上被编码成显性知识，它沿着指向发展研发创新的轨迹发展，而并非以私人联络和前向后向联系等方式传播。在新型社会网络形态中，科技机遇主要来源于企业和行业部门之外，在这样的科技环境之中，可以认为知识类型趋于一般化和非系统化，而且存在着高市场准入率和退出率、市场份额强烈的波动性，以及低水平的市场集聚。在此情况下，知识的默认和黏着特征便要求地理上的接近，研发创新时常与科技和需求以及市场动荡高度不稳定相关。结果，少量新企业的存活同其高水平研发创新息息相关（Alchian，1957）。

从地理角度看，新旧型社会网络形态研发创新治理特定系统之间也存在差异（Moulaert & Sekia，2003；Simmie，2004）。在旧型社会网络形态中，社会网络形态通常植根于历史经验中，网络主要基于地理上的空间接近性；而新型社会网络形态则依赖于多种实践团体，这些团体并非一定要求空间维度，关系接近性和认知接近性通常是新型社会网络形态的基础。

其次，在实证分析中显示，行业内部知识溢出会在科技发达的地域中心崛起，溢出基本围绕核心技术制度运行，因而联结起了不同专业领域的活动参与者。这些科技发达中心，经历着较快旧技术和新技术的合成过程以及潜在的激烈的竞争，最终导致了科技集群的上升或下降的过程。上述讨论可以提供一个分析已知产业群聚是怎样随着时间而发展变化的理论框架，当然，知识学习理论的分析方法也存在不足之处，就是这种方法忽视了其他支撑空间集聚的可行性机制，也不涉及诸如在集聚经济方面由科技变革和全球化过程而引出的集群发展和干扰变化之类的问题，也不能全面解释产业集群类型的多样性和产业集群不同发展阶段和发展形态，因为在某种程度上，这些分析在对其专业化或多样化集群应用方面并不具体。另外，从一个分析和决策角度来看，重要的是识别上述这些理想化的产业集群类型哪些最接近已知的产业集群类型，识别哪些理想化的科技知识最接近分析中产业集群的主要特征。

在现实中，可以观察到企业可能在空间上聚集在一起，存在各种复杂多样的产业集群发展方式，不可能建立起统一的或确定性的产业集群发展途径。在已知的情况下，产业集群随着时间的变迁而出现，一些特定产业集群的进化和发展形态更为普遍。为了识别产业集群典型进化途径和变迁，可以利用一些例子来阐述产业集群发展的复杂多变性。

比如，全球汽车业行业集群的发展经历。最早的汽车业行业集群出现在大西洋两岸，美国和欧洲，汽车行业集群的早期发展接近于"纯集聚"类型（Boschma & Wenting，2005）。但随着时间的推移，该形态发展到现在，发展成为典型的"产业综合体"形态，在"产业综合体"形态中主要由大型市场垄断企业占据支配地位。这些企业聚集在特定区域，并拥有复杂和高度组织化的输入—输出供应链系统。那么，汽车行业集群的演化过程就是以纯集聚形态向产业综合体形态的发展过程。

再如，全球大多数半导体和电子产业最初出现于其他领域的垄断企业，如防务缔约、照明工程或广播电信业。美国、欧洲和亚洲的大型垄断企业从事晶片加工和组装活动，它们垄断着全球大多数的半导体产业。这些大型企业的选址基本上遵循着比较传统的选址标准，即注重不同地域的协调商业活动的特定选址因素成本和交易成本。同样，这些企业在空间上集聚时，其选址组织特征基本反映了"产业综合体"形态（Arita & Mc-Cann，2002）。这些特定选址行业最初以"产业综合体"形态呈现至今已有50年的历史了。

以硅谷为例，硅谷半导体行业在战后早期以典型"旧型社会网络"形态为特征，该行业在20世纪70年代开始则沿着"新型社会网络"形态的路线发展。而今，其已发展成为类似于"纯集聚"形态，并显示出以产品和技术的供应者为主导的特征（Arita & McCann，2004）。硅谷大量涉及研发创新得以成功主要得益于其他地域该行业的小型化创新中的晶片处理和晶片组装件生成。同样的，硅谷集群的发展过程是从"旧型社会网络"到"新型社会网络"形态再到"纯集聚"形态的过程。

台湾新竹电子产业被誉为另一个硅谷，其特长在于电子设备的生产和组装，台湾新竹电子产业的出现于 20 世纪六七十年代以来，一直到目前 40 多年一直保持"产业综合体"形态。同样的，在该特定群聚中，没有出现实质性的产业集群发展途径。同时，北京中关村周边的科技电子企业群聚的出现实际上是"旧型社会网络"形态向"新型社会网络"形态发展的过程，当然这个群聚系统的规模太小，目前还无法将其视为类似于硅谷那样的产业集群。

另外，类似于生物科技和多媒体等行业集聚，它们出现得比较晚，但是发展速度极快。在该类行业集群中，大量的研发创新出现于大型的跨国垄断企业，而这些企业的选址标准具体反映了"产业综合体"形态。当这些行业的小型企业出现地理上集聚的时候，它们则最接近于"新型社会网络"系统形态，在该形态中，行业间的知识溢出来源于不同种类的网络综合，而且技能创新附属的能力依赖于其本地"嵌入"（Cantwell & Piscitello，2005）。

四 小结

根据以上分析，首先，产业集群的形成与发展不仅受到交易成本的影响，更与研发创新、科技机制和知识溢出等关系密切。根据研发创新和科技革新理论，研发创新者一般会出现在科技机遇、知识溢出最多的地区，一旦有充足的机会、高度的适用性和渐增性，研发创新者便会自动集中起来，导致了集群的快速出现。

其次，由于知识技术总是趋于隐性化、复杂化和系统化，产业集群的出现是由行业及企业知识特征决定的。交易成本理论和扩展后的知识学习观点认为在很多情况下，通过集聚在一起企业之间的非正式人际联络和知识交换，知识的转移会更加便利。相反，如果某行业知识库具有简单、被编码化等特点，在少量机会、低适用性和渐增性的情况下，集聚的意义并不显著。

因此，仅仅是行业特征、技术和知识特征还不足以决定可能出现的产业集群发展形态。知识学习和研发创新过程、企业和行业特定特征以及制度和治理背景，所有这些因素共同起作用，才能解释产业集群及其发展轨迹的多样性和复杂性。另外，为了证明知识溢出在产业集群发展过程中的作用和影响，应该考虑产业集群中内部知识系统运行情况，动态地分析知识溢出在产业集群发展的微观层面的影响，特别是分析知识溢出和集群企业研发行为的关系。

第四章　知识溢出在产业集群中的效应

第一节　知识溢出带来集群企业衍生发展

改革开放 30 多年来，中国已经成为产业集群发展最快的国家，但是中国产业集群总体上的特征仍然是数量少、规模小和发展水平低。中国应该加快培养和发展自己的产业集群，在建立发展产业集群的时候，影响和决定集群发展壮大的因素之一是产业集群中支柱企业及其衍生企业的关系问题，衍生企业产生与发展的条件并不仅仅限于环境、资金、政策等，其中可能的一个重要因素就是集群支柱企业的知识溢出效应。在产业集群之外的区域，由于知识短缺、知识流动性弱，没有形成良性的知识溢出外部性，容易产生知识生产及利用的恶性循环；在产业集群中知识溢出、知识共享现象频繁，每一个企业拥有更多接触和利用知识的机会。在这种情况下，企业的研发学习创新活动越频繁，知识溢出现象表现得越突出，短期内出现企业知识流失、企业知识存量减少的现象，但是，知识溢出的长期结果是在产业集群中的较高研发回报预期激励下，企业进一步加大科技投入，积极进行组织学习，从而改善了本企业的知识存量以及产业集群的知识资本构成。

本章首先动态地分析知识溢出对衍生企业的形成、发展的影响，主要分析技术和市场先驱隐性知识对产业集群衍生企业的影响，讨论知识溢出和衍生企业生存与发展的关系；其次，重点通过模型分析产业集群中知识溢出如何影响衍生企业的现有知识存量，以及面对知识溢出正负两方面的外部性，并通过实地调研案例分析知识溢出、企业研发行为和企业知识存量的变化。

一　知识溢出与集群企业衍生

基于知识网络理论，知识已成为产业集群最具竞争优势的资源之一，促进组织内网络节点的知识共享与转移是集群创造竞争优势重要的关键，网络特征会对企业网络中知识转移产生影响。产业集群中支柱企业进行知识有效开发的能力不仅体现在集群知识的有效输出，而且体现在衍生企业能否有效地消化和吸收。从衍生企业的角度看，研究知识的流入与流出及其影响因素，可以建构集群内部知识转移的理论模型，有助于了解集群如何促进组织内的知识共享与转移，以提升集群整体竞争力。

假设不同类型隐性知识的价值可能相互依存，集群支柱企业对隐性知识的组织管理对员工的创业所产生的影响作用会比人们所想象的更复杂，作为隐性知识的媒介，员工创业如何影响到知识转移的黏度并由此影响到它在新建企业中的内部消化过程。一些研究证实知识存量丰富的产业集群是创业的"温床"，更容易产生大量衍生企业，但是关于知识溢出、知识存量和企业衍生的研究都还不够充分，是丰富知识本身会导致员工成为企业家，还是集群支柱企业如何使用其所掌握的隐性知识所致？另外，没有明确的验证新建企业是否真的继承了集群支柱企业的知识，知识是不是继承得来的，以及进入前和集群支柱企业之间的关系问题是如何决定衍生企业的创业禀赋的，初始知识禀赋的印记作用是否继续，以及是否继续影响新建企业的组织学习，这些问题有待于进一步研究。

根据一个基于知识的观点，组织的基础是知识的生成、结合和开发的。对于企业而言，现有企业所拥有的知识通常是从竞争优势中体现出来的（Conner & Prahalad，1996），这一观点关注的焦点是通过个人经验获得隐性知识建立企业，当然，通过技术突破以及对客户需求的透彻把握而获得的知识同样也会催生新企业的产生。由于知识是掌握在人的手中，所以员工可以利用当前受雇企业投资所创造的新知识来开创自己的企业。员工创业的潜能来自于集群支柱企业知识库的不完善和可渗透性，由此导致新企业从中产生。惯例、规则和程序等知识在从集群支柱企业向新企业转移的过程，既是集群支柱企业对衍生企业授权过程又是对其限制的过程，集群支柱企业和新建企业之间的这种关系可能在新企业形成以后还继续有影响力。

关于集群支柱企业与衍生企业的产生可以从以下三个角度去分析：其一，导致衍生企业形成的知识溢出；其二，衍生企业对隐性知识的继承及其媒介；其三，集群支柱企业的知识管理对衍生企业的影响。

（一）导致衍生企业形成的知识溢出

关于由员工流动导致的知识溢出的研究关注管理人员迁移引起的知识扩散和组织结构变化，重点调查拥有隐性知识的专家主动离开企业由此对原企业所产生的影响。研究承认黏性的隐性知识转移的困难，但强调组织知识可以在企业之间转移，这些转移可能包括用于将资源转变为行动的独特观察力和决策规则、认知层面的能力和具体的知识与资料。企业的隐性知识不仅植根于团队和企业日常事务之中，而且还驻留在员工个人的人力资本内，员工在吸收企业文化的过程中，同时也学习了与研发和营销等功能性技能相关的程序性知识和叙述性知识。由于原企业对员工的控制程度是有限的，员工有按照自己意愿辞职的自由，所以人力资本具有流动性。因为对知识占有的觉察有着固有的难度，并且市场机制保护知识的效力有限，所以员工可以离开原企业后占用原企业所掌握的隐性知识并可能建立自己的企业。

尽管企业可以增加员工的退出成本，但是这些激励机制都受代理成本的影响，道德风险和信息不对称会导致员工与企业产生一些契约问题，由于创业企业给员工的报酬更大，原企业为了稳定其员工的激励措施可能无效。这意味着新建企业的能力可以与其所继承得来的知识有联系，而且转移的媒介可能会影响到知识转移的效度。新建企业能力的差异性与原企业之间的雇佣关系以及进入前的知识有关，企业的起源是决定资源差别、策略以及绩效的重要原因，创建者与原企业的雇佣关系对新建企业的生存有着重要意义。

（二）衍生企业对隐性知识的继承及其媒介

已有企业把握新机遇或者抵挡落后的威胁的能力取决于它们重新配置资源的能力，而新建企业则取决于它们的研发与营销方面的能力。企业研发成果的潜在价值在于可以通过迅速理解和满足顾客新的需求在市场上得到释放和利用，因此，企业的技术隐性知识反映其产生新科学和发现新的技术的能力，而市场先驱隐性知识则预示企业能否在对手之前将技术革新商业化。市场先驱的能力在产品周期短的市场尤为重要，该类产品在其生命周期初级阶段之后，价格会急剧下降。因此，这两种能力是互补的，技术革新要转化为市场应用，这样企业的研发能力才会有所回报。

在技术和市场两个层面任何一方面拥有丰富的隐性知识的集群支柱企

业，往往更可能产生衍生企业。首先，工作的地方可能对员工感受创业机会的能力有所影响，在具有丰富知识企业工作的员工可能拥有与众不同的信息，使其能够先于他人发现潜在的机会。由于信息不对称性是创业的核心，能够获得有价值的知识就有可能形成优势，在拥有最先进知识的企业中工作的员工有助于形成知识走廊，通过加强理解、推断以及利用新的方法创造性地扩展知识的能力，促进对机会的识别。由于在市场上利用机会取决于发现机会，而新的企业机会的发现可能由先前的信息和现有的能力所触发，因此，在掌握最先进隐性知识的企业供职的员工更有可能觉察到创业的机会。

另外，由于雇佣关系，处于先进地位的企业员工更容易筹集到开创新企业所需要的金融来源和其他资源。在筹集资金的过程中，资金的提供者与接收者之间充满着信息不对称性，技术越新，市场越是刚刚形成，信息不对称性越强。在缺少明确的质量指标时，投资者在做出决定时依赖于有证明的提示，这种提示可能来自隶属关系。与地位高的企业从属关系不仅影响人们对员工的技能与可信度的感知，还会影响人们对新出现的技术革新的意义的感知。企业创建者在名牌企业的工作经验会传递身份信息，使新企业合法化，知识丰富的企业的员工因此可以获益，从而促进新创企业所需资源的流动，因此，与集群支柱企业的隶属关系还会影响到资源的获取。

（三）集群支柱企业的知识管理对衍生企业的影响

集群支柱企业是否拥有丰富知识、是否具有认清机会的能力和投资者的信任度是建立新企业的基本条件，能否抓住这些潜在的机会来建立新企业取决于集群支柱企业是如何对其知识进行管理和利用的。如果支柱企业的战略只是强调技术隐性知识或者市场先驱隐性知识，结果仅仅会发现机会但是不会利用该机会，新的技术突破没有被商业化。对于刚刚出现尚未得到满足的顾客需求的洞察还没有技术革新去实现，这些都是隐性知识没有得到充分利用的表现。因此，衍生企业的产生并不简单地取决于原企业的知识丰富与否，更主要地取决于原企业使用的知识管理方法。

产业集群内是否产生新建企业和集群支柱企业是否有效管理与利用其隐性知识有关。未被商业化的技术与没有被利用的市场机会，尤其是具有重大价值的和开创性的技术和市场机会，会增加员工出去冒险的自信心，增强他们开创企业的倾向。一方面，如果集群支柱企业不是同时发展自己的技术和市场先驱隐性知识，就有可能使员工产生挫折感，他们会认为企业在组织上对价值的创造或者价值的利用有所忽视。支柱企业对现有顾客的依赖不仅妨碍市场策略的定位，而且使技术发明得不到商业化，技术人员产生挫折感。另一方面，如果企业开发出有前景的技术发明，但是没有进行积极的市场化运作，这种行为上的迟钝和不作为就会导致员工的抱负与当前企业的前景之间的巨大差距。企业与个人目标上的分歧会使员工职业满意度下降，员工流动性加大，员工的风险倾向增强，并使他们创办自己的企业的欲望变得强烈。

同样道理，如果支柱企业通过使用其所拥有的隐性知识，并及时地对技术和市场先驱机会做出反应，就可以避免科研人员或其他专业人员觉察他们的想法或发明被搁置而感到恼怒或受挫。在这个层面上，由于技术和市场先驱隐性知识具有互补性，能起到协同作用，集群支柱企业可以通过调整企业与个人的目标，降低员工受挫感以及抑制员工创业。另外，一般支柱企业不愿意追踪某些技术就可能导致员工发现大量创业机会，从而减少了生存障碍，如果母体企业抢先进入刚刚出现的领域，将会限制具有吸引力的机会的可获得性，可以阻止衍生企业的形成。因此，集群支柱企业的技术或者市场先驱隐性知识的增加会增加衍生企业产生的可能性，如果支柱企业对这两个方面同时加强管理则会减少衍生企业产生的可能性。

二　知识溢出与集群企业发展

技术和市场知识一般是以隐性知识和能力资产的形式为员工所持有，当员工离开原企业并开创新企业时，他们就带走了隐性知识。

（1）与技术和市场相关的知识与技能就是通过新企业创建者从在职集群支柱企业转移到衍生企业，衍生企业的最初知识禀赋因此就与创建者在原工作时的集群支柱企业知识联系起来。这种通过继承得来的知识初始存量很可能对衍生企业产生长期的效果，知识初始禀赋的差异可能把企业定位到不同的发展道路上；同时，新建企业的知识吸收能力也与现有相关知识相联系，因此，对集群支柱企业的知识继承可能与衍生企业的知识积累长期有关。相关研究表明衍生企业的技术和市场先驱隐性知识的水平，与企业创建时母体企业的知识水平呈正相关关系。

（2）从集群支柱企业产生的衍生企业由于继承知识和企业来源的差异，在知识与生存上与其他类型的新建企业也就可能有所不同，衍生企业可以通过创建者从集群支柱企业获得知识，从原企业的知识转移中获益。对于具有黏性的隐性知识，集群支柱企业未必知道它的存在或者不能利用它的价值，而新建衍生企业的创建者可以将黏性知识进行有效的转移，从而增加企业整合知识和成功获得知识的能力。新建衍生企业的创建者的综合管理职责就是建立一个整体构想，创建者作为员工之间的媒介增加员工采用新的做法的可能性，通过渐进性常规化的活动进行知识转移。

另外，新建衍生企业通常是由来自不同背景或不同企业的多个员工一起创建的，他们拥有行业内幕知识，会更加主动地在先前工作的企业或行业圈子内搜寻有价值的信息，以在隐性知识的各个部分之间形成协同作用，这种有目的的搜寻更有效果，更能增加组合隐性知识在新企业的潜在价值。企业创建者为了从其所掌握的隐性知识中充分获利，从而更具有将共享知识转化为实践的动力，而一般普通员工则由于代理问题或激励问题对知识共享具有抑制作用，不愿失去对知识的独占，但是创建者则不会产生自己与企业的分歧，有用的知识更容易在企业内传播。

（3）由于衍生企业是由集群支柱企业员工创建，新建衍生企业比其他类型的新建企业往往具有更高水平的技术和市场先驱隐性知识，在生存与发展上更加有优势。衍生企业具有行业内幕知识，加上创建者的企业家精神，从而形成企业资源差异、策略和业绩的一个重要源泉。除了初始知识禀赋优势外，衍生企业的创建者还能够从以前的客户联系及关系网络中获益，能更好地克服新企业经常面临的难题，创建者的社会资本对企业的生存具有积极作用。尽管所有新企业的创建者都会引入社会资本，但是衍生企业创建者的社会资本与他们所从事的行业关系更加紧密，因此，与行业中现有企业没有雇佣关系的创建者相比，他们的社会资本更有价值，衍生企业与其他新建企业更具有优势，衍生企业创建者在获取行业信息和企业创业源泉方面更具有优势。

另外，创业型衍生企业具有更高的自主权，结构简单，没有官僚惰性，能迅速完成资源创造性的结合和交换。衍生企业的创建者的动力来自于其所要达到的目标，他们的生活与企业业绩紧密相连，创业者具有更高的冒险倾向，喜欢进行革新。衍生企业经营人员的创业热情与能力都比其他新建企业高，因此，衍生企业的生存可能性可能比其他类型的企业大。

三 案例分析

（一）调研经过

"西部企业发展中的障碍与制约机制"（项目编号：05JJD790021）课题组成员于 2009 年 10 月 25 日到达青海省西宁市，调研对象选择青海华鼎实业股份有限公司、西宁特殊钢股份有限公司、青海机电国有控股公司、青海洁神装备制造集团有限公司等公司。10 月 26 日对青海华鼎实业股份有限公司进行调研，主要方式是与公司高层和中层管理者进行访谈，发放调查问卷，公司的实地观察及索要公司相关资料；10 月 27 日对西宁特殊钢股份有限公司进行调研，采取相同的方式获取信息资料；10 月 28 日分别对青海机电国有控股公司、青海洁神装备制造集团有限公司进行调研；10 月 29—30 日进行资料的整理。

（二）调研企业简介

在被调研的企业中，青海华鼎是股份制公司，西宁特钢是国有股份公司，青海机电是国有控股公司，青海洁神是私人控股公司。

（1）青海华鼎实业股份有限公司是于 1998 年 8 月按照青海省人民政府"东西结合、优势互补、共同发展"的原则，由原青海重型机床厂作为主发起人，联合广东万鼎企业集团有限公司等 5 家企业共同发起设立的股份制企业。2000 年 11 月，经中国证券监督管理委员会批准，公司向国内公开发行了 5500 万股 A 股股票，成为青海省第八家上市公司。公司注册资本 18685 万元，拥有总资产 10 亿元，净资产 4.50 亿元，现有员工 3200 人，其中各类技术开发人员 375 人。2006 年，公司完成工业总产值 8.7 亿元，比上年增长 32.49%，主要经营指标近几年保持 25% 以上的增幅。

（2）西宁特殊钢股份有限公司是经青海省经济体制改革委员会于 1997 年 7 月 8 日以青体改〔1997〕39 号文批准，由西宁特殊钢集团有限责任公司为主要发起人，联合青海省创业集团有限公司、青海铝厂、兰州碳素有限公司、吉林碳素股份有限公司、包头钢铁设计研究院、吉林铁合金厂共同发起，采取社会募集方式设立的股份有限公司。公司旗下共有 1 家全资子公司、3 家控股子公司，拥有铁矿、煤矿、钒矿、石灰石矿等资源。1997 年 9 月 10 日，经中国证监会以证监发字〔1997〕441 号和〔1997〕442 号文批准，发行人向社会公众公开发行人民币普通股（A 股）股票并于 1997 年 10 月 15 日在上海证券交易所挂牌交易，股票简称"西宁特钢"，股票代码为600117。截至2009年6月30日，公司总资产108.38亿元，净资产25.52亿元，公司总股本741219252股，其中有限售条件流通股335010921股，占公司股本总额的45.2%；无限售条件流通股406208331股，占公司股本总额的54.8%。控股股东——西宁特钢集团有限责任公司持有36967万股，占公司股本总额的49.87%。

（3）青海洁神装备制造集团有限公司是2001年成立的全国首家中美合资垃圾清运设备制造企业，2004年收购了原青海曲轴厂，通过增资扩股后于2005年6月成立了有限责任公司，2006年收购原青海工程机械厂，实现了行业内部资源整合，并成为青海装备制造业的龙头企业。集团公司下设2个控股子公司，3个全资子公司。公司现有员工1200人，其中拥有中级以上职称的专业人员280人，占23%，专业研发人员128名（享受国家津贴的专家10名）。2006年，集团公司实现销售收入3.3亿元，上缴税金1314万元，实现利润2446万元，成为青海省50强企业之一，并取得了很好的经济效益和社会效益。

（三）企业衍生及研发途径选择与其知识存量变化

在调研中发现上述公司的主体部分历史上都属于国有企业，在"三线建设"时期根据国家利益的整体布局，企业设在青海省西宁市。在随后的企业发展中，每家企业的发展道路各异，从本书的研究角度出发，分析企业研发途径选择和每家企业的发展情况。

（1）西宁特殊钢集团有限责任公司曾经是军工企业，是国家特殊钢材生产加工的领军企业，企业拥有很强的技术优势。在企业进行过股份制改造后，公司联合青海省创业集团有限公司、青海铝厂、兰州碳素有限公司、吉林碳素股份有限公司、包头钢铁设计研究院、吉林铁合金厂等相关主体，采取社会募集方式设立的股份有限公司，现在公司拥有1家全资子公司、3家控股子公司，拥有铁矿、煤矿、钒矿、石灰石矿等资源，这样公司形成和拥有了研发、生产、原材料供应整个产业链。

公司进行了研发、生产、原材料供应的整合，生产、原材料供应等活动基本上在当地进行，特别是原料铁矿、煤矿、钒矿、石灰石矿等资源主要来自自己下属企业。在公司拥有产业链优势的时候，由于地理或其他原因，公司技术人员或管理人员流失现象严重，流失的技术人员大多到了东部普通钢材生产企业，随着企业技术人员的流失，带来企业研发成果的流失和知识存量的减少。

技术人员流失的结果是，大量普通钢材的生产企业同时也具备生产和加工特殊钢材的技术和能力，从而成了西宁特殊钢集团有限责任公司竞争对手。在特殊钢材生产加工处理技术没有流失的情况下，西宁特钢具有独特的技术优势，在国内处于寡头垄断地位，但是随着自己的技术流失和竞争对手的技术升级，西宁特殊钢集团有限责任公司的技术优势逐渐丧失，加上青海省所处的地理区位劣势，产品离目标市场空间距离较长，产品运输成本极高，公司的生存和发展受到很大限制。西宁特殊钢集团有限责任公司的市场竞争结构见图4-1。

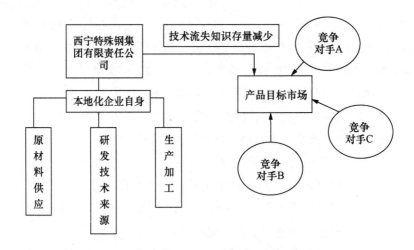

图 4-1　西宁特殊钢集团有限责任公司市场竞争结构

（2）为了克服地理区位劣势，青海华鼎实业股份有限公司走的是另外一条道路，1998年8月由原青海重型机床厂发起，联合广东万鼎企业集团有限公司等5家企业共同发起设立的股份制企业。原青海重型机床厂曾经是我国重要的车床生产企业，但是由于技术老化和区位劣势，逐渐失去技术领先地位，通过联合广东万鼎企业集团实现自己的技术升级换代和观念转变，组合后的青海华鼎实业股份有限公司在内依托原青海重型机床厂的技术基础和生产加工能力，外部凭借广东万鼎企业集团所具有的市场优势，实现生产和市场的有效结合。

　　针对青海西宁市的特殊地理位置，特别是当地科技实力不强、研发基础薄弱，留不住高端技术人才的现状，公司决定把企业的研发中心设在苏州工业园区，并已经在苏州建立自己的科研中心，进行研发工作。青海华鼎实业股份有限公司把自己的研发中心设置在苏州工业园区：一是能够近距离地接触园区内的知识、技术、信息等资源；二是避免公司技术人员的流失，区位环境优势或劣势对企业技术人员的流动有很大的影响。青海华鼎实业股份有限公司市场结构见图4－2。

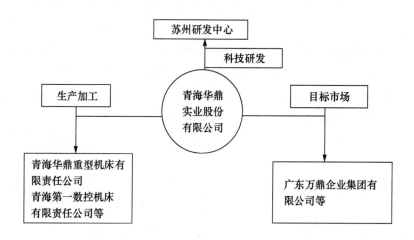

图4－2　青海华鼎实业股份有限公司市场结构

（3）2001年成立的青海洁神装备制造集团有限公司发展道路则选择通过与美国公司合资，引进其技术，2004年收购了原青海曲轴厂，于2005年6月通过增资扩股后成立了有限责任公司，2006年收购原青海工程机械厂，实现了企业内部资源整合，发展成为全国首家中美合资垃圾清运设备制造企业，并成为青海装备制造业的龙头企业。青海洁神装备制造集团有限公司走的是技术引进的道路，同样为了克服企业区位劣势，公司在北京设立自己的市场中心和研发中心。公司将来的计划是由于企业自身原因，把生产加工基地仍设在青海西宁本地，而市场部门和研发部门定位在北京，青海洁神装备制造集团有限公司发展思路与青海华鼎实业股份有限公司市场相似，都是把自己的研发中心选择设置在类似苏州、北京等信息发达、科技密集的城市。

（四）调研小结

在知识经济时代，由于信息科技革命与全球化趋势的深化，使企业、产业以及区域通过传统的物质资本投资所形成的竞争力正在发生变化。知识要素的生产、积累、扩散、应用与增值所产生的动态竞争力，逐渐取代了传统的土地、资本、劳动力等要素所形成的竞争力。一个区域的研发创新系统、知识分配能力及知识获取及利用能力，越来越成为这一区域经济增长与维持区域竞争力的关键因素。

（1）西部企业研发道路选择。青海省属于中国典型的西部内陆地区，资源丰富，历史上国家常把许多企业设在青海省，在计划经济时代，企业一般不用过多担心产品销售问题，市场竞争与技术竞争并不存在，因此企业生存压力不大，地理区位的作用对于企业的影响并不严重。但是，随着市场经济时代的到来，首先是市场竞争逐渐激烈，市场的压力日益明显，在市场竞争激烈的同时是企业之间的技术竞争、产品质量竞争。此时，地处中国内陆的企业生存状况发生了巨大变化，由开始不用担心技术、市场甚至是运输成本等因素的传统企业环境，演变为技术、市场竞争激烈的市场环境。

在这种剧烈的经济环境变迁下，有一部分国有企业走向破产或者被兼并买卖，另一部分国有企业走的是"走出去"或者"引进来"的道路，一是提高自己的技术水平和产品质量，二是积极寻找产品的目标市场、拓展市场。青海省西宁市本身科技基础并不强，省内企业数量不多和质量普遍不高，改革开放30多年来，并没有形成自己独特的产业集群。在这种背景下，企业的行为选择主要有两种：一种是与东西部企业联合，进行技术改造和拓展市场，如青海华鼎实业股份有限公司所选择的道路；另一种是与本地企业联合，整合本地企业资源，建立自己的产业链条，如西宁特殊钢集团有限责任公司的企业整合之路。

（2）企业研发道路选择优缺点分析。上述两条道路都有优点和缺点：走本地企业联合的道路，整合内部资源，建立配套企业，拥有产业链条的全部或者大部分，能够形成自己独有的竞争力，但是缺点是由于企业地处西部，自然条件、科研条件、信息交流以及生活条件的差异，造成企业培养的技术人员流失，带来企业研发成果的流失和知识存量的减少，给企业带来巨大损失。

走出去和东部企业联合的道路优点是能够很好地利用东部企业市场优势和企业管理观念优势，有利于企业整体水平的提高，但是其缺点同样存在，这一类企业一般只是将西部老企业作为生产基地，研发中心和市场中心并不放在西部，长期下去将形成西部的产业中空现象，不利于西部地区产业集群的形成。

相对而言，立足本地进行本地资源整合，进行企业联合的道路，长期看也许是形成西部产业集群的发展之路。西部企业竞争力差，经济效益一般不高，技术人员流失，原因也许很多，仅从产业集群的角度分析，从产业集群发展滞后的方面能够解释其中原因：由于科技基础薄弱，产业集群不能形成，企业缺乏相关配套部门或企业，原材料靠外部提供，产品主要运输到外部，形成企业"两头在外"的现象，仅运输成本一项，西部企业就比东部企业多，加上远离市场、信息闭塞等因素，西部企业丧失很多与外部企业竞争的机会。企业没有竞争力，经济效益不高，对科技人员的激励也就不足，形成技术人员流失，带来企业研发成果的流失和知识存量的减少，这是一个恶性循环，是西部企业需要面临的难题也是理论研究的难题。西部企业在没有形成自己的产业集群时，企业技术人员流失、知识存量减少的恶性循环（见图4-3）。

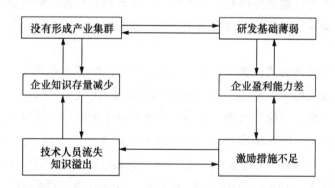

图4-3　企业技术人员流失、知识存量减少循环

部分企业选择走出去把自己的研发中心和市场中心设在东部高科技产业园区或经济发达地区，其目的如前面所分析：一是为了获取科技园区内部的信息知识技术优势；二是便于与其他科研机构或企业进行联合研发。在企业将研发中心设在相关产业集群中之后，企业在获得集群优势的同时，自己的知识技术也被别的企业所吸收利用，产业集群中的企业是选择以知识技术吸收转化利用为主的道路，还是选择研发创造知识和吸收利用知识并用的道路。在知识溢出可能性强、研发创新活动频繁及企业学习积极性高的区域，区域整体知识资本的平均水平一般会高于与之相反的区

域，高水平的知识资本在决定区域经济长期增长时起到关键作用，这一系列问题需要进一步进行理论和实证方面的研究，这些问题在接下来将会进行讨论。

第二节 产业集群中知识溢出效应分析

知识溢出是高科技产业集群中的一个突出现象，从高科技产业集群中企业衍生的视角，对知识溢出、知识流失、企业研发以及知识获取等要素进行动态的模型与实证分析，结果表明，在高科技产业集群中，知识溢出的短期效应是企业出现知识溢出负外部性即企业知识流失；企业研发投入对产业集群创新知识溢出效应存在显著区域差异性，且对不同产业集群创新能力的影响也不尽一致，但是随着企业加大研发与学习的投入，将会出现知识溢出的长期效应即其正外部性：产业集群中知识存量增加，每个企业都有机会获得和利用更多的外部知识，形成产业集群技术升级的良性循环。

在知识经济时代，高新技术成为企业竞争优势的主要源泉，高科技产业集群日益发展为区域经济增长的支柱，知识溢出效应可以从一个角度解释区域经济增长或收敛过程，高科技产业集群中知识溢出效应业已成为理论研究的焦点。知识溢出是 20 世纪 60 年代由 Mac. Dougall（1960）在探讨东道国接受外商直接投资（FDI）的社会收益时，作为 FDI 的一个重要现象提出来的。Arrow（1962）最早解释了知识溢出对经济增长的作用，并假定新的投资具有溢出效应，不仅进行投资的厂商可以通过积累生产经验提高生产率，其他厂商也可以通过学习提高生产率。沿着 Arrow 的思路，Romer（1986）提出了知识溢出模型，开创了新经济增长理论，提出正是由于知识溢出的存在，资本的边际生产率才不会因固定生产要素的存在而无限降低。Lucas（1988）认为，由知识溢出的正的外部性能够引起经济活动的地域空间聚集和扩散。Arrow、Romer 和 Lucas 都强调知识溢出对提高经济增长起着重要的推动作用，知识溢出能够使整个区域内的组织获得溢出效应，促使该区域内各组织的生产率的提高以及技术的不断进步。

新竞争经济理论（波特，2003）认为企业的竞争优势来源于产业集群中形成的学习机制和交流机制，以及产业集群内部的自我加强机制，进而形成企业持久竞争力。高技术产业集群效应是高技术产业发挥产业集群优势并表现出强大竞争力的内在机制，也是高技术产业集群发展的内在驱动力（张月花等，2009）。

面对高科技产业集群中的知识溢出现象，每一家企业采用何种研发策略？怎样避免研发成果外溢？又如何有效获取外部知识？怎样提高自身知识存量？这些问题是企业能否不断获得创新动力的关键，也将直接影响产业集群能否实现整体的技术升级和知识价值最大化。关于高科技产业集群中知识溢出效应的讨论大多停留在理论研究层面，缺乏对其实践操作层面的动态观察与分析。本书以高科技产业集群中企业衍生为例，对知识溢出、知识流失、企业研发以及知识获取等要素进行动态的模型与实证分析，试图解释高科技产业集群中知识溢出效应，结果表明，在高科技产业集群中，知识溢出的短期效应是企业知识流失；企业 R&D 投入对产业集群创新知识溢出效应存在显著区域差异性，且对不同产业集群创新能力的影响也不尽一致，但是随着企业加大研发学习的投入，将出现知识溢出的长期效应即产业集群中知识存量增加、知识共享频繁，每个企业都能够获得和利用更多的外部知识，形成高科技产业集群技术升级换代的良性循环。

一　知识溢出效应的模型分析

（一）模型的建立与知识溢出短期效应

在产业集群内外部都存在着知识溢出现象，所不同的是在产业集群外部，企业的知识溢出可能由于没有利益相关者对溢出知识进行吸收利用，企业知识溢出或流失问题常常被忽视；在产业集群内部，由于存在众多的竞争对手，企业的溢出知识极易被利益相关者无偿利用，从而出现企业的知识流失。以高科技产业集群中企业衍生为例，分析企业进行子公司选址行为及企业知识溢出短期效应。

为了便于分析，假设在一个经济体内存在着两种不同类型的区域：一是高科技产业集群；二是产业集群之外的区域。在高科技产业集群内部，由于存在着大量流动知识，每个企业都期望从产业集群中获益，因此，企业在衍生子公司时，首先考虑选择把新公司建立在相关产业集群之内。为了简易，产业集群之外的区域用 M 表示，产业集群用 N 表示，产业集群 N 通过集群"技术守门人"，对进入企业的规模、实力、类型，特别是新进入企业的科技水平与知识实力设置限制条件与进入门槛，实行选择性企业准入政策，即只有具备较高知识技术含量的企业才有机会进入高科技产业集群 N 衍生新的子公司。把拟衍生子公司的企业用 A 表示，企业 A 新建子公司准备进入高科技产业集群进行选择的过程分为三个阶段。

阶段一：企业 A 拟衍生建立新的子公司，为了能够分享高科技产业集群中的信息、技术、知识、服务等集群集聚优势，期望进入产业集群 N，在集群内设立子公司，如果 A 获得了准入机会，概率为 p，那么它的回报将是 w^n。

阶段二：（已获得准入许可的企业不存在该阶段）如果企业 A 拟衍生建立新的子公司，在期望进入产业集群 N 设立子公司的计划失败之后，企业 A 将面临如下选择：一种选择是在 N 之外的区域建立子公司，另一种选择是等待下一轮集群准入的机会。A 一旦选择在 N 之外的区域建立子公司，将不再具备经济实力和时间精力为继续寻找合适厂址建立子公司做准备，A 获得集群准入的可能性大大降低；如果 A 选择等待，将为 A 在 N 寻求下一轮准入机会提供经济、技术和时间保证。

阶段三：（只适用于在第二阶段等待下一轮集群准入机会者）如果企业 A 在本次产业集群准入中获得成功，将在产业集群 N 内建立子公司；否则，企业 A 将在集群之外的区域 M 内建立子公司，得到 M 的回报。

在阶段二，有理由假设在高科技产业集群中衍生建立子公司比在产业集群之外建立子公司要投入更多的科技研发费用以及学习费用，企业 A 选择寻找和等待下一轮产业集群准入机会需要进行研发投入和知识学习以便提高自身科技水平，当企业把精力全部集中在获取下一个准入机会时，获得准入机会的可能性增大。

为了简便，假设企业 A 一旦在产业集群之外的区域 M 建立子公司，将没有能力在产业集群 N 内建立子公司，它到 N 的概率为 0；如果 A 选择进行知识学习、积极进行科技研发，等待下一轮进入机会，它在 N 建立子公司的概率为 p'。在第二阶段和第三阶段中，遵循独立同分布原则，研发投入回报累积分布函数表示为 $\tilde{w} = F(w)$，假定 $F(w)$ 是可微的，密度函数 $\dfrac{dF(w)}{dw} \equiv F'(w)$，在定义域内恒为正，对 $\forall w \in [w^l, w^h]$，有 $F'(w) > 0$。其中，w^l 是 A 在 N 研发投入的最低回报值，w^h 是 A 在 N 研发投入的最高回报值，那么，阶段三 A 的研发投入预期回报值是：

$$(1 - p')\overline{w} + p'w^n \qquad\qquad (4-1)$$

其中，$\overline{w}$ 是 A 在 M 的研发投入回报值的中位数，即 $\overline{w} = \int_{w^l}^{w^n} wdF(w)$。

阶段二，当且仅当 $w > \dfrac{1}{1+r}[(1-p')\overline{w} + p'w']$ 时，A 选择在 M 建立子公司，研发投入回报为 w，其中，r 是 A 的研发投入回报折扣率。得出：

$$w^m \equiv \frac{1}{1+r}[(1-p')\overline{w} + p'w^n] \qquad\qquad (4-2)$$

那么，当且仅当 $w > w^m$ 时，A 将接受在 M 的研发投入回报，其中 w^m 是 A 在 M 的固定研发投入回报，进一步简化，得出：

$$w^l \geqslant \frac{1}{1+r}\overline{w} \qquad\qquad (4-3)$$

假定 A 进一步另建新厂的可能性为 0 时，则其知识流失不存在，即当 $p' = 0$ 时，A 的知识流失的函数表达式是：$u \equiv p(\widetilde{w} \leqslant w^m) = F(w^m)$。显然：

$$\frac{du}{dp'} = \frac{du}{dw^m}\frac{dw^m}{dp'} = F'\frac{w^n - \overline{w}}{1+r} \qquad\qquad (4-4)$$

既然假定 N 是产业集群，是高科技区域，M 是产业集群之外的区域，知识技术相对落后，就表明 $w^n > \overline{w}$。因为：

$$F' > 0，所以，\frac{du}{dp'} > 0 \qquad\qquad (4-5)$$

同时表明：$w^m \equiv \dfrac{1}{1+r}[\overline{w} + p'(w^n - \overline{w})]$，$\dfrac{du}{d(w^n - \overline{w})} = F'\dfrac{p'}{1+r} > 0$。

从式（4-2）推出 w^m 随着 p' 和 w^n 的增加而增加，随着 $\overline{w}$ 的增加而减少，表明由于企业 A 存在着到产业集群内建立子公司能够获得集群优势回报的预期，如果集群内外之间的研发投入回报率差别越大，那么企业 A 的研发学习投入预期回报值也就随之增高，随着进入集群积极性与研发预期回报的增加，企业更倾向于在相关产业集群之内建立子公司，由于产业集群内存在知识技术"搭便车"现象，企业知识流失也将增加。

推论一：不同区域之间知识回报率差距越大，企业到产业集群内建立子公司的预期值就越强，产业集群中知识溢出可能性越强，企业知识流失的问题就越明显。

（二）扩展后的知识溢出效应分析模型

扩展后的知识溢出效应分析模型是进一步把企业 A 研发投入的费用

融入上述模型，分析企业 A 是否做出研发投入的选择。如果企业 A 不能到产业集群 N 建立子公司，那么进行研发投入的益处是产业集群之外的区域 M 一般企业的研发投入回报$\overline{w}$，当企业 A 到 N 建立子公司成为可能时，在前面提到的三阶段中，进行研发投入的预期收益是：

$$V \equiv pw^n + (1-p)\left\{\left[\int_{w^m}^{w^h} wdF(w) + F(w^m)\left[\frac{p'w^n + (1-p')\overline{w}}{1+r}\right]\right]\right\}$$

$$= pw^n + (1-p)\left[\int_{w^m}^{w^h} wF'(w)dw + F(w^m)w^m\right] \quad (4-6)$$

其中，V 是企业进行研发投入的收益。显然：

$$\frac{dV}{dw^n} = p + (1-p)\left[-F'(w^m)w^m + F(w^m)w^m + F(w^m)\right]\frac{dw^m}{dw^n}$$

$$= p + (1-p)F(w^m)\frac{p'}{1+r} > 0$$

假设 $p' = p(1+a)$，其中， $\quad (4-7)$

a 是一个参数，假定 $0 < p' < 1$， $-1 < a < \frac{1}{p} - 1$，那么：

$$\frac{dV}{dp} = w^n - \left[\int_{w^m}^{w^h} wdF(w) + F(w^m)w^m\right]$$

$$+ (1-p)\left[-F'(w^m)w^m + F(w^m)w^m + F(w^m)\right]\frac{(w^n - \overline{w})(1+a)}{1+r}$$

$$= w^n - \left[\int_{w^m}^{w^h} wdF(w) + F(w^m)w^m\right] + (1-p)F(w^m)\frac{(w^n - \overline{w})(1+a)}{1+r}$$

$$(4-8)$$

进一步假定 $w^n > w^h$，排除企业研发创新知识百分之百流失这一不合理情况出现的可能性，再假定 $w^m < w^h$，那么有：

$$\int_{w^m}^{w^h} wdF(w) + F(w^m)w^m \leq \int_{w^m}^{w^h} w^h dF(w) + F(w^m)w^h$$

$$= w^h \int_{w^m}^{w^h} dF(w) + F(w^m)w^h = w^h\left[F(w^h) - F(w^m)\right] + F(w^m)w^h = w^h,$$

因此，

$$w^n > \left[\int_{w^m}^{w^h} wdF(w) + F(w^m)w^m\right] \quad (4-9)$$

从式（4-8）得出 $\frac{dV}{dp} > 0$。

即企业进行研发投入的回报值随知识溢出的可能性增加而增加。

　　进一步考虑企业 A 的资源禀赋、知识能力等背景不同，它们进行研发或学习投入费用基数也不同，将进入产业集群发生前的企业数量 LebesgRe 测度值定为 1。假设 A 的进行研发投入支出为 C，C 遵循正态分布，$\widetilde{C} \in [0, H]$，而没有进行研发投入的企业的收入恒定，用 T 表示，考虑到只有企业 A 拟建的子公司有机会自由迁入的假定

　　当且仅当 $V - C \geq T$ 时，企业才会选择进行研发投入。记为：

$$C^* \equiv V - T, \tag{4-10}$$

即当且仅当研发投入支出保持 $C \leq C^*$ 时，企业才会进行研发投入。

　　因为 $\widetilde{C}$ 遵循正态分布，企业数量 LebesgRe 测度值为 1，得出新建企业的比率和数量为：$\dfrac{C^*}{H}$。从式（4-9）和式（4-10）可知：

$$\frac{d\left(\dfrac{C^*}{H}\right)}{dp} = \frac{1}{H}\frac{dV}{dp} > 0 \tag{4-11}$$

　　上述分析表明，由于存在着区域间的研发投入回报差距，企业期望获得产业集群较高的研发学习投入回报，将增加研发投入支出；研发所产生的新知识在区域内的流动性越强，企业进行研发投入的支出将越多。

　　推论二：在产业集群中企业为了获取外部大量的流动知识，将选择加大研发投入支出与进行积极的组织学习，使自身的知识技术水平与外部的知识技术水平相匹配，有利于吸收利用外部流动知识，这样将进一步促进企业知识存量的增加。

　　（三）高科技产业集群中知识溢出的长期效应

　　在以上模型分析中假设只有具有较高科技含量的公司才有可能获得产业集群的进入许可，知识溢出效应如果能够增加和提高企业的知识存量和技术水平，也将提高产业集群中高科技企业的比例。本阶段分析知识溢出、企业知识获取以及高科技产业集群之间的关系。

　　首先，C^* 是 V 的函数，也是 p 的函数，记为 $C^* \equiv C(p)$。

　　那么，在产业集群知识溢出预期的条件下，高科技企业的保有量为：

$$\frac{C(p)}{H} - \left[p\frac{C(p)}{H} + (1-p)p'\frac{C(p)}{H}F(w^m) \right] = C(p)\left[(1-p)(1-p(1+a)\right.$$

$$\left. F(w^m)) \right]/H \tag{4-12}$$

　　记为 $\dfrac{Lp}{H} \equiv \dfrac{C(p)\left[(1-p)(1-p(1+a)F(w^m))\right]}{H} - \dfrac{C(0)}{H}$，其中，$\dfrac{Lp}{H}$ 是

$p > 0$ 与 $p = 0$ 时高科技企业保有量的差。

因为，$L(p) \equiv C(p)(1-p)[1-p(1+a)F(w^m)] - C(0)$，知道 $L(0) = 0$ 并且 $L'(p) = C'(p)(1-p)[1-p(1+a)F(w^m)] - \left\{ 1-p(1+a)F(w^m) + (1-p)(1+a) \times [F(w^m)+pF'(w^m)]\dfrac{(w^n-\overline{w})(1+a)}{1+r} \right\} C(p)$。

由于 $L(p)$ 的连续性，求得 $L'(0) > 0$，表明在 $p = 0$ 的邻域内有 $L(p) > L(0)$。记为 $L'(0) = C'(0) - [1+(1+a)F(w^m)]C(0)$。

当 $p = 0$ 时，从式（4-3）和式（4-7）可知，在没有知识溢出可能性时，企业知识流失将不会存在，表明 $w^m = w^l$；从式（4-8）的最后一行和上面分析得出，$F(w^l) = 0$，可得：

$$\frac{dV}{dp}\Big|_{p=0} = w^n - \left[\int_{w^m}^{wh} wdF(w) + F(w^m)w^m \right] + (1-p)^{F(w^m)}\frac{(w^n-\overline{w})(1+a)}{1+r}$$

$$= w^n - \left[\int_{w^m}^{wh} wdF(w) + F(w^l)w^l \right] + (1-p)F(w^l)\frac{(w^n-\overline{w})(1+a)}{1+r} = w^n - \overline{w} \tag{4-13}$$

从式（4-11），可知：

$$\frac{dC^*}{dp} = \frac{dC(p)}{dp} = \frac{dV}{dp}, \text{ 且} \frac{dC(p)}{dp}\Big|_{p=0} = C'(0) = \frac{dV}{dp}\Big|_{p=0} = w^n - \overline{w}$$

当 $p = 0$，$V = \overline{w}$ 时，从式（4-10）和表达式 $C^* = C(p)$，可得：

$$C(0) = V - T = \overline{w} = T \tag{4-14}$$

而且，当且仅当 $L'(0) > 0$ 时：

$$w^n - \overline{w} - [1+(1+a)F(w^m)](\overline{w}-T) > 0 \tag{4-15}$$

因为，$1+(1+a)F(w^m) < 2+a$，如果，$w^n - \overline{w} - (2+a)(\overline{w}-H) > 0$，那么，将满足式（4-15）；只要当 $w^n > (3+a)\overline{w}$，因为 $T > 0$，将满足：

$$w^n > (3+a)\overline{w} - (2+a)T \tag{4-16}$$

这样，将得到 $L'(0) > 0$，由于 $L(p)$ 的连续性，表明在 $p = 0$ 的邻域内 $L(p) > L(0)$。

推论三：由于产业集群中存在知识溢出，对于任意的 a，若 $w^n > (3+a)\overline{w}$，$p > 0$ 时的区域企业知识存量大于 $p = 0$ 时的区域企业知识存量，即由于企业知识溢出与知识获取同时出现，产业集群内部企业的知识存量将最终大于集群之外的企业知识存量。

推论三表明知识溢出最终将促进企业知识获取，促进高科技企业比例的提高。将推论一和推论三相结合可以得出：如果 $w^n > (3+a)\overline{w}$ 时，与没有知识溢出和知识流失的区域相比，存在知识溢出和知识流失的产业集群，企业将能够获得更多的外部知识，随着企业研发活动的增加，每一个企业的知识存量将增加，企业技术水平将提高。这将会出现知识溢出的长期积极效应：产业集群中企业实现知识获取，产业集群将拥有更大数量的高科技企业，也将促进高科技产业集群的形成及产业集群技术升级的良性循环。

二 知识溢出效应的实证分析

考虑到创新累积效应可能会对 R&D 投入的知识溢出效应产生影响，运用动态面板数据模型来进行实证分析能够考虑到前期 R&D 投入可能会对当期创新能力具有重要影响，选取我国科技实力较强的长三角、珠三角、京津及东北四类不同区域的产业集群，利用系统广义矩（System GMM）估计方法来实证分析高科技产业集群中 R&D 投入与知识溢出效应及其差异性。

（一）数据来源与计量模型

1. 变量选择与数据来源

对于产业集群创新能力，理论和实证分析一般采用专利数据，由于专利授权数量受专利审查机构审查能力的影响，故本书选择专利申请量（记为 I）来测度高科技产业集群创新能力。另外，由于产业集群中科技人员、经费的投入，以及当地经济发展水平均可能是影响产业集群创新能力的重要因素，因此，本书除了选择 R&D 投入作为解释变量之外，还选择产业集群科技活动人员数（记为 SPN）和年度人均 GDP（记为 PGDP）作为控制变量。

本书样本区间选择为 1993—2006 年，各产业集群内的专利申请量、R&D 经费支出、GDP、人口数、科技活动人员数等样本数据来源于各地区 1994—2007 年的《中国科技统计年鉴》及《中国统计年鉴》。

2. 计量模型

由于用传统的简单线性回归来研究 R&D 投入对创新知识溢出效应的研究可能具有一定的局限性和结论偏差。在考虑创新能力累积效应和 R&D 投入时滞性的基础上，针对中国样本数据的时间序列较少的特征，引入动态面板数据模型来实证分析 R&D 投入对产业集群创新知识溢出效应及其区域差异性。

为了减少宏观经济数据的非平稳性,一般对变量指标采取自然对数形式,本书实证分析的动态面板数据模型为:

$$\ln I_{it} = \sum_{s=1}^{m} a_i \ln I_{i,t-s} + \beta'(L) x_{it} + \lambda_t + \eta_i + v, \quad t = q+1, \cdots, N$$

$$(4-17)$$

其中,i 表示个体(为企业数),t 表示时期(为年度),η_i 和 λ_t 分别为个体固定效应(individual specific effects)和时间固定效应(specific time effects)参数,$x_{it} = (\ln R\&D, \ln SPA, \ln PGDP)'_{it}$ 为个体 i 在第 t 期的解释变量值构成的向量,$\beta(L)$ 为最大滞后阶数为 q 的滞后算子多项式向量,N 表示个体数。

由于模型右边的解释变量包含了被解释变量的滞后项,从而使得解释变量与随机扰动项相关,存在估计的内生性问题,因此采用标准的随机效应或固定效应估计,将导致参数估计的非一致性,广义矩估计(GMM)方法可解决这一估计问题。本书的估计在处理内生性时采用系统内部的工具变量,同时允许解释变量的弱外生性,即必须假定误差项与解释变量当期以及滞后期的值不相关,但允许对未来反馈;在本书模型中,当期产业集群创新能力可以影响解释变量的未来实现值(如人均 GDP 等)。

在上面的限制条件下,将式(4-17)作一阶差分,消除个体固定效应(又称为截面固定效应)后得到:

$$\Delta \ln I_{it} = \sum_{s=1}^{m} a_i \Delta \ln I_{i,t-s} + \beta'(L) \Delta x_{it} + \Delta \lambda_t + \Delta v_{it} \qquad (4-18)$$

其中,$\Delta v_{it} = v_{it} - v_{i,t-1}$,其他差分变量也有类似形式。

GMM 估计通过下面的矩条件给出工具变量集:

$$E[\Delta v_{it} \cdot v_{i,t-1}] = 0; \quad E[\Delta v_{it} \cdot x_{i,t-1}] = 0; \quad E[\Delta v_{it} \cdot \ln I_{i,t-s}] = 0 \quad s \geq 2; \quad t = 3, \cdots, T$$

$$(4-19)$$

上述差分转换方法即为差分广义矩(Difference – GMM,简记为 GMM – Diff)估计方法。但差分转换会导致一部分样本信息的损失,且当解释变量在时间上具有持续性时,工具变量的有效性将减弱,从而影响估计结果的渐进有效性。Arellano 和 Bover 提出的系统广义矩(System – GMM,简记为 GMM – Sys)方法能较好地解决以上问题,它能同时利用差分和水平方程的信息。在观察不到的各地区的固定效应与解释变量的差分不相关的弱假设下，能够得到额外的矩条件，从而给出系统中水平方程的工具变量集：

$$E[v_{i,t-1} \cdot (\eta_i + v_{it})] = 0; \quad E[x_{i,t-1} \cdot (\eta_i + v_{it})] = 0 \qquad (4-20)$$

差分转换所用到的工具变量与水平方程的工具变量，即式（4-19）和式（4-20）中的工具变量，构成系统广义矩估计的工具变量集。系统广义矩估计由于利用了更多的样本信息，在一般情况下比差分广义矩估计更有效。

（二）R&D 投入对高科技产业集群知识溢出效应分析

在本书的实证分析中，模型估计方法采用一步系统 GMM 估计方法。由于各产业集群面板数据本身（如个体数及数据平稳性等）的差异，同时选择 ln 滞后项、ln R&D 滞后项、ln SPN 和 ln PGDP 作为解释变量，若此时估计方法无效，则依次去掉估计方程中估计系数不显著的解释变量，然后进行重新估计，直至得到一步系统 GMM 估计方法有效（估计方程满足有效性和相容性）为止，即要求模型估计同时满足以下条件：Wald（Poit）统计量显著、Sargan 统计量不显著、AR（2）统计量不显著。

利用一步系统广义矩方法，估计得到的 R&D 投入对中国四类产业集群创新知识溢出效应的结果（见表4-1）。

表4-1　　　R&D 投入对高科技产业集群创新知识溢出效应的实证结果（全部专利）

解释变量	四大区域高科技产业集群			
	长三角产业集群	珠三角产业集群	京津产业集群	东北产业集群
lnI（-1）	0.9761 ***	1.0130 ***	0.9798 ***	0.7239 ***
	(0.0261)	(0.000)	(0.0217)	(0.0506)
ln R&D	-0.1775	0.0362 ***	-0.1204 **	-0.0958
	(0.01448)	(0.000)	(0.0490)	(0.0944)
ln R&D（-1）	0.0779	—	0.0782 **	0.0895
	(0.0510)		(0.0377)	(0.0670)
ln SPN	0.1362	—	-0.0940 *	0.1850 *
	(0.1044)		(0.0517)	(0.1043)
ln PGDP	-0.0022	—	0.1832 **	0.1440 **
	(0.0913)		(0.0785)	(0.0696)

续表

解释变量	四大区域高科技产业集群			
	长三角产业集群	珠三角产业集群	京津产业集群	东北产业集群
Wald（joint）	61.46 ***	1.5×1018 ***	220.6 ***	61.71 ***
	[0.000]	[0.000]	[0.000]	[0.000]
Sargan 检验	124.7	40.00	119.5	120.6
	[1.000]	[1.000]	[1.000]	[1.000]
AR（1）	-1.285	1.000	-1.185	-1.676
	[0.199]	[0.317]	[0.236]	[0.094] *
AR（2）	1.169	-1.000	-1.316	1.045
	[0.243]	[0.317]	[0.188]	[0.296]

注：圆括号内数字为回归估计系数的标准差，方括号内为检验统计量值所对应的 P 值；x（-1）为变量 x 的一阶滞后项；Wald（Joint）为解释变量系数的整体显著性检验同计量值；*、**和***分别为 1%、5% 和 10% 的显著性水平；符号"—"为由于模型解释变量的选择而导致被去除解释变量的系数估计值的空缺；表中估计结果通过 Ox 4.02 软件实现，估计方法为系统 GMM 估计方法，其中因变量（被解释变量）若无特殊说明，则均同本表注释。

由表 4-1 的各种统计量值可知：四类产业集群的各种模型估计结果均显示，Sargan 检验统计量的值不显著，接受 GMM 估计工具变量有效的原假设，且 AR 二阶检验统计量值表明模型回归估计的残差序列二阶不相关。因此在本书实证分析中，式（4-19）的动态面板数据模型在统计上具有有效性和一致性；对于各个动态面板数据实证模型，其变量整体显著性的 Wald 检验均在 10% 显著性水平上显著，故所用实证模型对各个变量的系数估计结果至少具有 99% 的置信度。另外，由于表 4-1 中，各产业集群每种面板数据模型估计结果中的变量 $\ln I$（-1）的系数估计值，在 10% 的显著性水平上均显著，且为正值，这进一步说明专利申请量表征的产业集群创新能力具有显著的累积效应，这也说明选择动态面板数据模型的合理性。

由表 4-1 可知，从全部专利的总体检验来看，在四类产业集群中，珠三角产业集群系数 $\ln R\&D$ 系数估计值在 10% 显著水平上显著，京津产业集群的 $\ln R\&D$ 与 $\ln R\&D$（-1）系数估计值在 5% 显著性水平上显著。这表明从专利总体来看，R&D 投入对珠三角产业集群和京津产业集群的创新知识存在显著的溢出效应，而 R&D 投入对长三角产业集群和东北地区产业集群的创新知识不存在显著的溢出效应。由 ln R&D 和 ln R&D（-1）估计系数的符号可知，R&D 投入对珠三角产业集群创新知识溢出效应是正向的，而对京津产业集群创新知识溢出效应是负向的。

第三节　小结

知识溢出是高科技产业集群中的突出现象，通过对高科技产业集群中企业衍生、知识溢出及企业研发等要素进行模型分析发现，高科技产业集群知识溢出的短期效应是企业知识流失；随着企业研发与学习的投入，将会出现知识溢出的长期效应即产业集群中知识存量增加，企业获得和利用外部知识的机会增加，形成高科技产业集群技术升级的良性循环。在考虑区域创新能力累积效应和 R&D 投入的短期时滞性的基础上，本书基于动态面板数据模型，利用一步系统 GMM 估计方法，实证检验了 R&D 投入对中国高科技产业集群创新知识溢出效应，证实了知识溢出效应的区域差异性的存在，主要得出以下结论。

（1）创新知识在不同产业集群均具有显著的累积效应，但 R&D 投入对创新知识的影响在不同产业集群的时滞性却存在显著差异。

（2）就全部专利而言，R&D 投入对珠三角产业集群和京津产业集群创新能力具有显著的知识溢出效应，但对长三角产业集群和东北地区产业集群创新知识溢出效应不是很显著。在知识溢出效应的方向上，R&D 投入对珠三角产业集群创新知识溢出效应是正向的，而 R&D 投入对京津产业集群创新知识溢出效应却是负向的。

（3）R&D 投入对产业集群创新能力的影响存在显著区域差异性。R&D 投入对长三角产业集群的不同程度创新能力均不存在显著溢出效应；R&D 投入对珠三角产业集群的不同程度创新能力均存在显著溢出效应；R&D 投入对京津产业集群的实用新型和发明专利等高层次创新能力具有显著的负向溢出效应；R&D 投入对东北地区产业集群的实用新型专利等中度创新能力具有显著的负向溢出效应。但 R&D 投入对各产业集群的低度创新能力却均不具有显著溢出效应。

基于以上结论，本书认为 R&D 投入对产业集群创新知识溢出效应存在显著区域差异性，且对不同产业集群创新能力的影响也不尽一致。在本书实证分析中，动态面板数据模型的合理性已得到验证，但实证结论中珠三角产业集群的结果有待通过数据长度的增加而进一步验证，这是因为珠三角产业集群面板数据的个体太少，其具体动态面板模型的构建有待进一步研究。另外，有关导致 R&D 投入对产业集群创新知识溢出效应差异性的原因有待进一步探索。

通过分析集群支柱企业知识溢出与衍生企业的形成、发展与生存之间的联系，分析了技术隐性知识和市场先驱隐性知识对产业集群衍生企业的影响；然后通过模型分析产业集群中知识溢出现象对衍生企业现有知识存量的影响，以及面对知识溢出正负两方面的外部性，集群企业将作出选择，得出关于知识溢出与集群企业衍生、企业知识存量变化的相关解释性结论和启示如下。

（1）对于集群支柱企业而言，影响衍生企业产生与发展的问题关键不仅仅是企业的丰富知识本身，更重要的是知识溢出企业对知识的利用，集群支柱企业既拥有丰富的知识又要善于利用知识，这样就容易形成滋生衍生企业的肥沃土壤。集群支柱企业的管理者不应该仅仅接受知识是"双刃剑"的观点，认为知识溢出会导致企业内部竞争，更应关注价值创造与价值利用，从而可以限制竞争。

另外，对衍生企业而言，由于新建衍生企业本身的灵活性，特别是对集群支柱企业的知识继承与共享，新建衍生企业比其他类型新建企业更具有竞争和生存优势。衍生企业与行业知识直接相联系，特别是隐性知识是通过员工本身进行转移的，因此，新企业产生之前的知识走廊似乎非常重要。创建者需要通过招聘具有行业经验的员工，实现知识整合，才能发挥新企业的知识优势、结构优势和企业家精神等优势，获取较强的生存与发展竞争力。

（2）由于企业的初始知识存量是企业最初拥有的研发人员技术水平的叠加，不同时期企业创造及吸收的知识量是由同时期企业研发人员的数量和技术水平决定的，从而企业当前的知识存量可以表示为各时期研发人员实际创造及吸收知识量的总和，即为不同时期研发人员数量和技术水平的知识创造函数和。

另外，企业的知识存量是由企业的知识深度、知识广度、研发人员的数量以及技术水平决定的，但研发人员的数量和技术水平最终会体现在企业通过知识创新所达到的知识深度和广度层面上。因此，企业的知识存量可以用企业的知识广度和知识深度来衡量。由于企业所掌握的知识深度、广度存在差异，导致不同企业的知识存量必然存在差距，促使知识从高位势企业向低位势企业流动，有利于企业之间的技术交流。同时，又由于企业研发人员持续进行知识创新的动力机制，促使企业的知识存量不断提高。知识创新可以增加企业的知识存量，知识存量的多少又会影响自身的知识吸收能力，而企业的研发能力对知识创新能力起着至关重要的作用。研发人员是吸收知识和创造知识的主体，频繁的知识交流会使不同位势的企业相互学习、优势互补，推动不同位势企业相互靠近，促进合作研发关系的形成。

单个企业的知识存量是知识深度和知识广度的函数，其知识存量的增长是由企业自身的知识吸收能力、初始知识存量以及知识创新速度所决定的，知识存量的大小会影响企业的知识共享意愿。研发合作知识存量的增长是由合作成员的知识创新能力、合作成员的知识存量以及知识共享意愿等因素决定的，研发合作的知识生产量随合作成员知识存量和知识共享意愿的增大而增加，但知识共享意愿对合作知识生产量的影响比较有限，企业知识存量的大小是提高研发合作知识生产量的有效途径。因此，企业知识存量是合作知识生产量增加的基础，合作创造的知识量加快了企业自身知识存量的增加，形成相互促进的螺旋式上升，促进合作及其成员知识位势的提高，企业自身以及知识吸收与创新能力是知识存量增长的重要因素。

（3）知识溢出对集群衍生企业知识存量的积极影响表现在以下两个方面：一方面，对于产业集群之外的企业而言，由于存在集群研发学习投入高回报率的预期，导致企业新建子公司在产业集群之外区域的研发学习投入期望回报增长；在产业集群中得不到建立子公司机会的企业将不会立即在其他地方建立子公司，它们将选择进入等待状态，在此期间，企业可能加大研发学习投入，提高自身条件，以便不断尝试寻求下一次在产业集群内建立子公司的机会。企业选择等待是对产业集群内较高的信息、知识、技术及服务回报预期的反应，企业的科技水平、知识含量及生产效率在此阶段通过加大研发投入或学习行为得到提高，从而带动产业集群之外的区域知识存量和技术生产率的整体提高。

另一方面，在产业集群内部，知识溢出可能性越强，短期内出现知识溢出的负外部性即企业知识流失，企业知识存量会减少；但是，知识溢出可能性越强，为了更好地吸收利用外部流动知识，企业选择加大研发投入与学习的可能性也会增加。这最终会促进产业集群中企业知识存量比重的提高和高科技企业总量的增加，从而带来知识溢出的长期积极效应——企业知识获取，企业知识存量增加，集群整体知识资本的平均水平进一步得到提升，为产业集群长期发展奠定基础。

第五章 产业集群中企业研发策略分析

知识溢出与企业研发创新对区域经济增长和发展的重要性日益受到普遍关注，对知识溢出、企业研发的理论和经验研究相对集中在地理空间邻近的作用方面，特别是产业集群内部企业研发行为，从而导致一般的研究都将知识溢出作为区域及企业研发创新行为形成的一个重要的假设因素（Griliches，1998；Cohen，Nelson & Walsh，2002）。众所周知，企业研发活动以及研发活动所产生新知识具有部分公共产品的特征，新的知识或技术生产成本非常昂贵，但是在其再生产时生产成本或者传播成本几乎为零，企业对研发活动与结果的占有部分具有非排他性和非竞争性，因此，企业研发活动存在显著的外部效应，企业研发投资的溢出效应非常明显。

本章结构安排如下：首先，分析产业集群中企业研发动力：专业化分工、知识溢出、集群竞争及集群文化等；接下来分析集群企业研发策略的影响因素；重点是集群企业研发策略进行的博弈分析，主要讨论在集群萌芽期和稳定期集群企业的研发行为选择，最后是案例分析部分，通过实地调研的案例来验证文章的理论分析以及用所得出的理论解释说明现实中的问题。

第一节 集群企业的研发动力

古典经济学的分工理论指出，分工专业可以提高劳动者的生产效率，促进劳动者技术水平的提高，技术的进步又促使分工更加细化，在这样的一个循环中，分工—专业化—技术提高—分工细化……由分工带来生产效率的提高促进了经济的整体增长。在古典理论分析中，产业集群的形成也是分工专业化的结果，在产业集群中存在着横向的和纵向的"分工—协调—专业化"的关系，技术知识的发展进一步促进各个主体的专业化知识积累。产业集群中的企业分工，从知识的角度其实就是一种知识技术的分工，建立在分工合作基础上的集群企业，随着企业之间交流联系的增多，知识溢出效应的增强，也增加了研发合作的可能性。在产业集群中驱动集群企业进行研发创新的动力主要表现在以下几个方面。

一 分工专业化产生的动力

按照古典经济学的分工专业化理论，分工专业化是提高劳动者技术水平的直接原因，分工形成的专业化知识分散存在于不同的劳动个体中，形成所谓的"隐性知识"或者专业知识，每个个体都集中于自己的专业领域，随着分工的进一步细化，技术水平、知识积累进一步加强和提高，大量的积累知识是研发创新的根本和基础。产业集群的企业也是这样，产业集群的分工同样是知识的分工和协助，在产业集群整体上为社会提供产品或者服务的时候，每一家集群企业只是从事整个生产流程的某一个环节，这样的分工专业化同样提高了每一家企业的技术能力和知识积累。

研发创新是一个多方合作的系统工程，需要多个知识主体的合作，集群企业研发创新同样不是简单的某一家企业能够单独完成的。由于分工专业化的程度越来越强，每一家企业都不可能占有所有研发所需要的知识信息，产业集群在空间上的集聚，使企业竞争对手在增加的同时，增加了企业之间研发合作的可能性，产业集群中的这种分工合作机制，能够产生研发创新的协同效应，产业集群中的企业能够实现整体协调，产生功能耦合效应，远大于每个企业的功能之和。随着这种分工协调研发行为的展开，研发成果所形成的知识技术能够很快地得到推广应用，将进一步促进更多研发创新的产生。产业集群中的企业研发活动具有路径依赖特征，只有具备较高知识积累或者知识储备的企业才有可能从事研发活动，在产业集群这种分工专业化的研发方式中每一家企业都能从中获益，形成研发创新的正反馈效应和研发创新的自我增强的循环，能够推动企业不断持续研发创新。

二 知识溢出所产生的动力

集群企业进行研发学习投入，有效吸收外部知识，提高自己的知识存量，是集群企业不断获得可持续竞争力的源泉之一。知识溢出对集群企业研发行为起着重要作用，是集群企业研发创新的重要基础，集群企业的研发行为每一步都需要得到外部知识源的支持，需要关联组织或企业共同协助。知识溢出产生的研发优势效应有利于集群企业提高研发效率、降低研发成本与风险，有助于企业激活内部的隐性知识，形成企业独特的竞争优势。

首先，知识外溢技术扩散所产生的研发动力，产业集群中知识溢出效应明显，企业为了获得外部流动的溢出知识，将会不断地进行学习，给企业研发活动带来持续的动力。产业集群中存在适合企业研发的氛围，企业之间、企业员工之间的正式与不正式的交流合作，能够促使知识、信息、技术快速传播，企业可以从中发现研发创新机遇。

特别是专门技术或生产诀窍等隐性知识，因为产业集群内部很强的交流机制、信任机制等集群因素，这些隐性知识能够通过人员的交流、非正式交往等进行传播、扩散和改进，产业集群中这种大量的溢出知识企业能够很容易地获取，企业对最新研发创新能够较为容易地感知，可以进行知识技术转移和利用，促进企业研发创新的开展。

其次，产业集群学习氛围所产生的企业研发动力，产业集群中的每一家企业面对外部知识技术的新发展，都将进行学习过程或者技术模仿过程，企业通过学习和模仿，追赶技术领先的竞争对手，产业集群中的这种学习氛围很大程度上促进了企业研发动力。由于在产业集群中存在着大量的技术模仿者，对于研发创新者来说，为了保持技术领先，保持竞争优势，企业只有进一步加大新的研发创新，从而带动整个产业集群的技术进步。对于技术模仿者来说，学习本身也是一种技术提高的过程，企业学习需要拥有一定的知识基础，模仿者为了更好地吸收利用外部知识也需要不断提高自己的技术水平。

知识溢出的积极作用能够促使集群企业最大限度、最低成本和最短时间获取所需的各种知识，由此推动产业集群规模的扩张及结构优化整合，促进集群整体知识积累水平的提高，是形成产业集群知识竞争优势的重要因素。

三　集群文化所产生的动力

产业集群本身就是由一系列紧密相关的企业或其他机构组成的，产业集群内许多从事同一产品生产或提供同一服务的企业，集群中企业之间的竞争比产业集群之外表现得更为激烈，每一家企业都试图领先于别的企业，研发创新是一种较为现实的途径。产业集群的研发创新一般是由于某一家企业率先进行研发创新，并且取得研发成果时，将之前的技术水平均衡状态打破，处于不利地位的企业也将进行学习或者开展更高层次的研发创新。在产业集群这种竞争环境中集群企业研发动力十分明显。

集群研发创新文化在集群企业研发活动中起着十分重要的作用，在一个研发创新氛围很浓的产业集群中，每一家企业的研发创新积极性都非常高，能够培养企业研发创新精神和创业精神；相反，在一个产业集群研发创新氛围淡、创新精神不强，集群中的企业也将由于缺乏学习研发动力而不断地走向衰落。

总之，在产业集群体内，企业不但在地理空间上聚集在一起，而且在整个产业链条上处于不同的分工，产业集群的生产链条或者是知识链条有机地将每一家企业联系起来，使集群各个主体逐渐形成一个竞争、合作、研发、学习的整体。知识、技术、信息在产业集群中能够顺畅地扩散，研发成本降低，给整个产业集群带来增值，为企业以及整个产业集群带来了竞争优势，提高了集群整体研发创新能力。

第二节　集群企业研发的影响因素

知识经济时代，大量企业积极进行研发创新，探索开发新产品、新生产工艺或改进现有技术知识，企业开展研发创新活动能够为企业的竞争优势提供一个不可枯竭的源泉。然而，企业之间的研发创新投入不尽相同，造成这种差异的原因有两个方面：一是企业外部因素，企业所处的产业结构因素，即产业集中程度、市场需求刺激、技术机遇、研发支出稳定性或知识溢出存在状况等结构因素对企业研发创新战略产生的影响。这些外在因素共同形成了企业研发创新行为的外部环境（Geroski, 1990；Klevorick, 1995）。一方面是企业的内部因素，企业战略与组织基础等，例如企业规模、企业内部门间的合作机制、人力资源管理流程、自我理财能力、战略多样性以及企业独特能力等企业内部因素对企业研发创新行为产生重大影响。虽然这些内在因素对于企业而言是可以控制的，但是，当企业在决定是否开展研发活动或者如何开展研发创新实践时，这些因素都会影响企业研发行为选择（Henderson & Cockburn, 1994；Cohen & Klepper, 1996）。集群企业研发创新行为选择的影响因素见图 5 - 1。

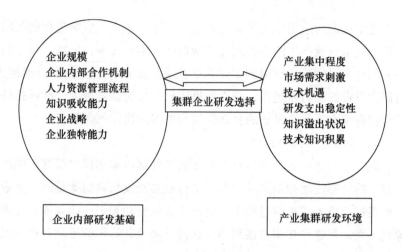

图 5 - 1　集群企业研发行为影响因素

在有关企业研发创新行为的理论研究与实证分析中，需要综合考虑企业行业结构特征和企业内部管理特征，这两种因素共同影响着企业研发创新行为。分析企业内外部两种因素的各自作用，能够解释形成企业研发创新行为过程，可以解释企业行业结构因素和企业内部管理因素之间的相互作用以及这些因素在企业研发创新行为中的影响与重要程度等问题。

一　企业外部影响因素

（一）企业外部技术机遇

企业外部技术机遇是指用于反映不同产业技术进步可能性的概念，该因素表现在耗费时间和成本方面，特定知识领域内（特定行业内）产生研发创新的难易。技术机遇的级别依赖于企业技术领域自身特点、企业发展轨迹、企业存在时间长短以及企业与基础科学的疏远程度等。企业外部技术机遇被用来解释不同行业在技术进步各部门总生产力以及经济增长方面的差异（Harabi，1995）。

人们都注意到，比起其他行业，某些行业更易于取得技术进步，这可能是由科技在不同发展速度和难度与相关行业进步所决定的。关于技术机遇和企业研发创新投入之间的关系，大量研究表明，技术机遇对研发创新活动具有激励作用，企业面临的技术机遇水平同其开展的研发创新投入之间呈正比（Levin，1985；Jaffe，1989）。

技术机遇对企业所得的技术成果种类和样式方面具有关键作用，尤其当考虑到 R&D 开支情况和新开发或改进产品的销售比例时，情况更是如此。对技术机遇的应用拓宽了企业的能力，加大了企业成功进行创新的概率。识别技术机遇产生的生产改良活动提高了生产效率，丰富了技术知识水平；同时，研发员工也得到了学习的机会。因此，企业技术机遇越大，其对研发投资的动力就越强，获得积极成果的可能性就越大，在科技环境中运行拥有高水平科技机遇的企业会进行更多的研发创新投入。

（二）企业外部流动知识

在同一个行业中运行的所有企业在获得外部流动知识时都有相同的机会，溢出的外部流动知识是通过在一个行业总研发指数而衡量的。企业在进行研发创新投入成果的过程中，会产生大量流动知识，而其他企业则可能原封不动地将这些知识直接利用，这种外部公共知识的流动直接构成了所谓的知识溢出。

在一定程度上，某行业的知识溢出同研发支出形成了反比关系。事实上，企业竞争所在行业知识溢出量越大，企业研发支出难度也就越大。知识溢出在加速行业技术进步、增加社会回馈的同时，也在研发领域对私有投资具有抑制作用，这意味着知识溢出减少了企业研发创新投入。这种抑制作用是由两个因素引起的，一方面，创新企业如果看到其投入的成果利用度逐渐降低，它们便会限制对研发的投资。另一方面，模仿企业（知识的吸收者）如果可以利用公共技术知识，只要外部知识可以替代内部知识，而不仅仅是对内部知识的补充，它们将抑制任何研发活动（Levin & Reiss，1988）。这一抑制作用的大小依赖于存在于任何特定环境的知识溢出的水平和本质，也依赖于企业间的竞争强度。在此基础上推理分析，在微观经济或企业层次上，从研发投资决策角度来讲，在具有高水平溢出的科技环境中运行的企业对研发创新的投入相对较少。

从另一角度分析，企业之所以能够有效获取外部知识，是因为其原先在企业内部曾经生成大量知识，这一过程才使企业可以理解、评估并且应用其所处环境内的知识。当然，企业获得外部知识并不是毫无代价的，实际上，企业获得这样一种知识吸收能力是企业内部研发（R&D）活动的结果之一，因为企业需要预测同研发（R&D）活动相关的成本（Cohen & Levinthal，1989）。

这一观点导致了先前对知识溢出同研发（R&D）创新投入之间关系假设的修正。事实上，知识受其生产者保护这样事实并不意味着知识将被其他竞争者所模仿。只有当存在企业能够吸收这种知识的环境，模仿才会发生；如果不存在这种环境，研发创新企业就会得到由其投入带来的足够赔偿，知识溢出对企业研发活动的抑制作用也就不会存在了。

二 企业内部影响因素

企业外部技术机遇和知识溢出这两个与行业结构相关的因素将影响企业的创新投入水平，然而，企业内部特色自身也会影响创新活动，特别是企业的知识吸收能力。企业知识吸收能力是企业识别、同化吸收外界知识，并将其用于商业用途的能力。企业知识吸收能力越来越被人们认识到是决定企业创新投入最显著的商业特征（Veugelers，1997）。

正如 Cohen 和 Levinthal（1990）所指出的，企业评估并利用外部知识的能力基本上是先在相关知识的一个功能。在其最低层次上，先在知识视为包含企业基本能力或甚至是企业共享语言，但是也可指示企业对特定领域最新科技进步的认识。这些先在知识是以企业进行的自身研发活动而产生的附产品的形式出现的，知识吸收能力对创新活动生产力具有积极效果，并可以提高新产品发展过程的效率，企业可以获得利用知识的多种范畴，并将其视为吸收能力本质的功能（Stock et al.，2001）。企业知识吸收能力构成了企业内部成功进行技术知识转化的一个因素，最重要的是，其在达成技术合作协议时，企业知识吸收能力起的作用被认为是促成其成功的重要因素（Shenkar & Li，1999）。

企业现在的吸收能力依赖于过去的创新投入，虽然考察企业知识吸收能力同企业研发创新投入关系的实证研究并不多见，事实上，企业知识吸收能力和企业研发创新投入的关系是紧密相关的，过去有研发创新记录的企业，在当前会加大研发创新投入（Becker & Peters，2000）。由于企业处于利用各种知识资源的有利地位，无论这些资源是内部的还是外部的，过去成功积累一定知识吸收能力的企业，当前创新的可能性相对更大，即具有更强吸收能力的企业会进行更多的创新投入。

通过上述分析，在企业研发创新行为中，影响因素主要来自企业外部和企业内部，在企业外部对企业研发行为的影响行业因素主要有：技术机遇和知识溢出状况；在企业内部对企业研发行为的影响行业因素主要有：企业研发创新投入和企业知识吸收能力。技术机遇和知识溢出，这两个因素都同企业活动中知识领域紧密相关，企业所在外部环境为其提供了技术机遇；企业正是依靠自己的知识吸收能力才和学习能力才接触这些机遇，企业的知识吸收能力与学习能力在很大程度上影响着企业研发创新行为，企业知识吸收能力是企业内外知识联系的重要因素。

企业研发创新投入反映了一个企业在一定时期内进行的研发创新活动的资源量。研发创新投入的测量通常有两种方式，一种是绝对测量方式，即测量研发（R&D）支出、研发人员数量和研发时间长短等，另一种是相对测量方式，即测量研发支出占销售额的比重、研发支出与总员工数量的比重等。以上两种研发创新投入的测量方式有一个共同点，即它们都能显示企业内部以研发为形态对创新过程的输入。

虽然这些研发创新投入的测量方式应用广泛，但是，它们都趋于过低地估计企业对研发创新的真正投入，仅用研发（R&D）活动并不能完全识别出一个企业的全部研发创新投入。企业全面的研发创新投入，还应该包含研发（R&D）活动支出以及操作前后的学习支出等。企业研发创新投入的绝对测量方式和相对测量方式则忽略了其他蕴含于企业内的各种学习使用费用，比如，通过实践，边做边学，在生产活动的同时产生知识技术的资源费用；通过使用，边用边学，客户使用企业产品时通过对不同方法的观察发现所获得知识技术的费用；以及通过失误，对上层管理部门的错误决定进行分析而得到的资源费用；等等。上述三种学习方式同样形成了企业不断的新技术知识来源，企业无意识地将这些知识转化到具有强大竞争作用的研发创新活动中。很明显，企业利用这些学习资源对其研发创新投入产生重要的影响。

当然，企业研发（R&D）开支与销售额之间的比率仍被视为研发创新投入的一个较好测量方式，企业也习惯倾向于研发（R&D）开支可以代表其研发创新力度和倾向性，对研发（R&D）活动的投入就是这种倾向的指示器，特别是对于基于化学、电学和电子等理工学科的行业部门，这些测量方式对于评估这些行业部门的研发创新投入是最合适的。

在具有高水平技术机遇环境中运作的企业，在研发（R&D）投资方面更为积极。当然，技术机遇因素并不完全是外生因素，其对企业研发（R&D）创新投入的影响依赖于企业的内部特征（Teece，1997）。企业应用这些技术机遇的程度，在很大程度上依赖于其可以掌握的知识和能力。只有积累了一定量的知识并拥有一定吸收能力的企业才能利用技术机遇库（Klevorick，1995）。相反，未达到最少知识积累的企业不能享受隶属于良好技术机遇环境所带来的诸多溢出。技术机遇和研发（R&D）创新投入这两个因素之间的关系取决于企业的知识吸收能力因素，企业知识吸收能力的存在对于任何规模的技术机遇对研发（R&D）创新投入的影响，都具有必不可少的作用。

通过分析企业外部因素和企业研发创新投入之间的关系显示，技术机遇和企业研发创新投入之间存在积极的关系，这意味着在具有最大进步潜能的科研环境中，企业最容易进行研发创新。同样，企业内部的知识吸收能力和企业研发创新投入之间也存在重要而积极的关系，具有较强知识吸收能力的企业能够利用其他企业所创造的知识，从而具有更强的获取利润的能力。比起其他变量，企业知识吸收能力具有最强的解释作用，在企业内部因素中，企业知识吸收能力，在决定企业研发创新投入方面比行业因素更为重要。

第三节 集群企业研发策略分析

知识溢出是在知识交流与交易过程中不断进行的权衡与博弈。知识溢出是知识扩散的形式之一，通过不断的知识积累提高了整个社会的资本生产率，使得知识、资本、劳动力等投入要素具有递增收益，从而促进长期稳定的经济增长。但溢出效用造成的知识资产流失、高投入低收益等负面效应却影响了知识个体的创新积极性，不利于保护知识创新者的合法利益。同时"知识披露悖论"的存在也使得知识拥有者裹足不前，因为合作的结局往往是一方面合作半途而废，合作收益成为空中楼阁；另一方面自己的知识资产却在合作的交流与谈判中被合作方窃取甚至被挪用，最终丧失了知识和技术的主动权。

产业集群一个基本属性是集群单元间协作竞争产生集聚能量，集群单元间通过公共设施、资源、信息、劳动力等方面的交流合作，产生协同效应，比企业单独运作时获得更多的收益。

因此，产业集群各单元间的研发合作是一种非零和博弈，本书通过建立博弈模型来分析产业集群发展过程中的产业集群萌芽期和稳定期的企业研发选择策略。

一 产业集群萌芽期企业研发策略

在产业集群萌芽期，由于集群介质较少，集群单元间的随机结成的合作联系的次数也较少，因此，可以利用囚徒困境模型来分析此阶段的企业研发策略。

（一）模型的假设

（1）产业集群内的集群单元都是理性的经济人；

（2）每个集群单元都知道其他企业的选择战略；

（3）每个集群单元都会在研发合作方战略给定的条件下选择适当的战略来实现自己的报酬最大化；

（4）集群单元可以选择的研发战略只有两种：合作和不合作；

（5）A企业与B企业采取有限次重复策略选择。

（二）集群萌芽期企业研发选择博弈模型的构建

假设集群单元有A和B两类企业，它们之间建立研发合作的博弈的支付矩阵为图5-2。其中前一个数字是A企业的所得，后一个数字是B企业的所得。对于A企业来说，若B企业采取合作策略，A企业可能获得的利润是50或60，依据"经济人"的假设，A企业一定会选择不合作，获得60的收益；若B企业采取不合作策略，A企业获得的利润是40或45，此时，A企业为了实现自身利益最大化会选择不合作策略获得45的收益，则无论B企业采取何种策略，A企业都会采取不合作策略。同样道理，B企业也会采取不合作策略。所以，（不合作，不合作）成为该策略组合的唯一的纳什均衡，A企业获得45的收益，B企业获得45的收益，总利润为90，这与帕累托最优策略的（合作，合作）获得总利润100相背离。

A企业和B企业都知道采取合作研发策略可以获得更大的收益，但是根据假设二者进行有限次策略选择，其博弈的最终结果与进行一次博弈的结果相同，二者都会选择不合作策略。这主要是因为在有限次重复博弈中，任何一方在最后一阶段选择不合作研发策略，不会导致其他参与人的报复，则所有参与人都会在最后一阶段的博弈中选择自己的占优策略，即不合作研发策略。既然所有参与人都会在最后阶段采取不合作策略，那么，在倒数第二阶段也就没必要担心采取不合作研发而遭到报复。因此，所有参与人在倒数第二阶段也会选择自己的占优策略，采取不合作研发策略。

以此类推，可以得出结论：A企业与B企业进行有限次重复博弈选择，存在阶段性的唯一纳什均衡（不合作，不合作），则该阶段性的纳什均衡解就构成了重复有限次博弈的唯一子博弈精炼纳什均衡解。

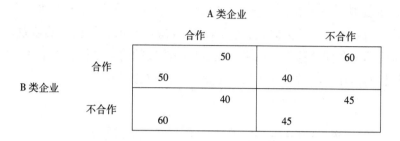

图 5 - 2　A 类和 B 类两类企业的博弈支付矩阵

在产业集群萌芽阶段，集群单元虽在某一特定区域集聚但本质上并非形成真正的产业集群，集群的内部界面和外部界面都不完善、没有形成内部企业间有效的交流平台和可信的威胁惩罚机制，致使相关企业间进行有限次合作博弈，虽然都知道（合作，合作）为帕累托最优策略，但为了防止竞争对手不合作行为的发生，每个参与企业都会选择自己的占优策略，即不合作策略，则（不合作，不合作）就构成了该阶段下相关企业间有限次合作博弈的唯一纳什均衡解。因此，此阶段产业集群内相关企业间结成的研发合作关系呈现出不稳定的状态。

二　产业集群稳定期企业研发策略

在产业集群处于形成期向稳定期过渡阶段时，集群各主体单元间进行物质、资源、信息、能量等交流和传导的媒介、机制已基本形成。集群内的市场机制、对话平台、信任机制、规章制度对其内部的相关企业产生了约束作用，相关企业合作交流的产品种类、规格等形成了统一的标准。可以说，理性的企业为了实现自身利益的最大化，彼此间有意愿建立合作竞争关系，并且这种合作竞争是一种动态选择过程。因此，可以通过建立集群内主体单元间的协作竞争博弈模型来分析集群企业的创新研发行为，若集群企业在动态选择过程中都采取合作的策略，则集群创新研发行为就达到一种稳定的状态。

（一）集群稳定期企业研发选择博弈模型的特征

（1）集群企业选择的不确定性。每个企业从自身利益最大化进行策略选择，在动态选择过程中，当合作有利时，会选择合作策略；反之，采取不合作策略。当企业选择不合作时，会给合作方带来一定的损失和风险。

（2）重复博弈。集群企业间建立的合作伙伴关系是重复多次的，企业可以观察到对方过去的策略选择，每一阶段博弈间没有物质上的联系，即前一阶段的企业博弈选择的结果不改变后一阶段的博弈结构，企业关心的是一种长期信任的收益，并不仅仅考虑一次的收益（见图5-2）。

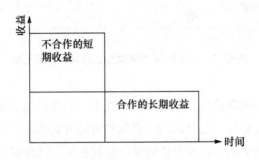

图5-3 企业研发博弈收益

（3）非零和博弈。协同竞争的结果可以使合作双方都获得收益，参与人的总支付（总收益）是所有阶段博弈支付的贴现值之和。

（二）集群稳定期企业研发策略选择博弈模型构建

为了建立模型及简化计算，本书做以下假设。

（1）产业集群内由 n 个企业构成，企业间为了能够获得研发租金，彼此间进行信息、资源、人才等要素的交流与合作，每次合作的总投入为 T，而每个企业所占的比例为 a_i，且 $a_1 + a_2 + a_3 + \cdots + a_n = 1$。

（2）若企业间相互信任，彼此采取合作研发策略，则合作研发能量为 R，按照不同企业的投入比例进行分配，其研发能量大小与合作研发效应系数 k（$k > 1$）呈正相关。若企业间相互不信任，彼此采取不合作策略，则合作研发能量不产生，此时假设彼此的支付都为0。若集群内，一些企业采取合作策略，另外一些企业采取不合作策略，则合作企业的投入完全被不合作企业所获得，致使合作企业在以后的行为选择中采取不合作策略。

（3）产业集群内企业的研发合作行为受到一种正反馈激励，用 β（$\beta > 0$）表示合作激励因子，研发合作具有正向累积性，每次合作都会在原来的基础上受到一次正的激励，即研发合作次数越多，合作越默契，合作激励因子越大，研发合作产生的能量也就越大。

（4）产业集群内具有集体惩罚机制，将对不合作的企业采取惩罚，若 i 企业采取不合作行为，集群内的其他企业今后都将会与它采取不合作行为，此时，i 企业在集群内的投资产生沉没成本 C_i，$C_i = a_i I \mu$，其中，$\mu = \alpha q$ 表示为集群的集体惩罚强度，α 为惩罚指数。合作研发界面越好，α 越大；其他企业合作概率越大，α 越大，表示对不合作企业集体采取的惩罚力度越强。

（5）贴现因子为 δ，$0 < \delta < 1$，这里所指的贴现因子 δ 不仅指贴现率，还受到企业对未来预期的影响。

（6）为了讨论方便，本书这里假设存在两类企业 F 和 –F，F 类企业采取合作研发策略的概率为 p，对应不合作的概率为 $1 - p$，而 –F 类企业采取不合作策略的概率为 q，不合作的概率为 $1 - q$。

基于以上假设，F 类企业与 –F 类企业建立的协同竞争重复博弈的支付矩阵见表 5–1。

表 5–1　　　　　　　　　　集群企业竞争合作博弈的支付矩阵

状态		–F 类企业	
（概率）		合作 q	不合作 $1 - q$
F 类企业	合作 p	Π_{1i}　Π_{1-i}	Π_{2i}　Π_{2-i}
	不合作 $1 - p$	Π_{3i}　Π_{3-i}	Π_{4i}　Π_{4-i}

下面根据假设仅对 F 类企业进行策略选择的支付情况进行分析，在相同策略决策环境下，–F 类企业的行为选择与 F 类企业相同。

第一种状态，集群内企业都采取合作行为，则 F 类企业的收益份额为：

$$\Pi_{1i} = \sum_{j=1}^{n} pq k a_i I (1 + \beta)^{j-1} \tag{5-1}$$

第二种状态，当 F 类企业采取合作策略而 –F 类企业采取不合作策略时，F 类企业不仅不能够获得研发合作的合作能量，还将会由于 –F 类企业采取不合作策略而使得最初的投入由 –F 类企业获得，则 F 类企业的收益份额为：

$$\Pi_{2i} = -p(1-q) a_i I \tag{5-2}$$

第三种状态，当 F 类企业采取不合作行为，而 –F 类企业采取合作行为时，此时，F 类企业的收益为最后一阶段合作时 – F 类企业投入的损失和共生体对 F 类企业采取的惩罚，并且此后其他企业都将对它采取不合作行为。则 F 类企业的收益份额为：

$$\Pi_{3i} = (1-p)q(1-a_i)I - C_i = (1-p)q(1-a_i)I - a_i I \alpha q \qquad (5-3)$$

第四种状态，当两类企业都采取不合作策略时，F 类企业的收益份额为：

$$\Pi_{4i} = 0Z \qquad (5-4)$$

从 F 类企业的角度来分析收益函数，假设 F 类企业对自己的选择具有完全信息，而集群内的 – F 类企业具有不完全信息，F 企业的策略选择主要取决于他选择合作时 $p=1$ 的期望收益和它选择不合作时 $p=0$ 的期望收益之差，用 $\Delta\Pi_i$ 表示，只要 $\Delta\Pi_i \geq 0$ 时，F 类企业选择合作策略。

$$\Delta\Pi_i = \Pi_i(p=1) - \Pi_i(p=0) \qquad (5-5)$$

$\Pi_i(p=1)$ 表示其他企业选择合作策略时 F 类企业选择合作策略的收益与其他企业选择不合作策略时 F 类企业选择合作的收益之和：

$$\Pi_i(p=1) = (\Pi_{1i} + \Pi_{1i}\delta + \Pi_{1i}\delta^2 + \cdots + \Pi_{1i}\delta^n) + (\Pi_{2i}) = \Pi_{1i}\frac{1-\delta^n}{1-\delta} + \Pi_{2i}$$
$$(5-6)$$

将式（5–1）、式（5–2）代入式（5–6）得：

$$\Pi_i(p=1) = \sum_{j=1}^{n} pqka_i I(1+\beta)^{j-1}\frac{1-\delta^n}{1-\delta} - p(1-q)a_i I \qquad (5-7)$$

$\Pi_i(p=0)$ 表示其他企业选择研发合作时 F 类企业选择不合作时的收益，这将遭到其他企业的惩罚，在以后各阶段也采取不合作策略。

$$\Pi_i(p=0) = (\Pi_{3i} + \Pi_{4i}\delta + \Pi_{4i}\delta^2 + \cdots + \Pi_{4i}\delta^n) \qquad (5-8)$$

将式（5–3）、式（5–4）代入式（5–8）得：

$$\Pi_i(p=0) = (1-p)q(1-a_i)I - a_i I \alpha q \qquad (5-9)$$

将式（5–7）、式（5–9）代入式（5–5）得：

$$\Delta\Pi_i = \sum_{j=1}^{n} pqka_i I(1+\beta)^{j-1}\frac{1-\delta^n}{1-\delta} - p(1-q)a_i I - (1-p)q(1-a_i)I -$$
$$a_i I \alpha q \geq 0 \qquad (5-10)$$

由于 $(1+\beta) > 1$，$n \to \infty$ 时，$\frac{1-\delta^n}{1-\delta} > 1$，则 $\sum_{j=1}^{n} pqka_i I(1+\beta)^{j-1}\frac{1-\delta^n}{1-\delta} > pqka_i I(1+\beta)^{j-1}$。

因此，若 $pqka_i I(1+\beta)^{j-1} - p(1-q)a_i I - (1-p)q(1-a_i)I - a_i I \alpha q \geq 0$

成立，式(5-10)也会成立。

通过求解不等式得：

$$a_i \geqslant \cfrac{1}{k(1+\beta)^{n-1}+2+\alpha-\cfrac{1}{q}} \tag{5-11}$$

在相同策略决策环境下，-F 类企业的行为选择与 F 类企业相同。

$$a_{-i} \geqslant \cfrac{1}{k(1+\beta)^{n-1}+2+\alpha-\cfrac{1}{p}} \tag{5-12}$$

所以，我们可以得出集群内 F 类企业与 -F 类企业研发投资比例满足式（5-11）、式（5-12），相关企业都愿意采取合作研发策略，此时，集群企业研发合作行为达到稳定的协同竞争状态。

（三）稳定期企业研发策略选择博弈模型的结论

（1）在产业集群中，当研发合作效应系数 k 较大时，企业间协同竞争能够产生较大的研发合作能量，即使企业自身在集群内总投资所占比例不大，企业也倾向于采取合作的行为。可以说，企业彼此合作研发，产生的收益较高时，研发合作共生体较为稳定，研发合作能量的产生是集群的一个基本属性。

（2）在集群中，当相关企业彼此间研发合作次数较多时，或者内部研发合作单元间形成的合作关系较密切时，产生合作的正向激励累积作用就会较大，此时，企业彼此倾向于研发合作，研发合作共生体处于稳定状态。

（3）在产业集群中，当结成研发合作关系的不同企业都具有较强的合作意愿时，研发合作关系较为稳定。

（4）当研发合作界面较为完善，即合作的企业间在资源、产品、信息等方面达成了一致的标准、形成了交流合作的渠道和媒介，并建立了完善的市场机制、法律法规等规则机制，研发合作单元间可以较为顺利的交流，并能够对不按照规章履行合作行为的企业采取可信的惩罚时，企业间建立的研发合作关系较为稳定。

三 集群企业研发策略的经济学解释

进入知识经济时代，知识资源成为企业的重要资源，其稀缺性对企业的持续生存与发展提出新的挑战。在产业价值链中，研发已经成为企业获得利润的重要来源，也是企业核心价值的重要组成部分。由于中国企业大多处于产业价值链的中下端，进行原始的加工制造，利润空间较小，在与国际企业的竞争中处于劣势地位。同时，国内企业的研发基础比较薄弱，为了在激烈的竞争环境中生存下去，国内企业开始寻求研发合作伙伴来获取互补资源，通过合作研发来分担研发风险并降低成本，提高研发效率。

（一）产业集群发展不同阶段企业的研发策略选择

集群企业之间建立合作研发关系的优势可以归纳为以下六点：一是现代科学技术的日益复杂，使得任何一个企业都不可能从其内部获得它们所需要的全部技术资源，同大学、科研机构或其他企业建立合作研发就成为它们的有效选择；二是减少或分担研究开发活动的不确定性，这种不确定性带来的创新风险使企业可能得不到预期的研究成果；三是科技资源的稀缺，通过合作研发，协调不同类型的高技术人才进行合作，可以避免资源的重复配置；四是获得持续的竞争优势，国际企业通过研发合作建立某些技术标准严重威胁国内企业的市场地位，国内企业只有建立具有自主知识产权的技术标准才能获得核心竞争力；五是合作研发比企业自身研发可以获得更大的知识深度和知识广度；六是产业集群中，其核心企业发挥着关键作用，对合作研发关系的构建和维持有重要影响。

在产业集群发展初期，集群单元虽在某一特定区域集聚但本质上并非形成真正的产业集群，集群的内部界面和外部界面都不完善、没有形成内部企业间有效的交流平台和可信的威胁惩罚机制，致使相关企业间进行有限次合作博弈，虽然都知道合作研发为帕累托最优策略，但为了防止竞争对手的不合作行为的发生，每个参与企业都会选择自己的占优策略，即不合作策略，则不合作研发就构成了该阶段下相关企业间有限次合作博弈的唯一纳什均衡解。因此，此阶段产业集群内相关企业间结成的研发合作关系呈现出不稳定的状态。

随着产业集群的发展和不断成熟，在产业集群中，企业间协同竞争能够产生较大的研发合作能量，即使企业自身在集群内总投资所占比例不大，企业也倾向于采取合作的行为。可以说，企业彼此合作研发，产生的收益较高时，研发合作共生体较为稳定，研发合作能量的产生是集群的一个基本属性。当相关企业彼此间研发合作次数较多时，或者内部研发合作单元间形成的合作关系较密切时，产生合作的正向激励累积作用就会较大，此时，企业彼此倾向于研发合作，研发合作共生体处于稳定状态。

到了产业集群发展成熟时期，在产业集群中，当结成研发合作关系的不同企业都具有较强的合作意愿时，研发合作关系较为稳定。研发合作界面较为完善，即合作的企业间在资源、产品、信息等方面达成了一致的标准、形成了交流合作的渠道和媒介，并建立了完善的市场机制、法律法规等规则机制，研发合作单元间可以较为顺利的交流，并能够对不按照规章履行合作行为的企业采取可信的惩罚时，企业间建立的研发合作关系较为稳定。

（二）集群企业研发策略选择的经济学解释

知识溢出与集群企业研发策略选择的理论解释是，知识交流与交易过程中的博弈本质上是信誉与利益的较量与权衡。一个重复参与相同知识博弈的参与人可能会试图建立一个对于特定行为方式的声誉。如果一个参与人总是以同样的方式进行博弈，那么他的对手就会预测他的博弈模式从而相应地调整自身的行为。重复次数的重要性来自于参与人在短期利益与长远利益之间的计算权衡。当博弈只进行一次时，每个参与人只关心一次性的支付；但如果博弈重复多次，参与人可能会为了长远利益而牺牲眼前利益从而选择不同的均衡战略。尤其当一个参与人的特征不为他人所知时，该参与人有积极性建立一个好的声誉以换取长远的利益。此时，重复次数将对均衡结果的出现产生重大的影响。

可以通过增加交易次数建立知识博弈声誉模型以解决专用性资产所产生的"套牢"效应问题。这一思路也可证明，知识资产拥有者在知识溢出量一定的前提下，通过减少单次溢出量、增加溢出次数，有利于建立良好的声誉从而促进长期合作的进行。也就是减少单位时间内知识溢出的绝对数量，以增加知识溢出频率的方式保证知识交流与交易过程中，知识拥有者能够获得知识优势地位和良好声誉。

还可以通过一个知识合作假设来分析知识外溢的途径、过程及结果。假设，甲为知识资产的拥有者，期望通过合作实现知识价值获得知识资产的增值收入。乙为被寻求到的合作者，其投入为 I，可以是知识、资金、劳动力或这些资源的组合。甲希望促成合作的成功，因此愿意显示其合作诚意，可称其为"声誉人"。乙采取针锋相对策略，即若对方合作则合作，若对方偏离合作则放弃。乙将甲的主动知识溢出行为视为合作的信号，针对主动知识溢出而采取相应的积极态度促成合作的成功。

再设 e 为知识溢出的主动程度，是分布于（0，1）区间的随机变量，即 $0 < e < 1$。当 $e=0$ 时，表明甲完全被动溢出知识，此时可以认为完全被

动溢出代表着完全没有合作意向，合作方将终止合作，所以 $e=0$ 不成立。当 $e=1$ 时，表明甲完全主动溢出知识，此时可以认为完全主动溢出知识代表着自有知识资产的完全暴露。这种状况也不会出现，因为从甲的角度看，作为理性的知识投资行为人，虽然会主动溢出部分知识以建立合作声誉，但不会完全溢出所有知识而丧失主动权。而乙即便采取针锋相对策略，其理性目的也是获取自身利益的最大化，若能无成本地完全占有甲的知识，则会退出合作，知识披露悖论出现。所以 $e=1$ 不成立。e 在区间（0，1）之间随机分布，越趋向于1，表明甲知识溢出的主动性越强。

另设当 e 无限趋向于1时的合作收益为 R，双方以 S 的比例分享合作收益，即甲获得 SR，乙获得 $(1-S)R$。此收益为期望的理想收益，双方合作不会终止而收益趋于最大化。在实际合作中，甲不可能完全溢出知识，而是以 e 的大小程度有控制的、部分地溢出知识，所获得的实际合作收益为 R'，双方按照 S 的比例分享合作收益，甲获得 SR'，乙获得 $(1-S)R'$。e 调节着收益的大小，e 越大，表明甲越主动溢出知识，收益值越大；e 越小，表明甲越被动溢出知识，收益值越小。因此，实际收益值与理想收益值之间存在如下线性关系：$R'=eR$。

知识溢出与集群企业研发策略选择的现实解释是，随着甲主动溢出知识程度的加大，乙认为甲表明了积极的合作态度与合作诚意，也积极投入合作，从而对合作收益的期望门槛放得越来越低。即只要有良好的合作诚意，即便合作收益较小，双方也会积极争取合作的成功。这一结论对于需要合作才能实现预期目标的企业而言具有重大的意义。即在自身难以独立完成某一任务而需要合作时，即便预期的合作收益较低，也可以通过主动的自我知识显示赢得合作方的信任和合作的实质性进行。

第四节　案例分析

一　案例背景介绍

本调研案例分析是教育部人文社会科学重点研究基地重大项目"西部企业发展中的障碍与制约机制"（项目编号是05JJD790021）的阶段性工作。笔者在项目中主要负责研究西部产业集群发展障碍及其对西部经济发展的制约。西部经济的发展很大程度上取决于西部企业的发展，西部企业在生产经营过程中面临着多种障碍,调查、识别、比较和归纳这些障碍因素,并进一步探讨西部企业发展的制约机制,具有重要理论价值和实践意义。

在理论上,运用现代企业发展、区域开发和组织管理的一般理论,对西部企业发展的障碍因素与制约机制的基本问题进行较为系统、深入全面的理论分析,包括分析西部企业所面临的外部障碍因素与内部障碍因素,明确关键障碍因素,并且深入探讨这些关键障碍因素对西部企业发展的制约机制。这将有助于对相关理论在结合西部企业发展问题上解释力的增强,在理论上对西部企业发展问题有更为透彻、深刻和更加符合实际的认识,更重要的是,对这些理论本身是一种深化与拓展,丰富了企业发展理论,尤其是特定区域企业发展理论。

在实践中,为了抢占国际经济竞争的制高点,各国、各地区都非常重视发展自己独特的产业集群特别是高科技含量、高附加值和高竞争力的高技术产业集群。中国同样面临国际经济竞争的压力,各地方政府也大力发展自己的产业集聚区,促进产业集群的发展。

对于西部地区来说,改革开放 30 多年来,随着中国经济的高速增长,由于历史、自然、地理等因素,西部地区的经济发展一直落后于全国其他地区,特别是严重落后于东部地区。虽然西部大开发政策制定实施十年来,西部地区的经济实力、社会结构、基础设施等有了明显的改善和提高,但是,从东西部地区经济发展横向比较来看,西部大开发政策实施十年来东西部地区经济发展差距依然很大(东西部经济发展差距如表 5 - 2 所示)。西部地区各省、直辖市、自治区都相应地制定和出台了自己的产业振兴规划和产业集群发展计划,但是在产业规划和产业集群发展计划实施的过程中存在一定的困难和问题,因此,有必要进一步研究和分析西部地区产业集群发展现状和障碍,希望对理论研究特别是对西部地区经济增长和产业集群发展现实有所启示。

表 5 - 2　　　　　2008 年中国东西部地区主要经济指标差距比较

主要经济指标	全国总计	东部地区		西部地区	
		绝对数	占全国比重 (%)	绝对数	占全国比重 (%)
国内(地区)生产总值(亿元)	300670.0	177579.6	54.3	58256.6	17.8

续表

主要经济指标	全国总计	东部地区		西部地区	
		绝对数	占全国比重（%）	绝对数	占全国比重（%）
人均国内（地区）生产总值（元）	22698	37213	—	16000	—
全社会固定资产投资总额（亿元）	172828.4	77735.5	46.0	35948.8	21.3
城镇居民可支配收入（元）	15781	19203	—	12971	—
农村居民人均纯收入（元）	4761	6598	—	3518	—

资料来源：根据 2009 年《中国统计年鉴》整理而得。

二　案例调研过程

1. 调查问卷设计阶段

（1）调研企业行业和企业的选择。为了更为深入地分析西部地区产业集群发展现状与存在问题，调查和甄别阻碍和制约西部地区企业产业集群发展的原因，课题组首先讨论和分析调研行业类别和具体预调研企业的选择问题。

首先，是调研企业行业的选择，由于西部企业种类齐全，门类繁多，同样不可能选取所有行业、所有企业作为调查研究的对象，通过课题组成员研究讨论，选取西部制造业企业作为调研对象企业。其一，西部的制造业企业具有悠久的历史背景，在新中国成立之初，从整个国家的整体利益出发，大批的制造型企业设置在西部地区，经过 50 多年的风雨之后，制造业依然是支撑西部经济的主体行业。其二，制造业属于典型的企业类型，具有产业链条长，生产周期长的特点，一般包括研发、生产、销售、原材料供应等各个环节，便于分析研究企业障碍和原因。另外，在选取西部制造业企业的同时，考虑到将来研究数据的可获取性以及企业资料的保密原则，倾向于选择西部制造业企业中上市公司作为主要的调研对象。其三，西部地区除西藏外，其装备制造业门类比较齐全，分布在 7 个大类、

37 个中类，装备制造业是西部地区陕西省、四川省、重庆市、广西壮族自治区等省市自治区最大的工业行业，也是其支柱产业之一，在地方国民经济发展中，占有举足轻重的地位，对地方经济贡献显著。从表 5-3 中可以看出，2006 年四地装备制造业总产值占全省（市、自治区）工业总产值的比重均超过了 20%，重庆市更是高达 48.01%，装备制造业对 GDP 的拉动率也均超过了 20%，重庆市和陕西省分别高达 55.20% 和 45.13%。

表5-3　　2006 年西部地区主要省市自治区装备制造业对地方经济的贡献

	四川省	重庆市	陕西省	广西壮族自治区	贵州省	云南省	甘肃省
装备制造业工业总产值（亿元）	1164.85	1142.27	816.88	495.13	196.53	186.72	171.65
全省工业总产值	5233.93	2567.70	3049.96	2532.03	1916.04	2938.37	2052.62
占全省（市、自治区）工业总产值比重（%）	21.38	48.01	26.17	23.47	10.45	5.65	6.35
装备制造业对 GDP 的贡献率（%）	5.42	10.24	9.49	4.41	3.36	1.35	2.31
装备制造业对 GDP 的拉动率（%）	26.02	55.20	45.13	20.81	18.72	6.63	11.95

资料来源：根据各省（市、区）2005 年、2006 年统计年鉴整理而得。

其次，在具体预调研企业的选择问题上，由于西部地区范围极广，共 12 个省直辖市自治区，不可能对每一个省、直辖市、自治区的企业都进行调查，通过课题组研究分析选定陕西省、甘肃省、青海省三省的装备制造业企业为预调研企业，因为这三个省从东到西分布，从中国西部地区最东的省份——陕西省延续到内陆省份——甘肃省一直到中国的最内陆省份——青海省，这三个省的区域分布从东向西呈阶梯形，在以后的研究分析中具有可比性。因此，确定预调研西部地区企业名单与分布（见表 5-4）。

表5-4　　西部地区企业发展中的障碍与制约机制课题组重点调研企业名单

序号	企业名称	所在省市	备注
1	青海华鼎实业股份有限公司	青海省西宁市	上市公司
2	西宁特殊钢股份有限公司	青海省西宁市	上市公司

序号	企业名称	所在省市	备注
3	青海机电国有控股公司	青海省西宁市	
4	青海洁神装备制造集团有限公司	青海省西宁市	
5	天水星火机床有限责任公司	甘肃省天水市	
6	天水海林轴承有限责任公司	甘肃省天水市	
7	兰州电机有限责任公司	甘肃省兰州市	
8	兰州长城电工股份有限公司	甘肃省兰州市	上市公司
9	兰州石化集团公司	甘肃省兰州市	
10	陕西汽车集团有限责任公司	陕西省西安市	
11	陕西鼓风机（集团）有限公司	陕西省西安市	
12	秦川机床集团有限公司	陕西省宝鸡市	上市公司
13	陕西宝光真空电器股份有限公司	陕西省宝鸡市	上市公司
14	宝鸡机床集团有限公司	陕西省宝鸡市	
15	西安西电高压电磁有限责任公司	陕西省西安市	
16	西安陕鼓通风设备有限公司	陕西省西安市	

（2）调研问卷指标设计。如前面理论和现实分析：制约和影响西部企业的因素繁多，有企业内部因素、企业外部因素；有政治、经济、文化、观念的因素；有自然环境、地理区位因素等，经过分析研究本课题主要选择以下因素作为研究西部企业发展障碍与制约因素的一级指标：A. 对外开放不足，B. 企业融资困难，C. 品牌建设滞后，D. 企业创新能力不足，E. 产业集群度低，F. 人才缺乏，G. 商务成本过高，H. 法律环境不完善，I. 宏观战略规划引领性不足，J. 政策支持不足，K. 其他11项主指标；在每一个主指标之下分别设计二级指标，各项二级指标共62个。

其中，企业创新能力不足和产业集群度低两项一级指标是本书研究的重点，在前面的理论分析中发现：在知识经济时代，研发创新、知识溢出是产业集群发展的核心要素和主要驱动力量，研发创新、知识溢出很大程度上影响着产业集群的区位选择和发展形态以及集群升级换代；研发创新、知识溢出影响着产业集群中企业的衍生发展、集群规模、集群企业知识存量的变化；集群企业的知识存量是集群企业进行研发创新的必要基础，产业集群中的企业是否进行研发创新前文已经进行过理论分析和讨论。

在实际调研中，需要用实践去检验上述理论分析的真实性和可靠性等，在此列出企业创新能力不足和产业集群度低的二级指标：一、企业创新能力不足的二级指标包括：A. 创新风险太大，B. 创新成本太高，C. 创新资金不足，D. 创新的回报期太长，E. 科技研发人员不足，F. 缺乏知识积累，G. 缺乏市场信息，H. 缺乏技术信息，I. 缺乏健全的创新组织体系，J. 企业内的变革阻力，K. 缺乏创新合作机会，L. 对创新的需求不确定，M. 缺乏市场销售渠道，N. 缺乏知识产权保护，O. 法规、准则、标准、税收的限制，P. 其他 16 项；二、产业集群度低的二级指标包括：A. 产业分工不细致、链条比较短，B. 产业专业化程度低，C. 缺乏核心技术和自主知识产权，D. 创新机制不健全、不能实现技术知识共享，E. 产业组织程度低、区域网络发展不健全，F. 外部环境差、不能实现规模经济，G. 其他 7 项。

2. 实地调研阶段

首先，企业实地调研。课题组对西部地区装备制造业行业中的企业进行问卷调查和相关访谈，整个实地调研共分为三个阶段，第一阶段青海省企业调研，第二阶段甘肃省企业调研，第三阶段陕西省企业调研。从 2009 年 10 月开始到 12 月结束，历时 3 个月，课题组成员先后赴青海省、甘肃省和陕西省对所选择的企业进行实地调研，除上述预定调研的 16 家企业之外，根据研究需要对西安市临潼区一些小企业进行调查，共调研企业 20 余家。在调研中，采取深度访谈的形式，对企业高层管理者和中层管理者进行访谈，共访问企业高层管理者和中层管理者 30 余人，获取企业管理者对制约西部企业发展因素的主观看法，形成研究的感性认识和原始资料。另外，为了使调查研究具有普遍意义，选择部分学者和政府官员进行访谈，获取学者和政府官员对西部企业发展障碍和制约因素的看法。

其次，在实地调研之后，课题组成员又详细查阅西部地区所有 12 个省（市、区）的全部上市公司 2006—2008 年 3 年间的年度报告，以便从中发现有价值的研究内容，西部地区所有上市公司共计 188 家，上市公司的省（市、区）分布如表 5 - 5 所示。

表5-5   西部地区上市公司的省（市、区）分布

地域	省（市、区）	上市公司数量
西部地区	内蒙古	20
	广西	25
	重庆	28
	云南	27
	陕西	29
	新疆	33
	四川	70
	贵州	18
	甘肃	20
	宁夏	11
	青海	10
	西藏	9

资料来源：根据2009年《中国统计年鉴》整理所得。

三　调查问卷处理结果描述

通过系统整理访谈记录和统计处理调查问卷，问卷统计结果显示，在所选取的制约西部企业发展的因素中人才缺乏和创新能力不足是制约西部企业发展的最为突出的两个主要因素（见图5-4）。

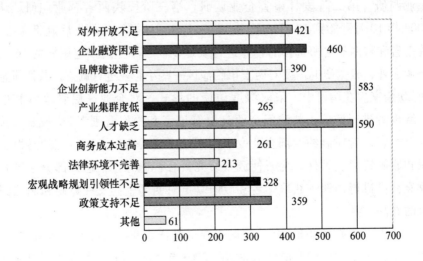

图5-4　制约西部企业发展的主要因素

资料来源：根据问卷调查数据整理所得。

　　其中，影响和制约西部产业集群发展的主要原因是产业专业化程度低；缺乏核心技术和自主知识产权；创新机制不健全、不能实现技术知识共享（见图5-5）。

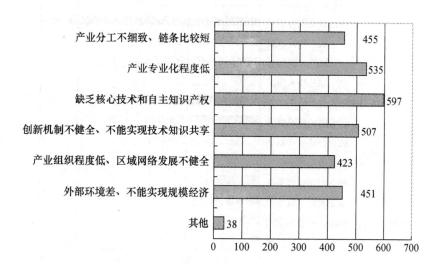

图5-5　制约西部产业集群发展的原因
资料来源：根据问卷调查数据整理所得。

　　制约西部企业创新活动的主要原因中最突出的则是科技研发人员不足和创新资金不足（见图5-6）。

四　西部地区产业集群发展现状

　　通过整理访谈记录、查阅相关资料发现西部地区产业集群发展的基本现状是：西部地区产业集群发展自东向西存在逐渐弱化的现象，从陕西省的产业集群发展初具规模到甘肃省的具备产业集群发展的基础再到青海省的不具备产业集群的基础，逐渐弱化。西部各区域内的企业之间专业化分工程度不高、地域文化认同感较差、企业协同关系不强、产业相互的关联互补性差、缺乏竞争合作机制和研发创新动力，并没有发展形成理论意义上的产业集群，根据产业集群成长演变规律分析，西部地区的产业集群还处于起步形成阶段。西部地区产业集群发展具体现状如下。

　　第一种情况是在诸如青海省的区域基本没有产业集群的雏形，省内的企业基本上是孤立的个体，企业间的分工、配套、协助关系不强。

　　以青海省为例，在被调研的企业中，青海华鼎是股份制公司，西宁特

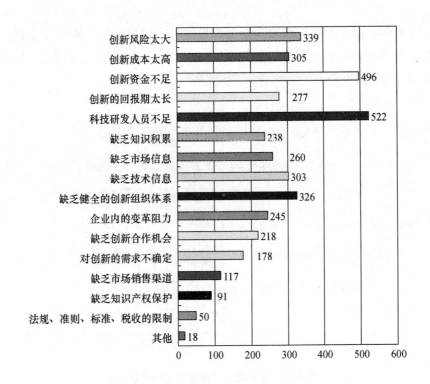

图 5－6　制约企业创新活动的原因

资料来源：根据问卷调查数据整理所得。

钢是国有股份公司。西宁特殊钢集团有限责任公司曾经是军工企业，是国家特殊钢材生产加工的领军企业，企业拥有很强的技术优势。在企业进行股份制改造后，现在公司拥有1家全资子公司、3家控股子公司，拥有铁矿、煤矿、钒矿、石灰石矿等资源，这样公司形成和拥有了研发、生产、原材料供应整个产业链。公司进行了研发、生产、原材料供应的整合，生产、原材料供应等活动基本上在当地进行，特别是原料主要来自自己下属企业。在公司拥有产业链优势的时候，由于地理或其他原因，公司技术人员或管理人员流失现象严重，流失的技术人员大多到了东部普通钢材生产企业。

　　为了克服地理区位劣势，青海华鼎实业股份有限公司走的是另外一条道路，通过联合广东万鼎企业集团实现自己的技术升级换代和观念转变，组合后的青海华鼎实业股份有限公司在内依托原青海重型机床厂的技术基础和生产加工能力，外部凭借广东万鼎企业集团所具有的市场优势，实现生产和市场的有效结合。针对青海西宁市的特殊地理位置，特别是当地科技实力不强、研发基础薄弱，留不住高端技术人才的现状，公司决定把企业的研发中心设在苏州工业园区，并已经在苏州建立自己的科研中心，进行研发工作。

青海省西宁市本身科技基础并不强，省内企业数量不多和质量普遍不高，改革开放30多年来，并没有形成自己独特的产业集群。在这种背景下，企业的行为选择主要有两种：一种是与东西部企业联合，进行技术改造和拓展市场；另一种是本地企业联合，整合本地企业资源，建立自己的产业链条。相对而言，立足本地进行本地资源整合进行企业联合的道路，长期看也许是形成西部产业集群的发展之路。由于科技基础薄弱，产业集群不能形成，企业缺乏相关配套部门或企业，原材料靠外部提供，产品主要运输到外部，形成企业"两头在外"的现象，加上远离市场，信息闭塞等因素，西部企业丧失很多与外部企业竞争的机会。企业没有竞争力，经济效益不高，对科技人员的激励也就不足，形成技术人员流失的一个恶性循环。

第二种情况是如甘肃省等区域虽然没有形成完整的产业集群，但是企业之间有一定的配套和合作关系，具备形成产业集群的基础。

以甘肃省为例，课题组成员于2009年11月15日到达甘肃省兰州市，调研对象选择兰州兰石集团公司。11月16日对兰州兰石集团公司进行调研，主要方式是与公司高层和中层管理者进行访谈，发放调查问卷，11月17日进行资料的整理。

兰州兰石集团有限公司（以下简称兰石集团）是按照建立现代企业制度的要求，在原兰州石油化工机械设备工程集团公司的基础上，于2002年12月27日改制组建的新型集团公司。兰石集团主营石油钻采机械、炼油化工设备及通用机械设备制造。兰石集团的前身兰州石油化工机器总厂始建于1953年，是我国第一个五年计划期间国家156个重点建设项目中的两个项目——兰州石油化工机械厂和兰州炼油化工设备厂合并而成的，是我国最大的石油钻采机械和炼油化工设备生产基地。兰石集团现拥有15个控、参股子公司和6家企业化单位。

在调研中发现，兰石集团是集科工贸为一体的大型集团公司，除了生产石油钻采机械、炼油化工设备、通用机械外，同时还具备设备安装、修理等能力，企业还兼营物资回收、市场开发、农林产品开发等，企业内部设有铁路专用线，物资运输快捷方便。从兰石集团的规模、企业构成、技术水平、研发能力、产品构成、市场占有率、行业地位等综合因素分析发现，兰石集团内部企业之间是建立在分工合作的关系之上的，产业链条较长，子公司之间有着互补关系，集团研发创新能力较强，技术水平较高，集团配套能力较强。通过分析发现，甘肃省内企业之间有一定的配套和合作关系，虽然没有形成完整的产业集群，但是已经具备形成产业集群的基础和条件。

第三种情况是类似陕西省的区域，区域内企业之间分工合作关系较为明显，具备形成和发展产业集群的良好基础，产业集群发展初具规模。

以陕西省宝鸡市装备制造业企业为例，课题组成员于2009年12月9日到达陕西省宝鸡市，调研对象选择秦川机床集团有限公司、陕西宝光真空电器股份有限公司、宝鸡机床集团有限公司、宝石集团公司。12月10—12日分别对上述企业进行调研，主要方式依然是与公司高层和中层管理者进行访谈，发放调查问卷，公司的实地观察及索要公司相关资料；12月13—14日进行资料的整理。

其中，选择以陕西省为例分析产业集群发展情况。秦川机床集团有限公司（原名秦川机床厂），1965年从上海迁至陕西宝鸡，是我国精密机床制造行业的龙头企业。公司现有员工3472人（含控股子公司），其中硕士及以上学历60余人，各类专业技术人员1115人，国家级专家8人。该公司是国家级高新技术企业，拥有国家级企业技术中心和博士后科研工作站，具有动态条件下的"三精"（精密加工、精密装配、精密检测）优势。到2005年年底，该公司负责或参与制定的国家、行业技术标准57项，拥有各种专利43项。40年来，该集团公司先后开发200多项国内领先和国际先进水平的新产品，50多项获国家、部和省级科技进步奖。

在对秦川机床集团有限公司实地调研中发现，该公司的公司规模、企业构成、技术水平、研发能力、产品构成、市场占有率、行业地位等综合因素都处于国内领先状态，集团公司内部企业之间是建立在分工合作的关系之上的，产业链条长，子公司之间有着很强的互补关系，集团研发创新能力国内领先，技术水平高，集团配套能力强。秦川机床集团有限公司已经形成了精密数控机床、塑料机械与环保新材料、液压与汽车零部件、精密特种齿轮传动、精密机床铸件、中高档专用机床数控系统及数控机床维修服务六大主体产业群，产业集群的发展初具规模。

通过调研分析，西部地区产业集群发展自东向西存在逐渐弱化的现象，从陕西省的产业集群发展初具规模到甘肃省的具备产业集群发展的基础再到青海省的不具备产业集群的基础，逐渐弱化。总体上看，西部各区域内的企业之间专业化分工程度不高、地域文化认同感较差、企业协同关系不强；企业上、下游产业与相关产业相互的关联互补性差、缺乏竞争合作机制和研发创新动力，暂时不完全具备发展成熟产业集群所需条件；西部地区并没有发展形成理论意义上的产业集群，根据产业集群成长演变规律分析，西部地区的产业集群还处于起步形成阶段。

五 西部地区研发创新现状

目前，我国基本上形成东部沿海（10 个省）、西部（12 个省）、中部（6 个省）和东北（3 个省）四大各有侧重的经济发展区域。改革开放以来，竞争性市场环境的形成和知识经济的冲击，为沿海地区企业依靠技术进步进行集约化发展提供了激励和压力，企业内在研发创新机制得以逐步建立和强化，使经济发展逐渐摆脱粗放型的外延发展模式，进入了工业化进程较高发展阶段。相比而言，西部地区研发创新能力与其他地区研发创新能力相比明显落后（见表 5－6）。

由表 5－6 可以看出，东部地区创新总指数遥遥领先，东部 10 个省市创新总指数平均为 40.9。东北、中部地区创新指数处于中游，东北 3 个

表 5－6　　中国各省（市、区）创新能力指数对比（2007 年）

区域	省（市、区）	总指数	创新资源	创新投入	创新转化	创新产出
东部地区	北京	98.0	107.0	73.0	150.0	67.0
	上海	81.0	49.0	82.0	123.0	68.0
	天津	65.0	34.0	78.0	45.0	96.0
	浙江	38.0	17.0	41.0	59.0	31.0
	江苏	37.0	17.0	40.0	30.0	56.0
	广东	36.0	12.0	21.0	43.0	62.0
	山东	20.0	8.0	23.0	17.0	29.0
	福建	20.0	8.0	15.0	15.0	40.0
	河北	9.0	4.0	18.0	5.0	9.0
	海南	5.0	1.0	-1.0	2.0	17.0
	东部地区均值	40.9	25.7	39.0	48.9	47.5

续表

区域	省（市、区）	总指数	创新资源	创新投入	创新转化	创新产出
东北地区	辽宁	25.0	15.0	41.0	18.0	23.0
	吉林	20.0	12.0	18.0	7.0	40.0
	黑龙江	11.0	10.0	14.0	8.0	13.0
	东北地区均值	18.7	12.3	24.3	11.0	25.3
中部地区	湖北	21.0	11.0	29.0	9.0	32.0
	山西	14.0	9.0	29.0	3.0	12.0
	江西	11.0	3.0	14.0	3.0	23.0
	安徽	13.0	4.0	25.0	4.0	18.0
	湖南	11.0	6.0	13.0	6.0	17.0
	河南	9.0	3.0	13.0	5.0	13.0
	中部地区均值	13.2	6.0	20.5	5.0	19.2
西部地区	重庆	23.0	10.0	18.0	14.0	47.0
	陕西	20.0	15.0	27.0	7.0	28.0
	四川	18.0	7.0	20.0	8.0	33.0
	宁夏	12.0	4.0	34.0	3.0	8.0
	贵州	9.0	1.0	8.0	2.0	23.0
	甘肃	9.0	6.0	14.0	3.0	13.0
	广西	8.0	2.0	7.0	2.0	18.0
	内蒙古	7.0	3.0	14.0	4.0	8.0
	云南	6.0	1.0	6.0	3.0	11.0
	青海	5.0	3.0	5.0	3.0	9.0
	新疆	4.0	3.0	9.0	5.0	1.0
	西部地区均值	11.0	5.0	14.7	4.9	18.1

资料来源：根据中国区域发展监测与评价中心公布数据整理所得。

省份的创新总指数均值为 18.7，中部 6 个省份创新总指数均值为 13.2。西部地区创新指数最低，11 个省（市、区）（无西藏数据）创新总指数平均值仅为 11.0。更具体地看，西部地区平均创新资源指数为 5.0，平均创新投入指数为 14.7，平均创新转化指数为 4.9，平均创新产出指数为18.1，也都全部低于东部地区、东北地区和中部地区如图 5 - 7 所示。

根据具体的统计数据分析看，西部地区企业研发创新能力现状主要表现在以下几个方面。

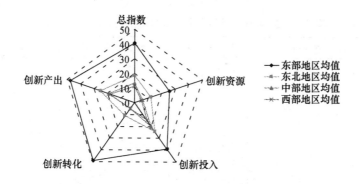

图5-7 四大区域创新能力指数

资料来源：根据中国区域发展监测与评价中心公布数据整理所得。

第一，研发创新资金投入不足。在技术创新活动中，R&D 活动处于最基本的核心位置，R&D 经费是衡量科技资金投入的主要指标。根据 2003—2008 年全国各省（市、区）R&D 占 GDP 的比重看，西部地区 R&D 占 GDP 的比重都低于其他地区，并且上升缓慢（见图 5-8）。2003—2008 年西部地区各省（市、区）R&D 占 GDP 的比重看，其平均值仅为 0.76。2008 年，西部地区各省（市、区）2008 年 R&D 占 GDP 的比重平均值仅 0.78，而我国东部地区各省（市、区）R&D 占 GDP 的比重平均值为 1.85，东北地区各省份 2008 年 R&D 占 GDP 的比重平均值为 1.09，中部地区各省份 2008 年 R&D 占 GDP 的比重平均值为 0.99（见表 5-7）。由此可见，西部地区研发创新资金投入严重不足。

第二，研发创新人员缺乏。研发创新人员匮乏是制约西部企业提高技术创新能力的主要障碍。首先，西部地区 R&D 人员人数同期相比均低于

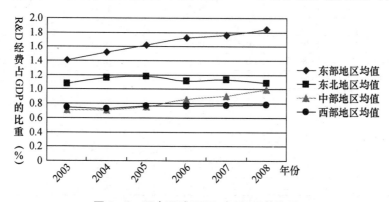

图5-8 四个区域 R&D 占 GDP 的比重

资料来源：根据《中国科技统计公报》公布数据整理所得。

表 5 - 7　　2003—2008 年各省（市、区）R&D 经费占 GDP 的比重

区域	省（市、区）	2003 年	2004 年	2005 年	2006 年	2007 年	2008 年
东部地区	北京	5.10	5.24	5.55	5.50	5.40	5.25
	天津	1.57	1.73	1.96	2.18	2.27	2.45
	河北	0.55	0.52	0.58	0.66	0.66	0.67
	上海	1.93	2.21	2.28	2.50	2.52	2.59
	江苏	1.21	1.43	1.47	1.60	1.67	1.92
	浙江	0.78	0.99	1.22	1.42	1.50	1.60
	山东	0.86	0.95	1.05	1.06	1.20	1.40
	福建	0.75	0.80	0.82	0.89	0.89	0.94
	广东	1.14	1.12	1.09	1.19	1.30	1.41
	海南	0.17	0.26	0.18	0.20	0.21	0.23
	东部地区均值	1.41	1.53	1.62	1.72	1.76	1.85
东北地区	辽宁	1.38	1.60	1.56	1.47	1.50	1.41
	吉林	1.04	1.14	1.09	0.96	0.96	0.82
	黑龙江	0.81	0.74	0.89	0.92	0.93	1.04
	东北地区均值	1.08	1.16	1.18	1.12	1.13	1.09
中部地区	山西	0.55	0.65	0.63	0.76	0.86	0.90
	河南	0.50	0.50	0.52	0.64	0.67	0.66
	湖北	1.15	1.01	1.15	1.25	1.21	1.31
	湖南	0.65	0.66	0.68	0.71	0.80	1.01
	安徽	0.83	0.80	0.85	0.97	0.97	1.11
	江西	0.60	0.62	0.70	0.81	0.89	0.97
	中部地区均值	0.71	0.71	0.76	0.86	0.90	0.99
西部地区	内蒙古	0.27	0.26	0.30	0.34	0.40	0.44
	广西	0.40	0.35	0.36	0.38	0.37	0.46
	重庆	0.77	0.89	1.04	1.06	1.14	1.18
	四川	1.49	1.22	1.31	1.25	1.32	1.28
	贵州	0.55	0.52	0.56	0.64	0.50	0.57
	云南	0.43	0.41	0.61	0.52	0.55	0.54
	西藏	0.16	0.16	0.14	0.17	0.20	0.31
	陕西	2.63	2.63	2.52	2.24	2.23	2.09
	甘肃	0.91	0.85	1.01	1.05	0.95	1.00
	青海	0.62	0.65	0.54	0.52	0.49	0.41
	宁夏	0.53	0.57	0.52	0.70	0.84	0.69
	新疆	0.20	0.27	0.25	0.28	0.28	0.38
	西部地区均值	0.75	0.73	0.76	0.76	0.77	0.78

资料来源：根据《中国科技统计公报》公布数据整理所得。

其他地区，尤其是与东部沿海地区的差距较大。尽管西部地区个别省份（如陕西、四川）的 R&D 人员略高于全国平均水平，但从整体上看，西部地区 R&D 人员还是非常缺乏。2008 年，东部地区各省（市、区）平均 R&D 人员达到了 11.94 万人，而西部地区各省（市、区）平均 R&D 人员才仅仅为 2.47 万人，不到东部沿海地区各省（市、区）平均 R&D 人员数量的 1/4。其次，从 2003—2008 年 R&D 人员数量走势上看，西部地区与其他地区的差距也越来越大。东部地区 R&D 人员数量上升趋势明显，东北地区和中部地区 R&D 人员也稳中有升，而西部地区 R&D 人员数量则上升趋势缓慢。

第三，科技成果转化率低。西部地区由于政治、经济、文化等方面的特殊原因，西部地区科研院所、大专院校和大中型企业在人才、智力交流

表 5 - 8　　　　　2003—2008 年各省（市、区）R&D 人员数量　单位：万人/年

区域	省（市、区）	2003 年	2004 年	2005 年	2006 年	2007 年	2008 年
东部地区	北京	10.99	15.15	17.10	16.84	18.76	18.96
	天津	2.88	2.96	3.34	3.72	4.49	4.83
	河北	3.44	3.48	4.17	4.37	4.53	4.62
	上海	5.62	5.91	6.70	8.02	9.01	9.51
	江苏	9.81	10.33	12.80	13.89	16.05	19.53
	浙江	4.66	6.31	8.01	10.28	12.94	15.96
	山东	7.83	7.23	9.11	9.66	11.65	16.04
	福建	2.66	3.18	3.57	4.02	4.76	5.93
	广东	9.38	9.31	11.94	14.72	19.95	23.87
	海南	0.10	0.14	0.12	0.12	0.13	0.17
	东部地区均值	5.74	6.40	7.69	8.56	10.23	11.94
东北地区	辽宁	5.60	6.00	6.61	6.90	7.72	7.67
	吉林	1.95	2.22	2.56	2.85	3.25	3.17
	黑龙江	3.46	3.92	4.42	4.51	4.82	5.07
	东北地区均值	3.67	4.05	4.53	4.75	5.26	5.30
中部地区	山西	1.85	1.85	2.74	3.88	3.69	4.40
	河南	4.07	4.21	5.12	5.97	6.49	7.15
	湖北	5.19	5.03	6.12	6.21	6.74	7.28
	湖南	2.70	3.13	3.80	3.98	4.49	5.03
	安徽	2.51	2.41	2.84	2.99	3.62	4.95
	江西	1.70	1.92	2.20	2.58	2.71	2.82
	中部地区均值	3.00	3.09	3.80	4.27	4.62	5.27

续表

区域	省（市、区）	2003年	2004年	2005年	2006年	2007年	2008年
西部地区	内蒙古	0.87	1.14	1.35	1.48	1.54	1.83
	广西	1.32	1.48	1.79	1.89	2.01	2.32
	重庆	1.77	2.07	2.46	2.68	3.16	3.44
	四川	5.79	6.01	6.64	6.86	7.88	8.67
	贵州	0.86	0.78	0.98	1.07	1.14	1.15
	云南	1.29	1.47	1.48	1.60	1.78	1.98
	西藏	0.06	0.04	0.06	0.10	0.07	0.06
	陕西	5.42	4.90	5.37	5.95	6.51	6.48
	甘肃	1.69	1.44	1.68	1.67	1.88	2.01
	青海	0.23	0.26	0.26	0.26	0.29	0.25
	宁夏	0.27	0.35	0.40	0.44	0.56	0.52
	新疆	0.53	0.61	0.70	0.74	0.89	0.88
	西部地区均值	1.68	1.71	1.93	2.06	2.31	2.47

资料来源：根据《中国科技统计公报》公布数据整理所得。

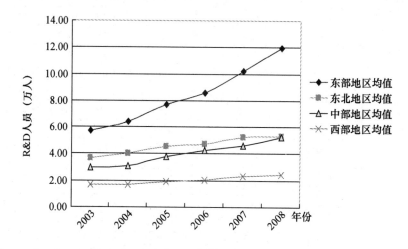

图5-9 2003—2008年四大区域平均R&D人员

资料来源：根据《中国科技统计公报》公布数据整理所得。

与合作开发科技成果方面渠道不畅，科学技术研究同科学技术成果的商品化、产业化严重脱节，科技成果向生产力的转化就更加困难。据统计，西部地区专利申请授权量明显低于东部沿海地区。在专利申请授权量上，东部沿海地区一枝独秀，2008年东部沿海地区各省（市、区）平均专利申请授权量达到24889项，而东北地区、中部地区和西部地区则差距甚远，尤其是西部地区各省（市、区）平均专利申请授权量最低，2008年仅有2779项。

表 5 - 9　　　　　2003—2008 年各省市（市、区）专利申请授权量　　　单位：项

区域	省（市、区）	2003 年	2004 年	2005 年	2006 年	2007 年	2008 年
东部地区	北京	8247	9005	10100	11238	14954	17747
	天津	2505	2578	3045	4159	5584	6790
	河北	3572	3407	3585	4131	5358	5496
	上海	16671	10625	12603	16602	24481	24468
	江苏	9840	11330	13580	19352	31770	44438
	浙江	14402	15249	19056	30968	42069	52953
	山东	9067	9733	10743	15937	22821	26688
	福建	5377	4758	5147	6412	7761	7937
	广东	29235	31446	36894	43516	56451	62031
	海南	296	278	200	248	296	341
	东部地区均值	9921	9841	11495	15256	21155	24889
东北地区	辽宁	5656	5749	6195	7399	9615	10665
	吉林	1690	2145	2023	2319	2855	2984
	黑龙江	2794	2809	2906	3622	4303	4574
	东北地区均值	3380	3568	3708	4447	5591	6074
中部地区	山西	1175	1189	1220	1421	1992	2279
	河南	2961	3318	3748	5242	6998	9133
	湖北	2871	3280	3860	4734	6616	8374
	湖南	3175	3281	3659	5608	5687	6133
	安徽	1610	1607	1939	2235	3413	4346
	江西	1238	1169	1361	1536	2069	2295
	中部地区均值	2172	2307	2631	3463	4463	5427
西部地区	内蒙古	817	831	845	978	1313	1328
	广西	1331	1272	1225	1442	1907	2228
	重庆	2883	3601	3591	4590	4994	4820
	四川	4051	4430	4606	7138	9935	13369
	贵州	723	737	925	1337	1727	1728
	云南	1213	1264	1381	1637	2139	2021
	西藏	16	23	44	81	68	93
	陕西	1609	2007	1894	2473	3451	4392
	甘肃	474	514	547	832	1025	1047
	青海	90	70	79	97	222	228
	宁夏	338	293	214	290	296	606
	新疆	752	792	921	1187	1534	1493
	西部地区均值	1191	1320	1356	1840	2384	2779

资料来源：根据《中国科技统计公报》公布数据整理所得。

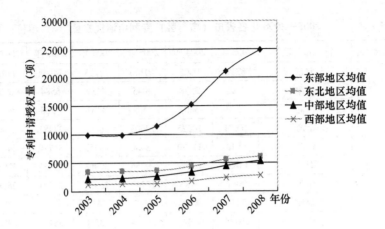

图 5 - 10   2003—2008 年四大区域平均专利申请授权量

资料来源：根据《中国科技统计公报》公布数据整理所得。

　　另外，在技术市场合同成交额方面，西部地区也同样在四大区域中表现最差。2008 年，西部地区各省（市、区）技术市场合同成交额仅为 19.50 亿元，而同期东部沿海地区各省（市、区）技术市场合同成交额则达到了 195.87 亿元，是西部地区的 10 倍。在专利申请授权量和技术市场合同成交额两个方面，东部沿海地区都具有强大优势，而西部地区与之相比则差距甚远，并呈逐年扩大的趋势。由此可见，我国西部地区科学技术成果转化率亟待提高，企业的技术转化能力亟待增强。

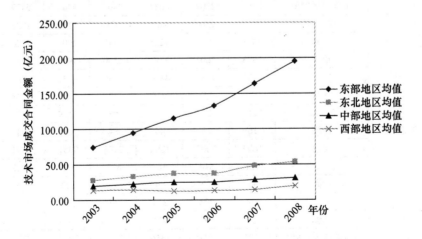

图 5 - 11   2003—2008 年四大区域平均技术市场成交合同金额

资料来源：根据《中国科技统计公报》公布数据整理所得。

表5-10 2003—2008年各省市（市、区）技术市场合同成交额

区域	省（市、区）	2003年	2004年	2005年	2006年	2007年	2008年
东部地区	北京	265.36	425.00	489.59	697.33	882.56	1027.22
	天津	42.00	45.03	51.71	58.86	72.34	86.61
	河北	6.80	7.27	10.38	15.61	16.43	16.59
	上海	142.78	171.70	231.73	309.51	354.89	386.17
	江苏	76.52	89.79	100.83	68.83	78.42	94.02
	浙江	53.04	58.15	38.70	39.96	45.35	58.92
	山东	52.57	75.09	98.36	23.20	45.03	66.01
	福建	16.68	14.14	17.20	11.32	14.56	17.97
	广东	80.57	57.27	112.47	107.03	132.84	201.63
	海南	1.20	0.19	1.00	0.85	0.73	3.56
	东部地区均值	73.75	94.36	115.20	133.25	164.32	195.87
东北地区	辽宁	62.02	75.28	86.52	80.65	92.93	99.73
	吉林	8.73	10.79	12.23	15.37	17.48	19.61
	黑龙江	12.12	12.57	14.26	15.69	35.02	41.26
	东北地区均值	27.62	32.88	37.67	37.24	48.48	53.53
中部地区	山西	3.23	6.00	4.80	5.92	8.27	12.84
	河南	19.27	20.32	26.37	23.73	26.19	25.44
	湖北	41.25	46.17	50.18	44.44	52.21	62.89
	湖南	36.93	40.83	41.74	45.53	46.08	47.70
	安徽	8.80	9.07	14.26	18.49	26.45	32.49
	江西	8.33	9.37	11.12	9.31	9.95	7.76
	中部地区均值	19.64	21.96	24.75	24.57	28.19	31.52
西部地区	内蒙古	10.85	10.41	10.99	10.71	10.98	9.44
	广西	4.18	9.10	9.41	0.94	1.00	2.70
	重庆	55.51	59.62	35.71	55.35	39.57	62.19
	四川	12.87	16.56	19.08	25.93	30.39	43.53
	贵州	1.79	1.35	1.05	0.54	0.66	2.04
	云南	22.87	21.56		8.27	9.75	5.05
	陕西	16.80	13.91	18.90	17.95	30.17	43.83
	甘肃	7.76	11.96	17.72	21.45	26.21	29.76
	青海	0.83	1.28	1.18	2.47	5.30	7.70
	宁夏	1.00	1.28	1.41	0.53	0.66	0.89
	新疆	12.04	13.34	8.00	7.61	7.17	7.40
	西部地区均值	13.32	14.58	12.35	13.80	14.71	19.50

资料来源：根据《中国科技统计公报》公布数据整理所得。

六 知识溢出视角的西部地区产业集群、企业研发现状分析

经过对调查问卷的统计分析，对访谈记录的整理以及查阅和整理国家公布的相关资料，分析发现西部地区产业集群发展和西部企业研发创新的现状与存在的问题。下面针对西部地区产业集群发展和企业研发选择行为用本章前面的理论分析进行解释，同时验证本章理论分析的真实性与可能性。

1. 西部地区产业集群发展滞后的原因

通过调查问卷分析结果和资料整理显示，现实中西部地区产业集群发展滞后的主要原因有：产业专业化程度低、产业链条短、企业盈利能力差；研发创新机制不健全、不能实现技术转化；缺乏核心技术和自主知识产权。其中，企业研发创新因素是制约西部地区产业集群发展最主要的原因。

（1）西部地区产业专业化程度低、产业链条短、企业盈利能力差是制约西部地区产业集群发展的原因之一。西部地区现有产业主要以能源生产和加工制造为主，没有形成自己的研发、生产、销售、服务等较长产业链条，产业集聚效应差；生产加工的产品劳动附加值低，企业经济效益不高，这些问题直接影响着产业集群的产生、发展和升级。

以西部地区装备制造业为例，首先，西部地区装备制造业整体综合经济效益差。西部地区装备制造业虽然历史悠久，对地方经济贡献显著，但是由于种种原因，西部装备制造业的综合经济效益远远落后于其他地区（见表5-11）。

表5-11　　2004年各地区装备制造业主要经济指标在全国所占比重　　单位：%

地区	工业增加值	资产合计	主营业收入	利润总额	出口交货值	就业人数
长江三角洲	33.86	34.40	36.40	40.32	40.86	31.51
珠江三角洲	21.30	16.74	22.60	20.24	38.59	22.39
东北地区	7.02	9.70	6.10	4.54	2.45	6.87
西部地区	6.42	8.89	5.64	3.01	1.20	9.20

资料来源：根据国家统计局2004年《中国经济普查年鉴》整理所得。

长江三角洲地区包括上海、浙江、江苏。珠江三角洲指广东。东北地区包括黑龙江、吉林、辽宁。西部地区包括四川、重庆、陕西、广西、贵

州、云南、甘肃。

其次，西部地区装备制造业产业链条比较短。以中国西电集团为例，中国西电集团公司成立于 1959 年 7 月，是以我国"一五"计划期间 156 项重点建设工程中以 5 个项目为基础发展形成的以科研院所和骨干企业群为核心，集科研、开发、制造、贸易、金融为一体的大型企业集团。西电集团作为我国输配电装备制造业中的"排头兵"，承担着促进我国输配电装备技术进步和为国家重点工程项目提供关键设备的重任。就成套能力较强的西电集团公司而言，也无法与发达国家的电气机械公司相比，发达国家电气机械公司是既可生产强电产品，又可生产弱电产品；既可生产发电设备，又可生产输变电设备和控制系统，均可完成从发电到输变电成套上程设计、成套制造和供应以及上程总承包。

由此可见，行业结构不合理，产业专业化程度低，产业链较短，企业赢利能力差是制约西部地区产业集群发展的"瓶颈"之一。

（2）研发创新机制不健全、不能实现技术转化是制约西部地区产业集群发展的原因之二。西部地区高技术产业化率较低，即使存在高新技术但是缺乏有效的聚集机制，高科技产业的标杆作用不能实现，技术孵化器的功能不强是制约西部地区产业集群发展的主要原因。

西部地区由于政治、经济、文化等方面的特殊原因，西部地区科研院所、大专院校和大中型企业在人才、智力交流与合作开发科技成果方面渠道不畅，科学技术研究同科学技术成果的商品化、产业化严重脱节，科技成果向生产力的转化就更加困难。据统计，西部地区专利申请授权量明显低于东部沿海地区。

因此，西部地区企业研发创新机制不健全、不能实现技术转化、高科技产业的标杆作用不能实现是制约西部地区产业集群发展的原因之一。

（3）西部地区企业缺乏核心技术和自主知识产权是制约产业集群发展的原因之三。

以西部地区装备制造业为例，西部地区装备制造业虽然具有较强的研发能力，但是各类产品普遍缺乏核心制造技术和自主知识产权。西部地区企业研发创新资金投入不足，从 2003—2008 年全国各省份 R&D 占 GDP 的比重看，西部地区 R&D 占 GDP 的比重都低于其他地区，并且上升缓慢。另外，西部地区企业研发创新人员匮乏是制约西部企业提高技术创新能力的主要障碍。研发投入严重不足，导致西部地区装备制造业缺乏核心技术和自主知识产权，从而制约着产业集群发展。

总之，从调查问卷分析结果显示，产业专业化程度低、产业链条短、企业赢利能力差；特别是西部地区企业创新机制不健全、不能实现技术转化，企业缺乏核心技术和自主知识产权等因素是制约西部地区产业集群发展的主要原因。

2. 西部产业集群发展状况对西部企业研发行为的影响

（1）论文从理论上探讨了产业集群中企业研发创新的动力，分析了影响集群企业研发创新的因素，通过博弈模型分析产业集群发展不同阶段集群企业研发选择策略：在产业集群萌芽阶段，集群企业虽在某一特定区域集聚但本质上并没有形成真正的产业集群，集群的内部界面和外部界面都不完善、没有形成内部企业间有效的交流平台和可信的威胁惩罚机制，致使相关企业间进行有限次合作博弈，虽然都知道（合作，合作）为帕累托最优策略，但为了防止竞争对手的不合作行为的发生，每个参与企业都会选择自己的占优策略，即不合作策略，则（不合作，不合作）就构成了该阶段下相关企业间有限次合作博弈的唯一纳什均衡解。因此，此阶段产业集群内相关企业间结成的研发合作关系呈现出不稳定的状态。

（2）西部地区产业集群的发展处于萌芽阶段。甚至是处于萌芽前期。在这一阶段，虽然企业在一定的区域集中，但是并没有形成信任合作关系，企业之间的分工、信息知识共享等机制不完善，如上述理论分析的那样，每家企业都知道企业研发合作是帕累托最优策略，能够实现企业双方甚至是多方的共赢。但是，此时并不是稳定成熟的产业集群阶段，集群内的知识信息交流通道不畅通、企业互信机制不成熟、惩罚机制不健全等因素直接影响每家企业采取不合作研发策略、研发成果保密策略等，不能实现知识信息的共享和企业之间的共赢。在不合作的研发创新选择策略下，加上西部地区整体研发创新能力明显低于东部和中部地区，以及西部地区研发创新资金投入不足，研发创新人员缺乏，科技成果转化率低，技术创新服务体系尚未形成现实因素，更加制约了西部企业研发创新投入、吸收和转化等。

所以，产业集群的发展状态和阶段直接影响企业的研发创新选择，在一个产业集群发展不成熟的区域，由于产业集群内部各项机制不健全，企业将采取不合作研发策略，由于知识溢出的负外部性，企业甚至选择不进行研发创新。这将形成一个恶性循环，进一步影响区域产业集群的形成和企业研发选择。

（3）本书分析指出，共用的集群知识库、知识交流惯例、集群知识互动、知识共享、技术人员流动等因素是产业集群的内在联结因素；企业的研发创新、技术知识、知识溢出等直接影响着产业集群的区位选择和发展形态及集群升级；在产业集群产生和发展过程中，知识共享、知识溢出、企业学习等是产业集群发展的核心要素。知识技术溢出对集群企业衍生发展的影响，特别是知识溢出对产业集群中企业知识存量的影响，企业的知识存量、自身知识库是企业研发创新的根本基础，决定着企业研发创新的可能性。

从上述已经阐述的理论分析看，企业研发创新、知识溢出与产业集群发展呈正相关关系，一个区域企业研发创新行为越活跃，知识溢出越明显，越能促进区域产业集群的形成和发展。

通过对调查问卷的分析和对东西部研发创新资料的对比分析，西部地区企业的研发创新现状是：西部地区整体研发创新能力明显低于东部和中部地区，西部地区研发创新资金投入不足，研发创新人员缺乏，科技成果转化率低，技术创新服务体系尚未形成等。由于西部整体研发创新实力较弱，企业研发创新动力和投入不足，很难产生大量新知识、新技术，企业外部流动的知识总量有限，不能形成知识溢出正的外部性；新的技术知识缺乏，不能衍生更多的中小企业，不能围绕新技术知识形成一系列分工合作的产业链条，从这个角度上分析，研发创新滞后、知识共享、知识利用、知识溢出效应等不能出现，制约着新企业的产生和产业集群的发展成熟。

总之，通过对西部产业集群发展现状与西部企业研发创新现状的综合分析，企业研发行为、知识溢出、产业集群发展三者之间是相互制约的关系，同时也是相互促进的关系。在经过系统的理论分析和实际调研结果分析之后，可以得出以下总结性的结论：一是企业研发创新选择影响着新知识、新技术的产生，研发结果影响着知识溢出效应的作用范围，进一步作用与区域产业集群的形成和发展；二是由于产业集群发展的阶段不同对企业研发创新行为起反作用，在产业集群萌芽期，企业的研发活动较弱，不能建立企业之间的研发合作关系；三是知识共享、知识溢出在产业集群发展和企业研发选择之间起着桥梁作用，是二者的中间环节。需要鼓励企业进行积极的研发创新投入，对研发创新成果进行法律上和制度上的保障；

以及完善产业集群发展过程中所需的制度与健全相应的集群机制，形成产业集群内良性的知识溢出效应。

由于现阶段大多数企业研发合作仅限于某个或某些特定的技术合作，并未到达合作的实质性阶段，合作成员仅会让部分拥有企业较少核心知识的研发人员参与合作知识创新，从而使合作的范围和效率非常有限。不同企业的研发人员刚开始合作时，由于组织文化、核心价值观等的冲突使他们之间存在一定的排斥力，此时，研发合作的知识差距较大。随着合作研发人员的相互交流和融合，他们通过相互学习减小知识的差距，并逐步提高研发合作的知识创新能力。在研发合作中，知识并不总是从高位势企业转移到低位势企业，由于企业之间的知识差异，即使知识存量较小的企业也会存在某些知识优势，因此，合作成员需要相互学习进行知识创新从而增加知识存量。研发合作知识创新成果由合作成员共享，通常会显著地增加各企业的知识存量，但是，由于不同企业的知识吸收能力存在差异，初始知识存量不同，因此，合作成员之间的知识位势差总是存在，从而推动研发合作不断地维持下去。参与合作的巨大收益是企业进行合作的动机，而适度的知识势差可以保持合作的稳定性。

以上结论对提高企业自身和合作的知识存量以及改善企业知识合作的关系具有重要启示。首先，合作成员共享知识量的多少对研发合作的知识创新有较大的影响，由于合作成员会对自身的核心知识产权严加保护，使知识的共享非常有限，严重制约着合作知识创新能力的提高。加强合作成员之间的信任，提高共享知识量，可以提高合作的知识生产量。其次，合作研发人员自身的知识创新能力及吸收能力对合作知识存量的增加有较大影响，提高合作研发人员的知识水平有利于合作知识存量的增加。再次，合作成员的知识差距会影响合作的知识生产量，较大的知识差距可能会消除低位势企业向高位势企业学习的动力，合作应鼓励其成员相互学习，减小知识差距及其对知识生产量产生的不利影响。最后，合作初始知识存量决定了某一时期合作知识创新所能达到的水平。在薄弱的知识存量基础上，很难形成强大的知识创新能力，雄厚的知识存量是知识创新的充分条件，并随合作成员的学习不断增加。因此，研发合作应加强彼此之间的合作，加快增加合作及企业自身的知识存量，提高合作的知识位势和知识创新能力，获得更大范围和更高层次的成功。

在通过上述分析探讨之后，会有人提出在西部地区有一个很有意义的现象，就是如陕西省、四川省和重庆市，特别是陕西省是中国高校和科研院所较为集中的省份，是全国重要的教育科研中心，每年都有大量的研究成果，但是并没能够很好地促进陕西省的产业集群发展成熟。这一现象似乎和本书的理论分析不符，其实这个将涉及企业对研发创新知识技术的吸收、转化和利用问题，涉及科研与生产的结合等问题。

第六章　集群企业对溢出知识的
　　　　吸收和利用

第一节　集群企业对溢出知识的吸收

在全球化竞争的知识经济时代，企业开发并保持自己可持续竞争优势的能力取决于企业满足其服务对象及其客观环境需求的能力，取决于企业吸收转化知识的能力；组织学习能力的缺乏，将导致企业在吸收利用科技知识的低效率，企业可能丧失竞争力优势。企业创造与保持自己独特竞争力优势的过程是一个吸收知识、组织学习的过程，在企业学习过程中企业知识吸收能力十分重要，如果企业知识吸收能力较弱，将严重削弱企业实现可持续竞争优势的可能性。一旦企业在学习吸收科技知识方面速度相对较慢，那么将降低企业研发学习的投资回报率。

本章的结构安排如下：首先，分析集群企业的知识学习和知识转移，讨论企业知识吸收能力；其次，分析集群企业对研发成果吸收能力的影响因素，主要是从企业外部知识流动和企业内部知识储备两个角度去分析；最后，从识别和利用外部流动知识和改善企业知识吸收环境两个方面探论集群企业知识吸收能力的提高。

一　集群内部知识的扩散模式

集群企业通过学习活动学到了新的知识和技能，使企业自身的思维模式或行为模式发生了改变。集群企业知识学习的主要目的是从企业外部及内部部门之间获取新知识并在本企业实际生产活动中应用这种知识，新知识的获取和应用也是以知识的有效转移和转化为前提条件的。一方面，集群企业知识学习是有效的知识转移的结果之一；另一方面，集群企业现有的知识存量，又会对以后企业的知识转移产生影响。集群企业的知识学习活动和有效的知识转移将进一步促进和作用于集群企业知识转移能力和吸收能力。

　　集群企业知识学习是从认知的角度，研究集群企业对内外部知识进行识别、评价、消化和吸收，并内化为自己的知识体系的一部分的过程。集群企业知识学习理论认为企业与个人一样，具备认知和知识学习的能力。可以通过不断地对集群企业内外知识的获取、吸收和应用，改变集群企业的行为模式和心智模式，从而提高集群企业价值创造能力。集群企业知识学习的过程包括以下几个阶段：知识识别、知识转移、知识整合、知识创新和知识应用等，通过知识学习，企业现有知识存量增加。集群企业的知识学习过程，就是产业集群内部各知识子系统之间的知识共享过程，产业集群知识子系统之间的关系（见图6-1）。

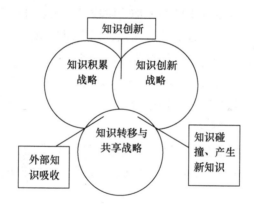

图6-1　产业集群知识子系统之间的关系

　　集群企业知识转移的过程十分复杂，是一个集群知识从一种企业环境到另外一种企业环境的嵌入，涉及集群企业文化、企业知识共享态度、知识接收方的知识基础、企业知识的吸收能力以及知识内化等环节。目前研究知识转移过程的模型主要有两种：一是知识沟通模型（the communication model）；二是知识螺旋模型（the knowledge spiral model）。

　　（1）知识沟通模型。该模型描述了知识从发送者向知识接收者的流动过程，并将知识沟通过程分为知识编码和知识解码两个关键阶段。知识沟通转移过程如图6-2所示。

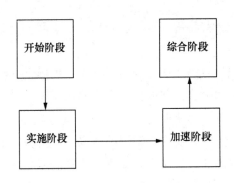

图 6 - 2 知识沟通转移过程

其中，开始阶段是企业发现自身知识需求、寻找满足该需求的知识，对知识转移进行可行性论证；实施阶段是企业建立与知识转移相关的联系，知识转移双方开始知识转移；加速阶段是指企业开始知识转移时需要克服可能影响知识转移进程的障碍因素，以实现知识的有效转移；综合阶段是知识转移双方，特别是知识接收方将转移过来的知识逐步内化，成为集群企业自身的知识基础。Dinur 和 Inkpen（1996）对知识沟通模型进行了扩展，将知识转移过程分为四个阶段：开始阶段、适应阶段、转化阶段与实施阶段。

（2）知识螺旋模型。该模型也叫作 SECI 模型，是由 Nonaka 和 Takeuchi（1994，1995）提出的，知识螺旋模型及知识转移状态（见图 6 - 3）。

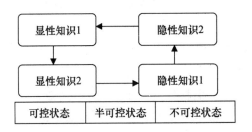

图 6 - 3 显性知识和隐性知识相互转换过程中的三种状态

知识螺旋模型反映了隐性知识和显性知识间相互作用的四种模式，通过这四种知识转化模式，新知识得以创造。知识螺旋模型如图 6 - 4 所示。

	隐性知识	显性知识
隐性知识 ——▶	社会化	外部化
显性知识 ——▶	内部化	综合化

图6-4 显性知识和隐性知识的转换模型

知识螺旋模型的一个重要假设就是隐性知识是可以被移动和转换的，这就意味着该模型不仅能够解释知识创造，还能够描述知识转移的过程。根据知识螺旋模型，隐性知识可以通过社会化和外部化两个过程进行转移；显性知识的转移则通过综合化和内部化两个过程进行转移。

其中，隐性知识对于企业的创造和维持竞争优势具有十分重要的地位，企业经验技能、企业文化和企业行为模式是企业隐性知识的具体表现形式，并因其具有隐性特征从而成为企业的核心能力，不易被竞争对手模仿。隐性知识或者未编码知识是无法用语言来表述或解释的，只能被演示证明隐性知识存在性。隐性知识的转移和学习最好的方法就是通过个人领悟和实践练习（Drucker，1993）。个人对企业目标、企业价值观、企业历史传统和惯例是一种感知判断，很难用语言文字表达和传递清楚，但是可以通过有效的沟通来实现。

隐性知识的编码、传播和共享过程是比较困难的，同时在隐性知识逐渐被编码、传播和共享的过程中，隐性知识由于能够脱离个体经验与感知，成为共用知识，但是，在隐性知识编码的过程中，原先个体独特的判断与感知将随之丧失，隐性知识显性化将失去更多的是隐性知识丰富的内涵。

二 企业吸收知识的影响因素

（一）企业知识吸收能力

吸收能力的概念产生于宏观经济学，是指组织吸收和利用外部知识信息及资源的经济能力，Cohen 和 Levinthal（1990）把这个宏观经济学中的概念应用到研究企业问题上，并且将企业知识吸收能力定义为企业识别、吸收新型外部信息的价值，并应用于商业目的的能力。这个定义强调知识吸收能力的关键作用，认为企业持续知识学习的累积作用最终产生和形成了企业的知识吸收能力，企业知识吸收能力具体是指企业识别外部知识，并将知识吸收并应用于商业目的的能力。

Zahra 和 George（2002）认为企业知识吸收能力的重要组成部分是企业原有相关知识、企业组织制度以及知识交流过程，知识吸收能力是蕴含于具体组织内部，是一种拥有不同组成成分的动态性能。Fiol（1996）将组织或企业视为可以吸收不同新知识和新实践的"海绵"，这些企业被用力一挤，就会产生出创新成果。然而，如果海绵积累的先前知识储备不足或者知识交流过程受限，或者甚至企业知识水平到了"任其干透到不能再吸收任何东西"的程度时，"再用力挤就也不能再起作用了"。

影响和决定企业创造和保持竞争优势的主要因素有以下三个方面：

（1）技术因素，科技是一种决定或者强烈抑制个体与组织行为，特别是企业行为的内在驱使力。在新技术使用之初，技术因素可能与企业适应新技术有关系，企业在采取往常的管理理念及方法的时候，可以通过引进新型且复杂的硬件来获取巨大收益，但是，随着新技术成本的降低以及技术生命周期的缩短终结了企业拥有这些硬件的优势。

（2）组织因素，在重视技术选择、技术作用及对技术结果控制的同时，组织对技术活动实施过程中的稳定性和权威性起着关键作用。当所用的企业都能获得同种设备，而且大多数应用程序都能被轻易复制时，企业保持该技术优势并不依赖于该技术的拥有，更主要依赖于企业对其有效的利用。企业专有技术越来越难以保护专有权，保持竞争优势的唯一途径似乎只有提高技术管理技巧，当外部环境稳定，并且通过完善的计划，能够得出预期利益，组织的作用才能更好地发挥。

（3）环境因素，知识经济时代，信息技术、网络技术等先进技术的使用，决定着企业处于一种复杂的社会互动关系之中。

随着全球竞争的日益激烈、科学技术的快速变化以及企业管理实践的不断创新带来了企业商业环境发生巨大变化。经济全球化、电脑技术和信息系统等先进科技的开发和发展，正改变着企业生产力的增长方式和企业满足客户要求的方式（Oliner & Sichel，2000）。在世界范围的市场上每个企业正面临着前所未有的竞争，这要求它们跳出成本控制和质量控制的樊篱，进而抓住产品创新和快速反应的全球机遇（Harrison，2002）。在这样的背景中，企业的管理者需强调组织学习能力，即企业知识吸收能力。企业知识吸收能力有助于企业吸收新技术和进行新型生产实践，形成企业独特的知识竞争力与可持续发展能力（Cohen & Levinthal，1990）。

　　企业开发并保持可持续竞争优势的能力取决于该企业吸收转化知识的能力，取决于企业满足其服务对象及其客观环境需求的能力。企业创造与保持自己独特竞争力优势的过程是一个吸收知识、组织学习的过程；在企业学习过程中企业知识吸收能力十分重要，如果企业知识吸收能力较弱，将严重削弱企业实现可持续竞争优势的可能性。一旦企业在学习吸收科技知识方面速度相对较慢，那么将降低企业研发学习的投资回报率。在全球化竞争的知识经济时代，组织学习能力的缺乏，将导致企业在吸收利用知识的低效率。知识吸收、组织学习等知识流程与企业绩效的关系（见图6－5）。

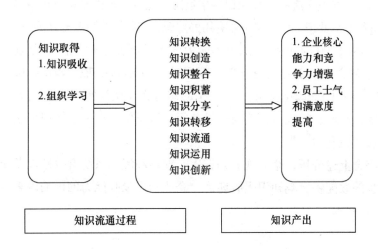

图6－5　知识流程与企业绩效

　　在一个知识密集、极不稳定的后工业环境，企业自身知识水平和实践技术、组织能力和客户要求三者之间是一种复杂互动关系。企业力争提升其知识技术吸收能力，以便能够对动态的、存在大量具有相同技术水平竞争对手的外在环境做出反应，随着深入了解所用技术及该技术如何消除竞争威胁并满足客户需要时，企业就会调整其实践活动。上述分析表明企业对知识技术的获取、吸收与利用的过程具有复杂性、随机性、持续性，企业知识技术学习活动是多主体关系互动的结果。

　　知识经济时代，创新性科技和实践活动的引进，将引起企业行为的巨大变化，涉及变化，企业的知识吸收能力也许是决定变革能否成功实施的最重要的因素。创新是一项新知识应用于商业目的的复杂活动，而新知识则是通过被增加、删除、转换、修饰或重新解释等累积过程而生成的。知识当中的一部分是通过外部进入企业的，这些知识通常被认为是企业成功进行创新活动的枢轴元素。创新者生产出的新知识很容易溢出，这就形成了企业外部的大量流动知识，研发创新产生的知识被他者"借走"，而且后者并未计划对前者进行赔偿，这种现象也就是理论上所谓的知识溢出现象。企业外部知识流动的作用日益凸显，研究人员注意到了外部知识流动作为企业层面制定战略性决策的辅助作用的重要性，企业知识吸收能力的已逐渐成为企业竞争优势中的一个关键驱动力。

Brown（1997）提出影响企业的知识吸收能力应该有三个主要因素：先在相关知识、知识交流网络和知识共享氛围，还有一种因素也不可或缺，即对环境进行监测并识别可能对企业有用外部观念和思想的知识搜寻机制。

Ettlie（2000）提出知识吸收能力的提升既要依赖于内部力量，如组织结构和文化，又要依赖于外部力量，如知识扩散。Zahra 和 George（2002）提出了知识吸收能力的一个动态过程，认为知识吸收能力具有四个维度：获取、吸收、转化与开发利用，组织机制有利于知识识别、知识传播和知识利用。

综合上述分析，企业现有知识库、搜寻环境的系统有效性以及企业交流过程的效能将影响知识吸收能力。企业知识吸收能力的影响因素具体如图 6－6 所示。

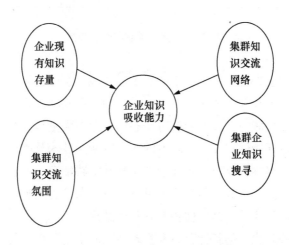

图 6－6　影响企业知识吸收能力因素

（二）企业外部知识流动

对外部知识流动重要性的认可是企业内部创新过程的重要变化，众多企业逐渐摒弃新知识的产生基本上是一个内部过程的观点（Gans & Stern，2003）。在一些行业中，某个组织的知识储备，即知识存量同外部知识储备之间的界限已经变得很模糊，企业比较容易从暴露在外部知识流动中获益，因此，企业必须具有开发和识别新的外部知识的能力，进而为获取商业利益而吸取并利用这些知识，特别是企业应该具备知识吸收能力。

需要特别指出的是，知识具有对于公共社会具有持久的益处，非意志性外部知识流动是构成外部知识的重要来源之一，企业可以利用这些非意志性外部知识流动提高自己的创新绩效。企业生成的部分知识溢出其界限可以被其他企业利用，知识溢出研究的中心便是这种非意志性知识流动。

企业可以得到的外部知识库主要条件有：在特定地理区位内企业密度、生产部门、社会关系、知识特点以及知识产权保护水平，由于地理和社会接近的关系，先进的思想总是很容易从一家企业传至另外一家企业，所以，知识流动具有地方化特征（Fosfuri et al.，2001）。当然也有研究者对知识流动具有地方化特征、知识相关性同地理接近之间紧密关系的一般假设提出质疑，他们认为这样一种知识学习过程没有理由只局限于特定地域范围之内（Amin & Cohendet，2004）。

无论知识流动有没有在地域上区域化，企业面对同量的外部知识流动可能得到不同的利益，因为它们识别并利用这些知识流动的能力存在差异（Giuliani & Bell，2005）。因而，在众多企业之间，外部知识流动的总量和效应也不尽相同。换句话说，知识吸收能力可以成为一家企业竞争优势的一个方面。

（三）集群知识交流网络

集群知识交流网络是指将信息和知识流动分配到各组织单位的组织结构中。有效的知识交流是连接组织的纽带，知识交流网络连接的广度和强度对知识吸收能力的提升以及功能单位的整合非常重要（Cohen & Levinthal，1990）。

集群知识交流网络是衡量知识如何高效地扩散到企业各个部门的一个重要指标。另外，扩展到企业界限外的知识共享网络对企业绩效很重要，丰田汽车公司与其供应商之间非常成功的知识共享网络就很具有说服性。在单向知识交流或者存在知识交流障碍的网络将会阻碍管理人员实施迅速而有效的行动。

以高科技制造业为例，在利用和操作电脑合成制造业等复杂的技术时，功能整合必不可少，因为它创造了一个使所有功能单位协同工作、实现组织目标的环境，在实施自动化制造技术时，跨功能的执行团队也是获取成功的一个关键因素。在集群知识交流网络中涉及几个基本变革，即从纵向交流转到网络交流，生产线与职员的界限变得模糊等。

（四）集群知识交流氛围

知识交流氛围是指组织内部界定接受知识交流行为的环境，知识交流氛围对知识交流过程可能起着推动或者阻碍作用（Brown，1997）。一个开放的、支持性的知识交流氛围能够很大程度上改善雇员的学习能力，这有助于新思想的有效传播。Nevis 等（1995）认为"开放性的知识交流氛围"是有利于组织学习的重要因素之一。Levinson 和 Asahi（1995）也指出开放性文化有益于组织的学习。事实上，学习是一个需要实验心态的试误过程，"开放性氛围"的另外一个重要作用是鼓励冒险的"安全性失败"。

知识交流氛围衡量了企业的价值观以及企业对外开放交流的态度。开放性的交流对共享知识和提升学习一直都非常重要，对于那些采取创新性商业实践活动的企业来说也是必不可少的。管理人员需要创造一个充满信用的氛围，而部门之间的交流不仅会被人们接受而且还会得到回报，商业管理人员之间的信任与组织绩效成正比（Davis et al. ，2000）。

（五）企业知识搜寻难度

知识搜寻是一种组织机制，它能使企业鉴别、捕获相关的内外知识和技术，这个过程涉及市场追踪、标杆管理和技术评估等许多活动，知识搜寻是企业监控内外部环境的一种能力。由于知识搜寻能够鉴别并确定可能影响企业的新知识，所以它是知识吸收能力的一个重要组成部分。很多研究表明知识搜寻和企业绩效之间成正比，与一般的企业相比，成功企业的知识搜寻量更大，搜寻面也更广（Babbar & Rai，1993）。为了获得竞争性情报，企业具体的搜寻活动包括追踪专利、论文刊物、会议报告以及收集网络信息资源。

（六）企业内部知识储备

企业现有知识存量是企业内部工人以及管理人员的工作技能、技术以及管理实践活动的积累。企业吸收信息技术的能力，部分是由该企业该领域已有知识决定的。近年来，对大量合资企业的研究肯定了一个相称的知识库在获得成功方面所扮演的重要角色（Lane et al.，2001）。

企业内部个体的知识技能和观念构成了先在相关知识库，先在相关知识库影响企业研发创新实施过程。组织学习以个体成员的学习为基础，因此，企业的知识吸收能力最终是通过个体学习以及这些个体共享知识的意愿和能力的集合而实现的。企业现有知识存量是知识吸收能力的主要决定因素，企业学习的速度越快，企业的知识库就会得到越快的扩展，进一步促进企业知识吸收能力的提高。

另外，拥有一定规模先在相关知识库的企业在预测未来技术进步方面，具有前瞻性，其无疑将加快知识吸收能力的提升。反之，企业拥有有限现有知识存量，企业则对未来知识和技术的方向不确定，它们的进一步研究调查也可能困难重重，当缺乏与相关知识库的企业在实施灵活性的生产制度时，技术难关对它们来说是一个绊脚石。

虽然企业知识库和创新角色并非绝对依赖于外部知识量，但是只有在具备外部知识流动的情况下，其知识吸收功能才能得以实现。在知识流动性强和知识产权保护严密的环境中知识吸收能力更为显著，企业已有知识库的吸收作用在这种情况下相对更为重要。企业的知识吸收能力依赖于其已经存在知识储备，而该储备大部分则蕴含于其生产产品、生产过程及企业员工之中，企业的知识库同时扮演着创新和吸收两个角色，即知识吸收能力的驱动力同创新过程及企业创新能力高度相关，这两者的单独效应很难估量。例如，没有任何科研成果发表的研发人员，可能忽视这些专业科研出版物的存在，而在这些出版物本身可以追踪到很多有用的公共知识信息，另外，这些科学人员不将其科研成果公开发表也给创新输出敲响了警钟。

长久以来，内向型企业被批判为患上了所谓的"不在此地发明".综合征（Katz & Allen，1982）。可是，企业界限以外产生的知识的重要性在过去的若干年中显著地提高了，获得外部知识的便捷并不意味着现在企业仅仅依赖于外部知识流动。事实上，直接面临外部知识并不足以将其成功内化吸收。企业的知识吸收能力似乎为信息技术的成功创新提供了具体而又充满前景的研究途径，拥有高企业知识吸收能力、具备相关的经验以及有效的交流沟通基础设施的企业在执行生产实践活动时更易于获得成功。

第二节 集群企业对溢出知识的利用

企业知识吸收能力是一个组织性的学习概念，是企业持续学习累积作用的结果，正式以及非正式的知识联系渠道对新知识和新技术的内部扩散十分重要。在过去，企业并没有意识到已有的知识，更没有将其利用，特别是只能在直接的社会互动中才能发现的隐性知识。

一 溢出知识的识别与利用

只有当外部知识流动能够被识别、整合并加以利用时，知识吸收能力才会对创新绩效产生作用。换句话说，存在于"真空"之中的企业无法从知识吸收能力中获取任何利益。外部流动知识对企业知识吸收作用至少起着两种不同的作用：其一，知识吸收能力帮助企业识别更多的可获取的知识流动，即知识吸收能力在企业察觉的外部知识量方面起着越来越关键的作用；其二，对于一定量的已识别的外部知识流动来说，企业生成利益的程度也依赖于其知识吸收能力。其中，前一种作用正是一些学者所称的知识识别能力、评估能力或者潜在知识吸收能力；而后一种作用则被称为知识使用能力、应用能力或者实际知识吸收能力。总的来说，由于企业可以识别更多的外部流动知识并可将其更充分利用，企业知识吸收能力水平的不同导致了由相似的外部知识库产生的不同的利益。

企业知识管理过程、各种规章制度以及流程对实用性知识的鉴别和捕获具有重要作用，同样，企业对基础研发活动的投资也能提高企业理解和利用外部知识和资源的能力。知识很可能以研发活动的副产品的形式被获得，特别是当知识领域和企业目前的知识库紧密关联的时候。例如，实践中的标杆管理、对战略性同盟、顾客以及供应商进行的调查等跨组织学习活动也是有效的知识搜寻活动（Levinson & Asahi, 1995）。

企业知识吸收能力也有可能和一个国家的知识吸收能力有关（George & Prabhu, 2003），激励企业知识吸收能力的政策可能使一个国家有效地提高对国际知识流动的敏感度，这些知识流动同时也会激励本地创新。虽然知识会在工业集聚或地理上群聚的行业很容易流通，但是企业从集聚中的获益却不尽相同。其中，知识吸收能力扮演着重要的角色，因此，培养工业集聚的政府也必须制定旨在提高企业知识吸收能力的互补政策。

二　提升企业利用知识能力

企业知识吸收能力、外部知识流动和企业创新绩效的关系在很大程度上依赖于一些企业外部知识环境中的关键权变因素，如何提高企业知识吸收能力，在此仅从两个角度出发：一是为企业知识吸收提供合适的知识环境；二是建立保护知识的相关法律，在适宜的知识流动、知识共享的环境中，企业的知识吸收能力才能够提高。与此同时，相关的法律，特别是对知识产权保护的法律，能为企业知识创造、共享、吸收、利用提供保护。

（1）提供适宜的知识环境。在稳定知识环境和动荡知识环境中企业学习过程也不相同，在稳定的知识环境中企业的学习是利用型学习过程；在不稳定的知识环境中企业的学习是探索型学习过程。探索就意味着企业需要研究、发现、实验、冒险和创新；而利用则意味着完善、实施以及生产和选择效率等。在稳定知识环境中，企业强调对于知识的利用，企业利用的知识同其现有知识库紧密相连。相反，在一个变化的知识环境中，外部知识对企业研发创新过程很关键，在这样的环境中竞争的企业如果想继续生存，它们需重新配置知识库，企业在探索方面更加积极，因为企业所需求的相关知识可能同已存知识库相去甚远。

在上面两种不同知识环境中，外部知识的作用存在很大的差别。作为利用型企业学习基本上是一个本地搜寻过程，可能不需要外部知识回馈；而探索型企业学习则在很大程度上依赖于外部知识，并将外部知识用于观念生成、形成基本知识以及市场回馈等领域。这意味着变化的知识环境在提高企业知识吸收能力中扮演着更重要的角色。

（2）提供保护知识法律。适用性法律能够使企业保护其新产品或生产活动优势，在比较严密的保护制度下，企业为其知识产权申请专利从而保护由创新发明产生的收入来源，这样，其他企业的模仿变得更加困难，有效的专利构成是企业持续竞争优势的一个重要途径。

专利系统的主要任务之一同其他成员可以有效公开利用披露的知识信息。如果存在知识保护制度，企业试图广泛地申请专利，从而生成了综合的并且是可得的高质量科技信息来源。当知识保护制度松散时，申请专利具有风险性。事实上，专利可能为其他企业提供有价值的信息，而且无法保障持有专利的原创企业的利益，这就意味着，企业开展可以产生知识流动的复杂高成本的研发创新活动缺乏动力；或者企业将通过减少披露信息的量来开发保护其创新的机制。通过对于制造行业一些企业的广泛调查，

Cohen 等（2000）发现企业保护知识产品和创新过程最常见的手段就是保密。因此，在以高法律适用性为特征的环境中，外部知识的质量水平都会高一些。

此外，在严格的保护制度下，企业要想利用外界知识，它们必须具备可以将知识转化吸收的能力，使生成的新知识不侵权于被专利保护的知识。例如，围绕该专利进行发明创造，这种知识转化能力是企业知识吸收能力很重要的组成部分。相反，在知识产权保护松散的制度下，模仿现象大量存在，模仿的企业不需要对知识进行任何转化吸收，而原模原样地搬用它。具有竞争力的企业保持创新发明以保持领先于竞争对手，而知识产权保护松散时，知识吸收能力的作用就不明显了。

在知识经济中，大量的知识存在于企业界限之外，这一点对于努力发展企业可持续竞争优势来说意义重大。产业集群中企业能够比较容易地获得外部知识，无论是意志性还是非意志性知识流动，这种现象似乎说明企业内部创新变得相对次要了，这个看似逻辑正确的论断实际上低估了企业知识库在发展知识吸收能力方面的重要性。实际上，创新中的企业内部投资更为重要，因为企业内部的创新投入提高了企业吸收外部知识的能力，拥有较强知识吸收能力的企业对识别并有效利用外部知识流动准备得更为充分。这表明企业知识吸收能力本身实际上就是一种竞争优势。换句话说，知识吸收能力对于企业在创新绩效方面的投资是有利可图的。

企业千方百计发展和维持其竞争力优势，当环境变得越来越动态的时候，对竞争优势的追求就更多地依赖于组织获取、处理以及分享知识的能力。雇员知识、管理人员知识、知识交流网络、知识交流氛围以及知识搜寻是影响知识吸收能力最关键的因素。知识交流网络强调了工人的知识和管理人员知识之间的关联性的重要性，工人和管理人员拥有搜寻内外部知识的有效途径，并拥有能快速、有效地将其输送到在组织内部合适的地方的交流网络。

具有前瞻性的管理人员乐意在雇员和互补性的管理实践活动上投资，他们能积极地影响知识吸收能力的维度，这反过来又会影响企业实施创新性管理实践活动的能力。工人和管理人员拥有的迅速理解并使用解决问题和改善体制知识的能力，这表明企业不仅要关注于快速变化的具体任务知识，而且还要关注于信息的评估和处理技巧创新以及合作性团队和知识共享环境中的工作技巧创新。未来的研究方向可能是企业如何快速获取和吸收真正所需知识的能力方面。

第三节 优化集群企业知识利用环境

集群企业实现技术创新、技术扩散和知识积累的基础是信任和合作以及由此带来的合作性收益，区域自发产生的产业集群，其动力和演进的基础要素也是信任机制。在成熟的产业集群内部，各种类型的企业之间建立起长期的生产合作关系，知识流动和创新扩散特别是隐性经验、知识和关键信息的传递，主要是通过信任、承诺和信誉来支撑的，通过集群内部的社会网络或个人网络来实现。趋利避害、控制消极影响是对待知识溢出现象的基本态度。一方面，需要引导和鼓励产业集群中各主体之间建立信任合作关系，营造集群内部积极向上的知识共享氛围，以减少知识溢出消极影响；另一方面，需要努力构建一套切实可行的集群机制，以维持研发者持续研发创新的能力，实现研发创新、知识共享各方的共赢。

本节首先从知识溢出的角度分析产业集群风险以及集群企业的信誉风险，然后分析产业集群内部的信任机制，说明信任机制能够防范集群风险，是产业集群和集群企业产生和发展的重要的基础条件，接下来从集群信任机制的角度讨论集群风险的防范和产业集群中企业之间研发环境的构建。

一 产业集群内部风险分析

(一) 产业集群结构风险

企业之所以在特定空间区域聚集，最根本的目的在于获取外部规模经济所带来的好处，分享集群知识库，获得集群知识溢出效应，以及利用集群基础条件为企业服务和创造价值与利润，但是当产业集群内企业数量超过一定规模，土地、资本及劳动力价格上涨，最终将阻碍产业集群的发展，产业集群自身也因此逐渐衰退，形成产业集群风险。关于产业集群发展过程所产生的风险或不稳定因素较早就引起了国内外许多学者的关注，马歇尔最早对产业集群形成与风险进行了较为深入的研究。

波特指出，随着企业的进入或退出以及当地经济结构的变化，产业集群从产生以后就一直处于一个动态演进过程中，同时，由于一些外部因素和内部因素使其丧失竞争地位，甚至衰退，世界范围内有许多这样的例子，随时都有新的集群诞生，也随时都有老的集群衰亡。另外，产业集群内企业在信息不对称的条件下会产生"柠檬市场效益"和"搭便车"行为，由于免费使用集群资源，在机会主义的诱使下，个别企业的不规范行为将对整个集群产生不利影响。

随着产业集群的发展，集群内的企业也在长期的交易中进行着重复的博弈，彼此间更加熟悉，信任成本不断下降，同时，由于地缘上的亲近性以及资源的共享，企业在寻找合作对象时逐渐形成一种惯性和路径依赖，并利用这种惯性不仅进行着经济性交易还进行着社会性交易。产业集群内的所有企业以核心能力为基础，充分发挥资源互补优势，并在这种互动行为作用下交织成一个社会关系网络，既表现为一种产业链内部企业间的垂直联系，又表现为产业链之间的企业联系。产业集群社会关系网络是一个整体，其稳定表现为一种全局性稳定和动态稳定。在产业集群演进过程中，当企业的进入和退出的影响都能够被网络组织所吸收时，产业集群就实现了动态稳定。

但是产业集群在社会网络运作模式下也孕育着自身结构带来的风险性，产业集群内的企业在运行过程中都会受到相关集群单元的制约和集群资源刚性的影响，表现为产业集群规模风险、集群社会网络风险和集群支撑机构风险（见图6-7）。

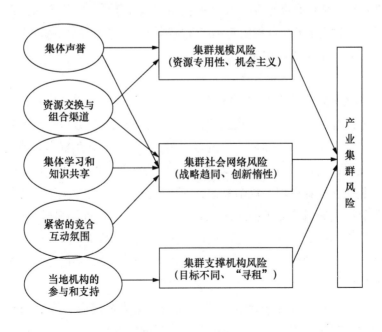

图6-7　产业集群风险

1．产业集群规模风险

产业集群内企业的竞争优势主要来源于大量相关的企业在一定地域上的集聚，共享资源、技术、信息、声誉、基础设施等。但是，理性的经济人在追求自身利益的同时都具有机会主义的倾向，随着集群规模的不断扩大，对集群内企业的管理协调成本提高，企业间单纯的地域、产业、文化纽带将不能保证对集群单元违规行为的高成本惩罚。

产业集群规模的扩大，集群内企业竞争也不断地加剧，一些企业将可能采取不符合集体声誉的行为获得市场对整个产业集群产生"晕轮效应"，使产业集群的集体声誉受损，导致产业集群的不稳定。产业集群的形成，使得内部企业可以共享资源、信息交流的实施、渠道，其一旦建立一方面促进了企业间合作的协调与溢出效应，另一方面又导致了投资专用性的增加，一旦出现集群缺口，将引起产业集群的不稳定。

2．产业集群社会网络风险

产业集群的网络组织结构是企业为了共同的目标而建立起来的，企业间的合作源于社会关系，因而，信任是该组织结构的基本治理工具。但是，随着企业间密切的合作与互动，共享资源、知识、信息、声誉、基础设施和交流的渠道，企业在面临相似机会和威胁的同时导致了企业战略趋同的整体行动；另外，企业不断地产生"搭便车"的机会主义的行为意识，滋生了创新的惰性，抑制了产业集群的创新能力和应变外部环境变化的能力，从而带来了产业集群的不稳定。网络效应与产业集群发展的关系（见图6-8）。

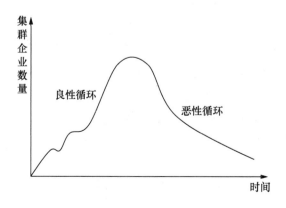

图6-8　网络效应与产业集群发展的关系

3. 集群支撑机构风险

在产业集群内部除了相关企业外，还存在地方政府、中介机构、金融和研究机构等，它们为产业的顺利发展提供了信息、资金、人才、法律保障等。因此，可以说这些支撑机构为产业集群的形成和发展发挥着重大的作用。但是，由于多元主体目标的不统一，在追求个体利益的目标下，可能会形成一种松散的无组织现象，导致产业集群的不稳定。另外，这些机构和组织不仅向产业集群的企业提供了大量的准公共性的支持和服务，而且还掌握了一定的特权，这将引起企业为了获得更有利的支持进行"寻租"活动，破坏了产业集群良性发展的商业环境，致使产业集群不稳定发展。

(二) 集群企业的信誉风险

目前虽然在风险管理标准中，如 IFRIMA（国际风险保险管理联合会）、FERMA（欧洲风险管理联合会）、ISO（国际标准化组织）等组织的指导方针中并没有信誉风险的条款，但是，越来越多的企业将信誉风险视为威胁其发展的最主要因素，保护和提高企业信誉的需求被认为是风险管理的主要目标和收益。因此，信誉风险正吸引着越来越多人的注意，信誉风险被称为对竞争立足点最主要的威胁，同时它也是最难以驾驭的风险（Economist Intelligence Unit，2007）。

事实上，每一个企业的信誉风险一直是企业管理的焦点，过去，该风险一直被认为基本是企业内部的，如今，由于生产外包和延伸企业的出现，信誉风险越来越多地来自外部。2007 年，因生产芭比娃娃而闻名的全球最大玩具公司——美国美泰公司（Mattel Inc.）在两周的时间内，两次宣布在全球召回 2100 万件中国生产的问题玩具，引发了中国玩具出口乃至"中国制造"的信任危机。美国美泰公司 2/3 的玩具在海外生产，这次召回 2100 万件在国外制造的玩具事件，使消费者信心大减，玩具的销售量遭受重创，仅一个季度美国的销售量就下跌了 19 个百分点。美国美泰公司被迫承担 4000 万美元的召回损失，此外未来基于该问题的其他销售损失可达 5000 万美元。

此次玩具召回事件又一次将中美贸易焦点集中到了中国产品的质量问题上。世界各国很多的企业都参与到了中国制造领域，实际上中国制造就是世界制造。如果中国制造受到了损害，在一定意义上讲，世界各国也可以说是受到了一定的损害。商务部提供的数据显示，中国制造的贸易方式有50%以上是加工贸易，加工贸易产品都是按照外国订货商的要求和国际标准生产的。从出口主体来说，有58%以上的产品是由外资企业出口的。在玩具等产品出现质量问题后，作为中国的生产企业确实应该承担一定的责任；但是作为美国的进口商、设计商，应该承担什么样的责任，也同样值得关注。事件的最终结果不得而知，那么究竟谁应该为这类问题负责，就是一个耐人寻味的研究课题。不可否认，不能有效地管理供应链中界面的结果会给整个网络带来巨大的经济损失并非只有美泰公司一家。

　　经济全球化时代，企业面临着空前的有可能导致损害其信誉的威胁因素，由此产生信誉风险，信誉风险被定义为企业未能满足利益相关者对企业业绩和行为合理期望的状况（Atkins，Bates & Drennan，2006），因此，集群企业有必要处理这一薄弱环节。

二　建立集群企业间的信任机制

（一）信任机制对产业集群的影响

　　一般而言，产业集群规模扩张要经历以下过程：首先是当创业企业家创新活动成功落脚在某一区域，然后引起周围学习模仿，产业集群的规模扩张便沿着血缘、亲缘、地缘等脉络向外扩散。在这个过程中，存在血缘和亲缘关系的人自然成为最可靠的信息来源以及合作模仿的对象。例如，某一个人在某一行业取得成功后，往往会带动整个家族从事同一行业，从而出现许多从事同一行业的家族企业和企业集团。随着企业产业链条的延伸，集群传播和扩散便超越血缘和亲缘关系，沿着便利的交通、区位相邻的方向传递，集群扩散由点及线再及面，最终形成专业化特征十分明显的区域集群布局。产业集群带动相关企业集中分布，形成了以某一优势行业为主导、其他相关产业配套布局的企业群落，从而表现出极高的集群聚集效应。

　　通过对产业集群成长过程的阶段性考察发现，信任机制以及相关的商业文化与竞争观念是产业集群演进的重要动力基础。产业集群内各企业交易行为大量发生，信任恰恰起源于交易的需要，交易行为越频繁信任机制越重要。集群企业之间信任关系的建立，是促进集群企业合作的隐性契约生效及规范集群企业的合作保证，是推动产业集群能够不断成长演进的基本力量。以宗族和姓氏聚居的乡村社区，人们之间存在千丝万缕的血缘、亲缘和地缘关系，使得集群内部企业之间的交易和合作能够凭借人格信任来降低交易成本。在成熟的产业集群内部，各种类型的企业之间建立起长期的生产合作关系，知识流动和创新扩散特别是隐性经验、知识和关键信息的传递，主要是通过信任、承诺和信誉来支撑的，通过集群内部的社会网络或个人网络来实现。

产业集群被誉为知识社区（Connell & Voola，2007），在这个社区里，客户、雇员以及供应商进行的知识源的创造、捕捉和转移会促进集群企业之间的协同合作关系、高效管理以及性能改善。信任机制与知识共享以及集群企业互动频率、关系的疏远有着积极的关系，同时，集群企业之间的信任合作关系以及知识共享还可以揭示集群企业联系强度和长期关系的程度（Reagans & McEvily，2003）。信任机制和产业集群知识管理框架（见图6-9）。

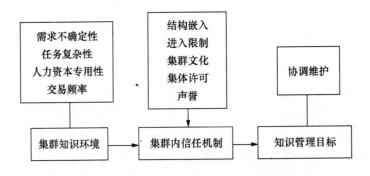

图6-9 信任机制和产业集群知识管理框架

信任作为无形资本像物质资本一样重要，信任最重要的作用与组织发展知识有关，知识资本的价值越高越需要信任，高信任以及由此产生的自发性社会交往造就发达的社会组织，信任是经济繁荣的根本基础。集群企业同所有主要合作伙伴良好的关系和有效的知识型联系管理，包括企业内部（员工）和企业外部（客户及其他），有助于集群企业之间信任关系的形成和管理。

如果将研究的注意力转向集群企业之间的关系，可以从不同的角度分析集群企业之间的信任和信誉作用，例如情感维度、关系市场以及买卖双方的关系等方面（Andersen & Kumar，2006；Enke & Greschuncha，2007）。在集群企业之间关系中创造良好的信誉对实现供应链条中的合作者之间有效的知识转换机制非常重要，这也对供应链的整合以及更有效地管理与供应链条中的合作者之间的共同利益非常重要。那些为和它们的能力和关系密切的利益相关者投资的企业，能够和合作者一起创造信誉，并更好地适应变幻莫测的环境和市场条件，这是企业保持顾客，增加成功的筹码。另外，信任和信誉能够提高集群企业之间关系内部的灵活性和适应性，减少信息不对称造成的负面影响（Arino et al.，2001）。

（二）集群企业间信任机制变迁

经济学家认为，信任是人们理性选择的结果。立足于经济人的理性立场，经济学家从经济人的完全理性到有限理性考察了信任问题。Williamson（1975）和 Coleman（1990）把信任与风险联系在一起，把信任理解为理性行为者在内心经过成本—收益计算的风险的子集，即计算型信任。计算型信任理论侧重于考察信任节约交易成本的功能，提出在重复博弈模型中人们追求长期利益会导致信任关系建立的结论。在重复博弈模型中，影响重复博弈的可能性因素和博弈中人们的策略选择因素，也就是影响信任关系形成的因素。Williamson（1993）从交易成本的分析出发，在有限理性和机会主义的前提下，对信任问题进行了研究，将信任分为计算型信任、关系型信任和制度型信任，提出在组织关系和经济活动中的重要性取决于组织监督和控制机会主义行为的能力。产业集群中企业的信任机制发展历程（见图6－10）。

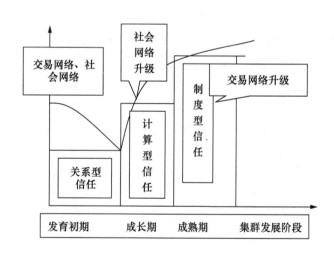

图6－10 集群企业信任机制发展历程

（三）集群企业间信用机制的作用

1. 信任与交易成本的关系

Commons（1994）认为人们通过买卖这种平等、自愿、互利的交换交易活动，可以产生相互信任、平等合作的关系。其中，合作关系的核心内容是信任问题，合作所依赖的是在一定环境下，个体必须了解与之互相作用的他人的信息和需求的多少以及个体之间能否更多地分享共同的资源，从而为解决个体之间各种相互关系奠定信任基础。Kramer（1999）认为信任可以减少交易成本，尤其是先在性信任的影响效果更加明显。作为社会资本的一种形式，信任最重要的作用是自发结社，在科层制内部，信任能够促进成员的自愿遵从，在企业中，信任有助于创造和保持企业的竞争力，改进企业绩效，信任是企业必需的因素。信任与交易成本的关系（见图6－11）。

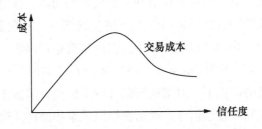

图6－11　信任与交易成本的关系

2. 信任与企业竞争力之间的关系

普遍认为具有良好信誉的企业更易于吸引利益相关者，并同后者形成稳健的伙伴关系。企业间的所有合作活动都是以信誉和信用为基础的，这又促进了信息共享和合作伙伴间的相互学习活动的增加（Rayner，2003）。信用和信誉的潜在利益十分广泛，人员之间的信用同企业内外知识共享之间存在积极的关系，企业信誉和集群网络内部知识共享之间也存在积极的关系。知识共享、知识创新、信任机制与企业竞争力的关系（见图6－12）。

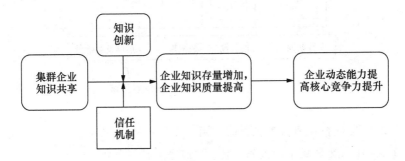

图6－12　知识共享、知识创新、信任机制与企业竞争力的关系

当前国内外为数众多的网络公司凭借调节虚拟网络的能力，逐渐成长为该行业的领军企业。实际上，网络公司销售的绝大多数产品并非自己生产的，由于该企业已经建立起了一个覆盖大量生产厂商和物流服务全球性的网络，从而形成了一整套定制型的方案，最终将产品提供给客户。网络公司的关键内部能力就是技术进步和网络编排，其中后者是通过高度复杂的以网络为基础的信息系统来实现的。另外，对于生产制造型企业而言，全球资源外包和海外加工的趋势是近些年来发生的重大变化之一，这些全球外包和海外加工的基本动机，从表面上分析是生产成本问题，即实际的购买成本或加工成本以及运输成本和关税，然而，由于企业生产的过程大多是海外外包，有着较长的前提时间，企业实际上更注重或者说更担心的是供应链断裂的风险。本质上，这类企业往往很少考虑到附加创新投资成本、销售损失成本以及废弃成本等问题。

理论上和现实存在的风险状况与形势要求每一个企业利用信用和信誉来组织管理这些关系，减少外包成本意味着企业必须了解变更的风险预测，进而要求企业需要对供应商进行更严格的评审。很明显，由全球外包形成的依赖关系十分重要，而且随着经济全球化的深入，全球维度使供应网络变得更为复杂，正是因为这些依赖关系的存在，某企业的信誉被其他网络成员行为严重影响的危险性也在逐渐增大。

三　改善产业集群内部环境

Das 和 Teng（2001）认为"信任就如镜子中的风险"。集群企业或者集群网络关系中的任何一个地方都可能引起信誉风险，一夜之间破坏企业多年来才建立起的信誉，将会引起许多严重后果，例如降低利益共同者之间的信任度、影响彼此之间的关系甚至造成企业破产（Atkins et al.，2006）。因此，企业管理者普遍认识到信誉非常重要，成功地管理集群企业信誉风险具有更高的挑战性。

（一）维护集群企业信誉

信誉被称为企业重要的无形资产，它表达了利益相关者对该企业基本是"好"还是"差"的评价，并反映了企业过去和目前行为的知识累积情况（Taewon & Amine，2007）。一家企业的信誉是利益相关者对其的尊敬，它是基于企业活动的一种无形但重要的资产。信誉可以带来一种"感情依恋"，既是一种利益相关者对企业的"青睐"，也是同利益相关者建立稳定关系的关键（Keller，2003）。对集群企业之间长期关系的有效管理要求企业具有理解和界定各类利益相关者不同目的的能力，因为企业需要实现吸引客户、雇员以及其他利益相关者、提高满意度、保持合作关系等目标。

企业信誉不仅包含企业形象，还包含一些其他内容，企业形象被界定为人们对于一家企业、其产品和服务所持的观点，因此，大量企业均极力利用其各种活动和资源来形成积极的品牌和企业形象观念。同过去相比，企业对诚实正直、提供最佳产品和服务使命方面的投资明显增加，同时强调其公平的战略和社会定位。世界上所有的知名公司自己本身就可以称为一种品牌，而非简单地依靠其产品或其品牌组合。企业信誉和品牌形象息息相关，企业营销管理方面应涵盖信誉和品牌风险管理，以上已经提出信誉可能会被网络利益相关者严重影响，这些利益相关者也应被划分为关系管理过程当中来。过去，品牌可能仅仅代表着某一产品或是某一企业，但现在集群网络经济中品牌逐渐成为集群网络的品牌，代表的是一系列的企业和利益相关者的品牌。

培养集群企业良好的形象，加强企业信誉会增强企业对利益相关者"吸引—满足—保持"这一过程的能力，同时能够增加诸如信用、同客户和其他合作伙伴的许可经营、信息共享和品牌权益等无形资产的价值，最终促使集群企业形成一个良性的因果循环系统。良好的企业信誉还有助于对良性的因果循环系统进行更好的管理，使企业在市场中获得更好的业绩、知识和反响（Calantone，Cavusgil & Zhao，2002）。

（二）建立集群企业之间信任关系

集群企业之间信任关系的建立要经历三个阶段：集群企业信任关系建立阶段、集群企业信任关系实施阶段、集群企业信任关系的终止或重建阶段。

1. 集群企业信任关系建立阶段

在集群企业信任关系建立阶段，信任和信誉是开始建立企业商业联系、启动交易关系、评估潜在的合作者以及开始协商与合作等工作的主要决定因素。在此阶段，来自对方的信息线索或经验扮演了非常重要的角色。例如，一些大型的物流公司为了整合上下游物流活动，改善对零售顾客的服务质量，需要建立一个大型分类货仓，这样做的目的在于整合其他利益相关者。最初的品牌建设者通过建立企业联盟，从而减少企业的物流成本，实现更有效地为零售商服务。这些合作企业拥有共同目标，它们的信誉以及对实现这个联盟潜在利益能力的信任，减少了信任合作的困难，所以企业之间的信任合作能够获得巨大成功。

2. 集群企业信任关系实施阶段

在集群企业信任关系实施阶段，集群企业之间的信任和信誉是经验性学习的结果，集群企业长期成熟的关系能减少网络内所谓的知识代沟（Helander & Möller，2007）。企业间的信任能够满足企业期望，在发展企业独立性的同时，能够建立企业间平衡力量以及合作和竞争关系。到了这个时期，集群企业彼此的信任和信誉在企业之间产生稳定的联系，最终建立企业信任关系。

比如，在特约代销网络等垂直网络中，供应商和商店之间的稳定关系至关重要。从市场营销的角度而言，商店的收购、设计规划、分类和开张过程能够显示企业重要的内部管理能力，商店的开张和重新分类，其中商品的及时性和质量对创造企业的盈利和改善企业在顾客眼中的形象起着举足轻重的作用。从这种角度来说，和供应商的关系至为关键，商家与供应商之间的合作关系不仅是以降低成本为目的，稳定的供应商合作者网络能够确保企业生意的灵活性和优先知识的获得。在集群企业成熟的信任合作关系之下，商店能够克服时间紧、质量高的困难，并极力减少货仓和物流失误，这些又进一步促进并有利于改善、培养和促进同供应商的关系。

3. 集群企业信任关系的终止或重建阶段

集群中的每一位成员，即使是集群中的领先者或者支柱企业，在其产品的整个生命周期中同样需要其他利益相关者提供综合的和高端的客户支持，为了实现企业自身目标，需要在企业的整个生命周期内同供应商建立稳定的关系，而稳定关系的终结则会给企业的稳定性和客户的满意度大打折扣。正是基于以上原因，集群中的每一位成员都希望紧密同外部供应商合作，保障在将来有项目的时候，这些成员愿意成为其合作伙伴。

随着网络信息时代的到来，产生一种新的商业模式即网络型虚拟商务，它是一个由一些自主企业、供应者、客户甚至竞争对手组成的临时性网络，它们由信息技术所连接，进行技术和成本共享，并打入其他成员的市场。这一企业模型是灵活多变的，一些合作者以极快的速度联合起来共同开发利用某特定机遇，一旦达到目的，它们的活动往往就会随即结束。在这些个体进行合作时，信息技术起到关键作用，但是它们彼此之间也需要建立一种临时性的信任关系，随着合作的结束，这种信任关系随之结束。

在上述分析的集群企业之间建立信任关系的三个阶段中，企业之间的经验交流对经验性学习创造常常是至关重要的，外部参与者（已有顾客、第三方或者集群企业之间合作者）或者内部参与者（职员），都与企业的信誉密切相关。如果将信誉放置在更复杂的利益相关者的网络环境中，互信的集群企业之间更趋于互相促进信誉的发展，并且能够最大限度地优化其在其他企业的信用，这样也有助于吸引其他企业、提高集群满意度、保持彼此合作关系以及在结束良性循环周期之后继续保持网络稳定性等目标的实现。

（三）评估控制集群企业信誉风险

集群企业信誉风险管理要求合适的集群企业阻止和控制信誉冒险，同时，还依赖企业文化的操作，需要一个多功能的信誉风险管理方法。为了减少信誉风险对网络关系的副作用，以下三个方面对集群企业信誉风险的评估和控制至关重要。

（1）当集群企业在利益共同者眼中的形象和企业所宣称的形象不一致时，可能出现信誉风险。为了提高自己的信誉和竞争优势，一些产业常常在改善自己的社会责任心形象方面投资。食品、药品、玩具和服装等产业就是其中的典型例子，对于这些产业来说，失信就代表着潜在的危机，它能彻底毁掉它们的品牌信誉以及重要市场或品牌价值，甚至会危及整个行业。一个典型的例子便是"三鹿奶粉事件"，三鹿系列刑事案件不仅使三鹿集团从此失去了市场地位，而且也严重地打击了中国牛奶行业的信誉。很明显，企业必须谨慎评估网络风险的潜在根源，在危机发生前，企业要消除信誉风险，但是如果危机确实发生了，企业要有效地控制信誉风险。

（2）产业集群中的信誉风险要求集群企业有效地管理和其他利益相关者之间的接触界面。比如，在企业内部，雇员和管理人员之间的关系可能是导致信誉风险的一个潜在原因，某些情况下，雇员能引起负面作用，阻碍自己企业的经营，雇员对职业培训、职业发展和工作安全等工作环境有着很多期望和复杂需求，误解了他们的需求就会给企业造成风险。在产业集群内部的信任及信誉与雇员的敬业奉献精神密切相关，雇员对提高自己企业在其他企业中的信誉起着至关重要的作用。集群企业应该鼓励雇员跨企业以及在集群网络内部分享目标、任务、观点和知识，在此基础上雇员产生的兴趣和积极性能够创造出更好的业绩。另外，集群企业雇员之间的联系能够让外部的合作者产生积极作用，通过进一步帮助合作者招募新成员来提高企业的形象（Stuart，2002；Milne，2007）。同样，为了提高服务和产品的满意度，加强合作的有效性和合作双方的信任，以及从长远的角度改善产出，企业应该保持与可盈利顾客之间的关系，这也要求有一套高效的顾客知识管理系统（Liu，Zang & Hu，2005）。

在企业与利益相关者之间，在企业实际运行中有着一些既得利益的媒体被称为"吹哨者"的人们，他们可能在传播丑闻方面具有关键作用，特别是当涉及的是平时在处理环境和利益相关者方面做得很好的企业。集群企业认识到这些因素的潜在作用是信用风险认证的大事。当然，和雇员一样，顾客也对企业产品或服务的质量、价格、服务、安全、透明度以及道德规范抱有很多期望以及需求，顾客也常常可能是负面（偶尔积极的）口头消息的潜在根源，所以不满意的顾客也是信誉威胁的潜在根源，企业需要对这些事件时刻做好准备。

在产业集群中，对于信誉风险影响因素的管理要求集群企业及其合作者对这些风险影响因素方面具有社会意图，或者要求主要活动者应该具备提高其网络形象的决策。另外，为了使集群网络具有品牌效应，对集群网络中新人合作关系的持续提升必不可少。集群企业之间的这些利益是横向的，能影响其他许多方面，从知识的角度来看，高度利用供应链条中合作者之间的知识共享机制能够鼓励多功能合作，产生更好的学习效果，反过来也能促进知识创新。从集群企业管理人员的角度来看，信任和信誉能使人更有效地选择合作者，增大供应商的价格让步，减少投资者的风险，提高策略的灵活性，更好地观察产品的质量，并且还能提高金融绩效和改善雇员的士气（Pellegrini，2004）。

（3）集群企业控制信誉风险与管理利益相关者接触界面紧密相关，企业的管理者需要注意以下几方面：理解利益相关者的期望，在同企业观念和战略一致的情况下，界定企业政策；实施维护信誉和控制信誉风险责任制度，从高层管理者开始，逐步扩散到各管理层次；识别和评估企业网络关系中信誉风险的内外因素；将信用风险作为非转移性风险投保，在其预防和危机管理过程中加大投资，进而减小其负面作用。

集群企业为了有效保护集群网络关系，减小信誉风险威胁，企业有必要将有效合作监管放在企业运行和人力资源的跨功能管理基础上：第一，对企业面对的大量重要声誉风险的因素进行持续性的评估；第二，积累并分析利益相关者和股东对企业期望绩效偏差可能产生风险的认识；第三，确保在企业功能执行过程中各层次对风险意识的统一；第四，通过管理合作性沟通达到同企业预期指数的一致。企业高管人员在信用管理策略选用方面十分重要，特别是在信誉比较差的情况下，企业高管人员需要通过调查企业信誉消极因素，改进股东观念，选用合适的企业绩效改良型策略。

在理解和管理集群网络信誉风险的过程中，企业应该了解利益相关者的期望，并且承担主要责任，目的是保护企业的形象、信誉和网络关系。同时，企业内部以及网络中有效的交流和信息共享也是必要的。对网络关系有效的管理要求一种从"为产品树立品牌"到"为企业树立品牌"或"为网络树立品牌"的战略性转移。这一挑战要求对利益相关者方面的价值创造过程的有效管理（关系管理）和对以下关系有效的协调管理：企业特点（核心能力、内部关系）、企业形象（市场交流驱动下的外部表征）以及同所有的利益相关者的知识交流（战略管理）等。

在产业集群中，对集群企业之间的接触界面和知识共享管理具有十分重要的作用，信誉风险在影响及维护股东、客户等和企业稳定关系方面具有潜在作用。应该将信誉和信誉风险放置在包含所有利益相关者的更为广泛的环境中进行分析，甚至是结合在动态商业环境之中网络内部知识共享面临的挑战，分析了信用和信誉。集群企业在信任的基础上培养企业"吸引—满足—保持"股东及顾客的能力，建立集群企业之间信息共享等积极的关系，促进企业实现更好的业绩，避免或减少信誉风险在导致利息相关者对企业信用丧失、关系影响，甚至企业倒闭等方面的消极作用。

第七章　知识溢出、产业集聚与市场规模扩大

我国的经济发展在相当程度上是资本推动型的发展，资本与区域经济发展的关联度越来越大，对经济增长的促进愈加显著（Chyau Tuan，2009），进一步影响了我国偏远地区企业的发展模式（Chyau Tuan，2004），资本天生的逐利性使得企业在进行区位选择时，必然流向收益最高的部门或地区（对我国范围内来说是东部地区）。随着经济市场化程度的日益提高，企业在区域之间流动更为频繁，企业商务成本则是影响企业流动、区位选择的决定性因素。

保罗·克鲁格曼（Paul Krugman，1991）假定制造业人口可以由工资低的地区向工资高的地区自由转移，从而证明了在不完全竞争和规模报酬递增的前提下，厂商和消费者之间的相互需求，解释了企业商务成本和厂商固定成本的相互作用。Hanson G. H.（2005）在不考虑技术外溢的情况下，利用美国的数据证实了克鲁格曼（1991）的分析。藤田昌久（Fujita Masahisa，1985，1988，1996）指出，由于固定成本的存在，在其他条件相同的情况下，企业倾向于集中在企业商务成本较低的地区。

第一节　知识溢出带来产业集聚

知识溢出效应是一个动态的复杂过程，溢出从溢出源起源，被接受者接收、消化、吸收，并根据自身特质进行创新，然后又在企业间扩散。一旦具备了畅通的传导路径，地理上接近的企业就能通过这个复杂的动态过程不断地接收、消化、吸收、创新、扩散，带动区域内的企业提高生产率和经营效率，降低成本。

企业的空间集聚会形成产业特定的溢出效应和自然优势（Glenn Ellison，1997），降低企业商务成本，从而获得竞争优势。

Mac. Dougall 于 20 世纪 60 年代提出了集群内企业的溢出效应
（Mac. Dougall，1960）。Kenneth J. Arrow 解释了溢出效应对企业发展的作
用，并提出了"学习曲线"和"干中学"这两个重要概念（Kenneth J.
Arrow，1962）。沿着 Arrow 的思路，Paul M. Romer 研究发现知识和技术能
够弥补作为企业经营投入要素的资本报酬递减，内生的技术进步是企业发
展的动力（Paul M. Romer，1986）。Lucas R. E. 认为企业集聚产生的技术
外部性和金融外部性使要素边际收益递增，引起企业在空间的聚集和扩
散，降低了企业成本（Lucas R. E. ，1988）。Griliches Z. 的研究也证明了
集聚通过企业间的溢出效应降低了企业成本（Griliches Z. ，1979）。

Arrow、Romer 和 Lucas 都强调溢出效应对企业发展的推动作用，集聚
以及集聚带来的溢出效应使整个区域内的企业受益，促使该区域内企业生
产率提高和成本降低。Krugman 进一步发扬了 Marshall 的思想，从劳动力
市场经济、专业化经济和知识溢出三个方面阐释了马歇尔外部性（Mar-
shall Externalities），通过集群内企业之间的信任、模仿、沟通（Krugman，
1991），以及人员的正式或非正式交流（Saxenien A. ，1994），集群内的
企业有效地降低了生产、采购、研发和管理方面的企业商务成本，提高了
自身生产经营能力和管理能力（Verspagen B. ，1991）。

Linghui Tang 探讨了 G7 国家企业向其他发达国家和发展中国家企业
的溢出状况（Linghui Tang，2008）。Chun – Chien KUO 评估了技术溢出对
中国区域经济增长的促进作用，实证结果表明，国外先进技术溢出提高了
企业创新能力（Chun – Chien KUO，2008）。

Effie Kesidou 通过研究乌拉圭 Montevideo 软件公司发现，企业的副产
品、劳动力流动和非正式的互动关系对企业的知识溢出影响显著（Effie
Kesidou，2008）。David B. Audretsch 虽然认为高水平的知识投资（由于知
识悖论）并不一定能够自动产生相应的均衡增长，但仍肯定了企业是知
识溢出的渠道及其重要作用（David B. Audretsch，2008）。

Werner Bnt 实证研究发现溢出效应和企业间的信任度之间存在一种积
极的关系（Werner Bnt，2008）。Yi Deng 发现企业内部也存在大量的隐性
知识或技能溢出（Yi Deng，2008）。Brett Anitra Gilbert 等认为，集聚使积
极参与其中的企业能够优先获取知识溢出，企业的区位帮助其获取了发展
优势（Brett Anitra Gilbert，2008）。高阔的研究也得出了类似结论，认为

知识溢出能够提升集群的创新能力，提高创新效率，降低企业创新成本与风险，形成集群独特的竞争优势（高闯，2008）。吴玉鸣对我国省域研发、知识溢出与区域创新之间的关系进行了理论分析与实证检验（吴玉鸣，2007）。

对美国企业微观资料经验研究表明，R&D 提高了企业生产率并且获得了很高的回报（Griliches Z. ，1986）。Jaffe A. B. 运用州际面板数据验证了这一结论（Jaffe A. B. ，1989）。

Fischer M. 通过研究澳大利亚高科技产业数据发现，溢出效应存在一个地理范围，并且呈现出明显的距离衰减趋势（Fischer M. 2003）。Anselin L. 发现，在高校研究溢出效应的范围超过了 50 英里；高校研究与创新活动之间存在直接的因果关系，前者内生于后者，而不是相反（Anselin L. 1997）。Anselin 和 Fischer 等加深了对溢出效应空间范围的认识，为内生经济增长理论提供了重要的经验支持。

围绕马歇尔外部性，对集聚带来的溢出效应基本上存在两种观点：一是以经济地理 EG 派为代表，认为溢出效应对集群内企业提高经营管理效率、降低成本有着重要的促进作用，并通过实证研究证明。二是以 Breschi S. 和 F. Lissoni 为代表的怀疑者，他们认为知识溢出的作用被过分夸大，产业集群对创新的促进作用应归功于专业化经济和劳动力市场经济，认为溢出效应掩盖了传统的马歇尔集聚成本优势（Breschi S. ，F. Lissoni. ，2001）。前者的不足之处在于溢出效应测量缺乏理论基础、对溢出的传导机制研究不足，从而降低了溢出效应的说服力。后者否认隐性知识溢出，强调专业化经济和劳动力市场经济的促进作用。从溢出效应产生途径来看，马歇尔的三种外部性：专业化经济、劳动力市场经济及知识溢出效应互相之间具有一定的促进作用，是无法割裂的，以上两种观点只是在强调马歇尔外部性的一个或两个方面而已。

以上研究从不同角度、不同层面对集聚的溢出效应做了研究，加深了人们对这一问题的认识，但是，关于集群中企业内部知识溢出的获取吸收、转移共享、积累战略等，以及企业之间的知识溢出网络的建立、激励补偿机制的建立及社会资本环境等方面研究不足，且有待于研究方法的多样化。在研究视角上，侧重于中观、宏观层面的溢出效果，而较少对微观层面进行深入研究；在研究对象上，较少关注企业的溢出管理；在研究内容上，较少对溢出主体与客体的激励、补偿机制的研究；在研究方法上，现有的溢出效应度量基本是间接的，其实证结果受到了一定的质疑，阻碍了对溢出效应的深入研究（黄志启、张光辉，2009）。

第二节　产业集聚促进市场规模扩大

产业集聚降低了区域内企业商务成本，改变了企业的区位选择，企业的区位选择促进了集聚形成，集聚效应又反过来影响了资本的区位选择，形成资本区位选择与集聚效应的自我强化。

Head K.（1996）把中间投入品的供给和需求作为中国集聚经济的发生机制，利用 54 个城市共 931 个外商投资企业的数据进行计量分析发现，集聚效应在中国吸引 FDI 中的作用突出，在基础设施和工业基础良好的城市里更为显著（Head K.，1996）。第一，产业集聚使专业化分工以一种独特的方式获得了空前发展；第二，集聚企业之间的地理距离短，运输费用低，供货及时，可以大量减少企业采购、运输和库存的费用，最终降低产品的生产成本；第三，产业集聚在企业间培育出的隐性心理契约则降低了企业间的交易成本；第四，集聚减少了收集市场信息和技术创新信息所付出的费用；第五，集聚的存在有利于形成共享和成熟的劳动力市场，从而降低企业获得劳动力要素的搜寻成本；第六，集聚还有利于促进专业服务设备和基础设施的发展，降低使用成本（李锋，2004）。

无论制造业还是服务业，集聚和它们的协同作用都影响到企业的流动模式（Linda Fung - Yee Ng，2006）。在企业的区位选址上，为了降低交易成本，利用外部经济，企业流动往往趋向于集中在某些特定地区。集聚经济和市场规模决定了美国企业在发展中国家的区位选择（David Wheeler，1992）。对波兰的研究也表明，集聚是企业流动的主要驱动力之一（Agnieszka Chidlow，2009）。Linda Fung - Yee Ng 的研究表明，尤其对于中小企业区位选择，集聚因素起着重要作用，此外，分工程度、交易成本对于企业选址也具有显著的影响（Linda Fung - Yee Ng，2003）。Keith Head 对 931 家外国企业的调查数据表明，外国企业对那些有外资企业、具有良好的基础设施和工业基础的城市具有偏好，并且，外资的集聚效应极大地放大了相关政策的直接效果（Keith Head，1996）。Antonio Majocchi

对 3498 家外国制造业企业的调查也得出了类似的结论（Antonio Majocchi，2009）。C. Keith Head 分析了 1980 年以来 751 家日本制造企业在美国的区位分布，发现处于同行业的企业往往会选择集中在一个地区或相近的地区内以取得外部效应，这种集聚效应的经济性主要体现在企业间的技术溢出、专业化的劳动力企业共享和中间投入品供应的外部性（C. Keith Head，1995）。

企业本身还存在很强的自我强化机制。集聚效应使得某一地区如果存在类似的企业，其后的投资者选择该地区的可能性就会增加。研究表明，在成功地控制其他影响区位选择的影响因素后，由于集聚效应的正外部性，企业流动趋向于做出类似的区位选择。第一，集聚区域内存在外部经济，如信息共享、公共服务会使后来者在较短的时间内实现在新经济环境下的高效生产。第二，大量的先行企业集聚能提供多样化和相对低廉的中间品投入。第三，先行企业对该地区市场容量、要素成本、交易成本、基础设施等做出的调研和评估将降低追随者的成本和风险。第四，如果潜在进入企业尤其是追随者无法对该地区的投资环境做出投资评价（很可能是技术原因或本身实力不足），那么，模仿先行企业的区位选择就是一个最优的选择。第五，作为代理人的投资决策者，由于担心自己"独特"的区位选择失败而影响自己职业经理人声誉，也会选择追随进入同一区域（DeCoster Gregory P.，1993）。这些都有助于投资于该区域的企业降低经营成本，并通过本地竞争对手和顾客需求的力量进一步加强竞争优势。

区位选择与企业集聚的自我强化效应有着重要的政策含义。某一地区率先增加改善经营环境，将吸引企业向该地区流动，而经济外部性则可能促使更多的企业集聚，进而降低该地区的要素成本和交易成本，从而吸引更多的企业流入，即使其他地区随后推出类似的举措，也不足以打破这个良性的自我强化机制。

第三节　市场规模影响企业商务成本

生产成本极小化的思想对企业区位选择产生了深远的影响。要素价格和质量、劳动力价格和质量、基础设施无疑有着重要影响（Sung Jin

Kang, 2007；Jimmy Ran, 2007）。

国际直接投资区位理论的形成促进了理论界对企业商务成本的研究。经典的区位理论认为经营成本是决定企业区位选择的主要因素，企业通常会选择成本最低的地区从事生产，其中，最主要的是包括劳动力成本和交通运输成本（Peter J. Buckley, 1984）。近年来，成本学派将内部化交易成本理论纳入其分析框架，认为企业的区位选择取决于交易成本（Peter J. Buckley, 2003, 2009）。与本地企业不同，外地企业在进入当地市场时，面临着很高的搜寻成本，如研究当地市场潜力、寻找可靠的原材料及中间投入品供应、人员招聘以及管理多元化等成本，这就促使外地企业尽量选择交易成本低的区位以规避风险（Richard E. Caves, 1971）。

Dunning J. H. 于 20 世纪 70 年代提出了著名的国际生产折中理论，并一直致力于发展和补充这一理论。国际生产折中理论通过 OLI（Ownership Location Internalization）分析框架将内部化理论、区位理论和国际贸易理论综合起来，并以此解释 FDI 投资决策。Dunning 认为区位因素主要包括市场因素（市场规模和潜力）、自然禀赋、投入品（如劳动力、能源、原材料等）的价格、质量和生产率、交通和通信成本、相对技术水平、贸易壁垒、国家和地区制和政府政策以及语言文化差异等。随着经济全球化的迅速发展，跨国企业的区位选择不仅要考虑传统的要素成本、交通成本、市场需求格局以及集聚经济效益，同时还要重视交易成本、动态外在经济性、知识积累、技术创新等因素（J. H. Dunning, 1981, 1998, 2000, 2004, 2007）。

Ekrem Tatoglu 等（1998, 2007, 2009, 2010）的研究表明，市场规模、交通运输成本、原材料和劳动力供应、东道国政治和法律环境、经济增长、东道国市场上产业竞争程度、地理接近程度以及东道国的基础设施等是决定企业区位选择的重要因素。

李立新等（2002）指出中国丰富的资源和廉价劳动力、聚集效应、交易成本对于不同来源地投资者的重要性不同（鲁明泓、潘镇, 2002）。发现劳动力成本、城市化程度、国内生产总值、第二产业比重、进口限制、政策优惠等因素对企业分布影响显著。

Richard M. Coughlin（1990）认为高税收降低了对企业的吸引力，Peter J. Coughlin（1990）的研究显示平均工资、企业报酬率、交通设施密集度、失业率、企业税负率等因素对企业影响显著。

Gong H.（1995）的研究表明邻近海市、水路交通方便、通信便捷、良好的电力供应以及拥有特殊优惠政策的城市是企业进行投资的主要区域。鲁明泓（1997）指出外资数量与廉价劳动力、交通、通信、GDP 水平、服务业、基础设施、市场发育程度以及优惠政策呈正相关关系。

由于企业性质、产业类别以及各国情况不同，影响企业区位选择的因素也具有较大差异。欧盟企业在中国选择具体的投资区位时，主要关心是否接近产品的销售市场（王洛林，2000）。日本企业在欧洲选择制造业厂址时，主要是考虑供应商的可靠性及其质量、熟练劳动力的供应、较好的劳资关系、运输成本及市场接近性、低税收负担等因素（Barrell R.，1999）。

魏后凯、贺灿飞和王新（2001）对秦皇岛市 135 个外商投资企业进行了实证分析，发现接近城市和交通干线、水电气供应及成本、土地和房地产价格、税收优惠等对外资企业区位选择影响最大，是影响企业流入的重要因素。

在新经济地理模型中，Elhanan Helpman（1981，1983，1996）和 Takatoshi Tabuchi（1984，1986，1990，1995，1998，1999，2000，2002，2007，2009）将土地租金纳入分析框架，发现当运输成本足够低时，制造业会向城市外围迁徙，以避开城市的高土地成本。也就是说，企业商务成本差异性、结构变动影响了该地区的经济发展模式和产业结构布局，进而影响城市群的产业分工和产业布局。

东京圈的功能特化是一个很好的例证，日本东京圈企业商务成本升高对该区域经济带来巨大的影响：制造业和居民纷纷向外迁徙，取而代之的是以金融业和信息传媒产业为首的第三产业和跨国企业的总部（赖涪林，2005），即中心城市集聚大量的服务业，而外围则集聚了大量的制造业。

这可以从不同的产业对要素成本和交易成本的敏感性不同来解释，由于制造业对要素成本更加敏感，而金融业、信息传媒产业和跨国企业的总部对土地成本、劳动力成本等要素成本基本上没有敏感性，因此，促使制造业和服务业在区域内协同定位，最终改变了地区内产业分布的新格局（江静，2006）。

同时，由于不同城市的功能与发展定位不同，企业商务成本的差异化影响了企业的集聚与扩散，促进了城市群企业商务成本等级体系的形成，在一定程度上改变了城市群的产业结构（钱运春，2006），优化了城市空间结构（朱家良，2004），形成了产业在不同地区的集聚。

随着城市功能的逐步升级和本地资源的日益稀缺，由于企业商务成本的增长具有内生性，企业商务成本与所在区域的经济发展同步增长（鲍新仁，2007），但其变动趋势呈现出结构性的特征，土地、劳动力、原材料等生产要素在价格上升的同时对企业区位选择的影响也逐渐减小，交易成本在稳步下降的同时，其地位及影响力在逐渐上升（凌定胜，2008）。

要素成本和交易成本在某种程度上是此消彼长的关系。较低的要素成本往往伴随着较高的交易成本，较高的要素成本则往往与较低的交易成本并存。

从柔性成本角度来看，交易成本本身就决定了企业商务成本的大小，而且交易成本更带有长期性、深层次性和广泛性的特点。虽然在交易成本的影响深度、范围、作用机理方面尚缺乏共识，但降低交易成本已经被理论界和实务界认可。

企业将交易成本作为重要的投资影响因素，转型经济国家的市场经济制度的建设明显地促进了 FDI 的流入（Alan Bevan，2004）。鲁明泓（1999）也对各制度因素对 FDI 流入的重要性做了实证研究。傅钧文（2003）对北京、上海、深圳三地企业商务成本比较研究后认为对于跨国企业总部和大型跨国企业而言，优质和高效的投资环境比低廉的要素成本更重要。

企业流动的动态演变与法律现代化进程和体制改革密切相关（Linda F. Y. Ng，2003），官僚主义、贪污腐败对企业流入具有明显的消极作用（Aristidis Bitzeni，2009；Julan Du，2008），俄罗斯的制度环境从一定程度上解释了其低水平的企业家发展，也影响了企业家和潜在企业家的相对利益（Ruta Aidis，2008）。Alan Bevan（2004）研究了制度发展与 FDI 流入的关系，发现 FDI 与正式制度相关（但俄罗斯的非正式制度也有影响），如企业的私人股权、银行业改革、国际交流、贸易自由化和立法（Alan Bevan，2004）。

对 125 个国家 11232 位高管的调查发现，在中国，企业活动中最受困扰的因素依次为：低效率的政府机构、融资渠道、政策的不稳定性、腐败、不完善的基础设施、税务法规、缺乏教育的劳动力、职业道德较差的劳动力（Augusto Lopez – Claros，2007）。

高汝熹和张建华（2003）对上海、苏州、深圳三个城市的研究发现，影响企业区位选择的关键因素是文化理念、区位交通、城市能力、体制创新、要素价格。

潘飞（2006）将北京、上海的企业商务成本与国际中心城市企业商务成本进行了比较，发现我国劳动力以外的其他企业商务成本要素并不低，因此，在降低交易成本的同时，可以适当提高工资水平，改善人们的生活质量。

Leonard K. Cheng（2001）发现大市场容量、良好的基础设施状况以及政策优惠和较低的工资水平有利于吸引企业流入。

潘镇（2005）以江苏省3570家外资制造企业为对象，考察了企业在区位选择中的异质性，并对其区位选择的有效性进行了检验。发现竞争力强的企业更偏爱基础设施完善、经济规模大的地区，劳动力成本对其影响较小。

李品媛（2006）从生产服务成本、生产交易成本、生产环境成本和生产要素成本方面研究了大连开发区企业商务成本变化对企业的影响，提出要从单纯的要素成本竞争转变为生产要素、资源配置、产业集聚、区域环境等全方位的竞争；必须转变政府职能，由政府主导转变为市场主导，由政策优势转变为服务优势；必须转变增长方式，由追求经济量的增长转变为质的提升。

企业商务成本必须与城市或区域经济定位和资源禀赋相适应（鲍新仁，2007），不同产业对要素禀赋有着不同的要求，不同的企业对同一地区相同的要素条件也有着不同的评价，真正影响其决策的是特定类型要素的价格和可得性，而非全部要素的一般价格和可得性状况。

要素是异质性的，异质性要素的价格必然存在差异，这种差异可能是生产率高低的反映，简单的要素价格并没有包含其效率信息；要素又是专用性的，发展不同的产业需要不同的具有专用性的要素投入，简单的要素价格又没有包含生产要素专用性的信息（安礼伟等，2004）。所以，区域经济发展必须诉诸有形资本、劳动力资本和体制资本的形成（Sylvie Démurger，2002）。

第四节　案例分析

我国地区间经济差距越来越大，这种差距已经引起了地方政府、中央政府和理论界的重视。沿海地区的优惠政策更是加大了东部地区与西部地区的经济差距，引导了 FDI 的分布（Alan Bevan, 2004），大量的企业流入经济特区（Leonard K. Cheng, 2001）。由于企业流入将促进本地经济增长，并可通过技术转让、管理经验、出口市场准入等缩小与发达地区的差距，为本地区带来福利改善（Hiroshi Kurata, 2009；Céline Azémar, 2008；Facundo Albornoz, 2009）。2008 年，西部地区实际利用外商直接投资（FDI）占全国的比例为 8.51%，只占很小一个比重，如表 7 - 1 所示。

表 7 - 1　　　　各地区实际利用 FDI 表　　　　单位：百万美元

年份	东部地区		中部地区		东北地区		西部地区		合计
	金额	比例（%）	金额	比例（%）	金额	比例（%）	金额	比例（%）	
1995	30372	82.24	2423	6.56	2271	6.15	1864	5.05	36930
1996	34145	82.33	2852	6.88	2738	6.60	1736	4.19	41470
1997	35475	79.01	3577	7.97	3342	7.44	2507	5.58	44901
1998	36414	80.41	3394	7.49	3126	6.90	2351	5.19	45284
1999	33353	83.52	3063	7.67	1681	4.21	1837	4.60	39935
2000	32842	81.43	2956	7.33	2682	6.65	1852	4.59	40333
2001	37827	81.58	3422	7.38	3195	6.89	1922	4.15	46367
2002	42046	80.13	4409	8.40	4011	7.65	2005	3.82	52472
2003	42563	80.40	5319	10.05	3336	6.30	1723	3.25	52941
2004	46691	76.63	6333	10.39	5938	9.75	1969	3.23	60931
2005	62134	76.58	8880	10.95	5736	7.07	4381	5.40	81131
2006	73215	76.22	9737	10.14	7230	7.53	5874	6.12	96056
2007	86255	71.28	16544	13.67	10517	8.69	7698	6.36	121013
2008	96522	68.02	19399	13.67	13901	9.80	12082	8.51	141904

将表7-1数据绘制在图7-1、图7-2中，可以较为清晰地显示各地区1995年以来实际利用外资的比例和趋势。

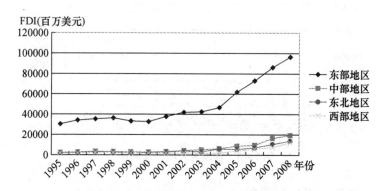

图7-1　各地区实际利用外资金额趋势

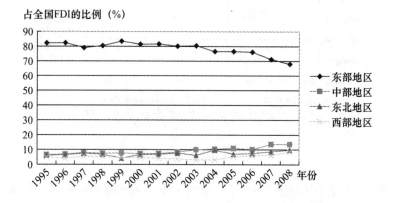

图7-2　各地区实际利用外资占全国FDI比例趋势

从图7-1、图7-2和表7-1可以看出，近年来，虽然东部地区实际利用外资占全国利用外资的比例有所下降，但西部地区和中部、东北地区却并没有快速启动的痕迹。从图7-1可以看出，虽然各地区实际利用外资金额曲线均呈上升趋势，但自2004年以来，东部地区表现出了强劲的发展势头，进一步拉大了与其他地区的差距。按人均计算，2008年，东部地区的外商直接投资是西部地区的6倍以上（见图7-3）。

从图7-3可以看出，东部地区和东北地区人均利用外资表现突出，其上升幅度远远大于西部地区和中部地区。地均FDI可以更清晰地看出这一差距（见图7-4）。

人均FDI（美元/人）

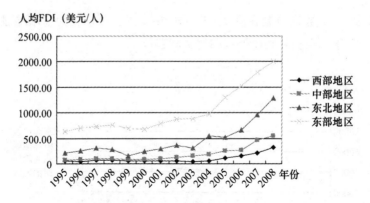

图 7 - 3   各地区人均 FDI 时序

地均FDI（美元/平方千米）

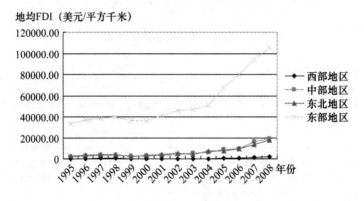

图 7 - 4   地均 FDI 趋势

图 7 - 4 显示了与图 7 - 3 不一致的一面，从地均 FDI 来看，东部地区上升趋势非常明显；而中部地区和东北地区在 2004 年以前，基本没有多大变化，从 2004 年以后，开始小幅上升，但东北地区的地均 FDI 没有表现出如图 7 - 3 所示的人均 FDI 快速上升趋势，主要原因在于东北地区的人口增加幅度缓慢，大量人口迁移至东部地区，甚至造成了当地产业空洞化现象；而西部地区在地均 FDI 指标上则基本上处于停滞状态，表明西部地区所谓的人均 FDI 增长并不能够缩减东西部地区的差距。

企业成本的高低直接关系到企业的利润状况，从某种意义上说，企业商务成本的高低直接关系到企业的发展乃至生存，也影响着当地经济的发展。狭小的市场规模对企业的劳动力成本、运输成本、公用事业成本等都构成了比较显著的影响。对于西部企业来说，运输成本较高是一个严峻的事实，由于西部地区企业密度远远小于东部地区，并且较少存在规模化的产业集群，形成了独特的"两头在外"（从外地采购原材料和中间投入品，加工生产后销往外地）的购销模式，运输成本居高不下，但西部企业面临的不仅仅是运输价格的问题，还面临着运输时间、寻租甚至运输延误的问题，这些问题对企业成本的压力更大。

一般认为，西部地区幅员辽阔，资源丰富，劳动力工资低，企业在西部地区的经营成本自然应该比东部地区低。但市场规模的制约增加了企业的劳动力成本，西部企业的劳动力不但效率低下，而且缺乏高级管理人员和研发人员。

"西部企业发展中的障碍与制约机制"课题组走访了青海、陕西、甘肃、宁夏四省、自治区的十余家企业，通过企业实地调查、与企业高层和中层管理者访谈、发放调查问卷（从统计结果看，总共发放问卷1500份，回收有效问卷969份，有效回收率64.6%），发现西部地区的企业普遍存在企业商务成本约束，见图7-5企业商务成本调研数据汇总。

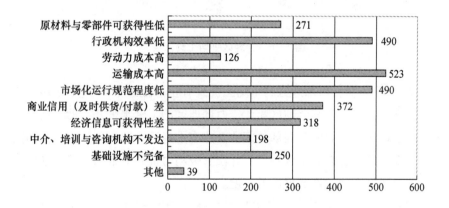

图7-5 企业商务成本调研数据汇总

从图7-5可以看出，运输成本高、市场化运行规范程度低、行政机构效率低等受到了50%以上被调查者的关注，并认为这些因素构成了西部企业较高的企业商务成本，阻碍和制约了西部企业的发展。

（一）西部企业劳动力成本高

在调研问卷汇总中，只有13.00%的被调查者反映劳动力成本高，但在访谈中，几乎100%的被访谈者均认为企业劳动力成本高于东部地区。课题组的访谈对象全部是高层管理人员和中层管理人员，而调研问卷中企业基层管理人员占据了绝对比重，从而造成了这一明显的差异，这反映了不同调查对象回答问题的角度不一致。

1. 西部企业效率工资低

从图7-6可以看出，从绝对值来看，与东部地区相比，西部地区的工资水平的确不高。

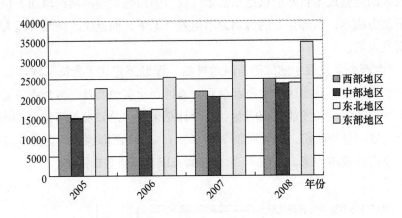

图7-6　各地区平均工资比较

图7-6表明，西部地区的平均工资只有东部地区平均工资的70%左右，但与中部地区、东北地区相比，西部地区的工资水平并不低，甚至高于这两个地区，这表明，西部地区的企业在承担着西部地理区位劣势的同时，与中部地区、东北地区相比，并没有劳动力价格低廉的优势，这或许可以部分解释企业对西部地区的态度。

同时，西部地区平均工资增长率最高，2005—2007年，西部地区平均工资快速增长，到2008年，才有所回落。对其工资增长率高企的现象也许不能用基数小来解释，更可能是西部地区在东部地区较高工资水平带动下的"补涨"（见图7-7）。

下面考察各地区的效率工资，效率工资＝GDP/工资总额，其经济含义为单位工资创造的GDP（见图7-8）。

从图7-8可以看出，西部地区的效率工资即单位工资创造的GDP远远低于东部地区（低50%左右），也低于中部地区和东北地区，这说明其他地区职工工作效率高，单位工资的产出大，效益也大；而西部地区效率工资最低，单位工资创造的GDP最小，西部地区的企业在劳动力方面的

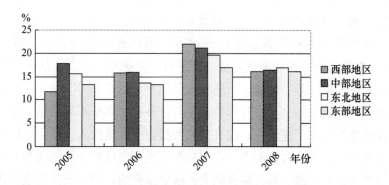

图 7-7　各地区平均工资增长率

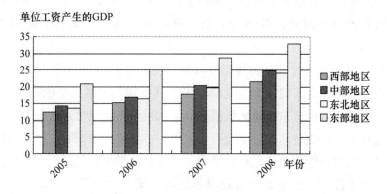

图 7-8　各地区效率工资

投入产出最小，劳动力成本最高。

　　虽然如上文分析，西部地区的劳动力成本要比东部地区高 50% 以上，但调研中发现，这种情况在外地人控制的企业中并不明显。西部企业由于源于自身的特质以及西部地区的小富即安的文化，使企业在最初的成功之后，由于相同的一群人生活和工作在一个相对封闭的环境中，缺乏新鲜血液以保持企业的活力，这种环境使得模仿和所谓的创新（管理创新和技术创新）被指向过去的习俗惯例，于是企业就停滞不前了。这种"习俗的蛋糕"在企业被外地人控制之后就被打破了，这表现为企业的总经理还是原来的总经理，中层管理人员还是原来的中层管理人员，员工也还是原来的员工，但仅仅由于换了控制人，企业的经营效率就大为提高，这也许从另外一个角度表明，西部地区的企业普遍存在工作效率提升的挑战。

2. 西部企业不缺乏低工资、低技术的劳动力

丰富的劳动力资源存量是西部地区一贯标榜的优势之一，但这种"优势"并没有转化为企业的优势，低工资、低技术的劳动力从来没有构成西部企业成本优势。的确，西部有大量工资低（但成本高）、技术水平低的劳动力，但实际上，没有哪些企业对这种技术水平不高的感兴趣。在对企业调查中，除了建筑业，没有一家大型企业大量投入、使用这种劳动力。在当前人口流动的机制下，在包括东部地区在内的全国各地都并不缺乏这种技术水平不高的低价格劳动力，西部地区的这种劳动力低廉的优势事实上并不存在。另外，许多企业指出，企业根本不需要这样的劳动力，由于西部地区私营企业不发达，国有企业对劳动力的吸纳有限，而且对人员招聘很严格，因此，劳动力市场对这种技术水平不高的劳动力需求很小。

3. 西部企业严重缺乏高级管理人员和技术人员

西部的不少高等院校为企业培养出了具备初、中级水平的技术人员，而且劳动力成本也比东部地区低得多。但如果没有高级管理人员和技术人员，这种低、中级技术人员不会有太大作用。从整体情况看，西部地区恰好缺乏高素质的管理人才。在访谈中，许多企业指出，经过三四十年的发展，原来支援三线的企业的管理层早已过了第一代和第二代，企业的高层、中层乃至基层管理者、技术人员严重依赖企业内部培养，并大多为本地人或三线建设人员的后代。一方面，由于区位偏僻，高端人才缺乏来西部企业工作的意愿，西部地区的企业基本上招聘不到高层次人才，有时候招聘到一两个，也很难适应企业的文化和管理体制，很快就离开了；另一方面，地方政府的保守以及企业薪酬机制的制约更使企业对高层次人才没有吸引力。对于计划在西部投资的企业来说，至少在建厂初期，几乎所有高层管理职务都要由总部派员担任，或者从东部地区抽调管理人员负责，无形中增加了成本。实际上，雇用这些高级员工的费用比沿海地区还高。

高层次人才匮乏在研发领域表现得最为突出。西部地区尤其是西安、成都有大量的高校和研究机构，但研发能力与其他地区相比明显落后。东部地区研发总指数平均为40.9%，远远高于其他地区；东北地区研发总指数平均为18.7，中部为13.2；西部地区研发指数最低，11个省市自治区（无西藏数据）研发总指数平均值仅为11.0。更具体地看，西部地区平均研发资源指数为5.0，平均研发投入指数为14.7，平均研发转化指数

为4.9，平均研发产出指数为18.1，全部低于东部地区、东北地区和中部地区（见图7-9）。

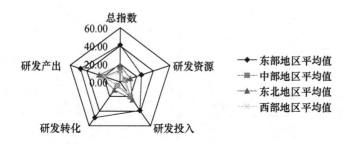

图7-9 研发能力指数

表7-2 企业研发效率测度指标

变量	测度指标
投入	研发人员投入、研发经费支出
产出	发明专利申请授权量、科技论文发表数、技术市场成交合同额
环境影响因素	基础设施、市场环境、劳动者素质、金融环境、创业水平

同劳动力效率工资低一样，西部地区的研发效率也很低。根据中国科技发展战略小组对区域研发环境的评价体系，企业研发效率测度指标主要包括采用 DEAP 2.1 软件计算的 DEA 效率值（见表7-3）。

本书的投入指标数据均来源于《中国科技统计年鉴》；产出数据中，科技论文数来源于《中国科技论文统计分析》，其他两项来源于《中国科技统计年鉴》；环境影响因素指标则直接引用《中国区域研发能力报告2006—2007》中的数据（由于西藏自治区缺乏技术市场成交合同金额方面的数据，本书的分析不考虑西藏）。需要说明的是，由于研发从投入到产出有一定的时滞，一般为两年（刘顺忠、官建成，2002；官建成、何颖，2005），因此，科技投入指标选取 2006 年的数据，而产出指标选取2008 年的数据。

表7-3可知，北京、天津、上海、重庆4个直辖市的研发效率最高，西部地区的研发效率最低。这与前文的西部地区人力成本最高（效率工资最低）的结论相一致。

表7-3   各地区 DEA 效率值

区域	省市自治区	DEA 值	区域	省市自治区	DEA 值
东部地区	北京	1	东部地区	辽宁	0.589
	天津	1		吉林	0.696
	河北	0.523		黑龙江	0.756
	上海	1		平均	0.680333
	江苏	0.797	西部地区	内蒙古	0.601
	浙江	0.806		广西	0.47
	山东	0.817		重庆	1
	福建	0.625		四川	0.643
	广东	0.982		贵州	0.417
	海南	0.61		云南	0.403
	平均	0.816		陕西	0.633
中部地区	山西	0.636		甘肃	0.628
	河南	0.468		青海	0.432
	湖北	0.635		宁夏	0.451
	湖南	0.64		新疆	0.681
	安徽	0.547		平均	0.578091
	江西	0.485			
	平均	0.5685			

市场规模较小的地区无法满足企业对技术水平较高的人力资本的需求，企业因而面临着巨大的人力成本压力。

首先，西部地区研发人员人数较少，尤其是与东部地区差距较大。尽管西部地区个别省份（如陕西、四川）的研发人员数量略高于全国平均水平，但从整体上看，西部地区研发人员仍然严重不足，无法满足企业的需求。以2008年为例，西部地区各省份平均研发人员为2.47万人，而东部地区各省（市、区）平均研发人员为11.94万人，是西部的四倍多。

其次，从研发人员数量趋势看，西部地区与其他地区的差距也越来越大。东部地区研发人员数量增加趋势明显，中部地区和东北地区研发人员稳步增加，而西部地区研发人员数量则增加缓慢。这主要是由于西部企业尚未形成知识分享剩余利润的环境和理念，研发人员的价值得不到尊重和体现，因此，西部企业对人才的吸引力远不如东部企业，一方面，企业招不到高层次的人才;另一方面,本企业的人才大量流向东部地区。研发人才和专业技术人才匮乏直接导致西部企业无力研发新产品、采用新工艺、使用新设备,在市场发生急剧变化与调整时抵抗风险的能力很弱。

另外,科研院所未能与企业对接,研发成本高。西部地区的某些城市虽然拥有数量众多的高等院校和科研院所,每年投入大量资金进行研究,也形成了大量的科研成果,但这些科研成果却很少转化为生产力。在访谈中,有企业表示,虽然企业每年都投入销售额的 5% 进行研发,但由于企业与高校、科研院所对于合作研发的目标不同,往往以失败而告终。80% 以上的企业表示与高校、科研院所合作的技术创新效果不好(见图 7 – 10)。

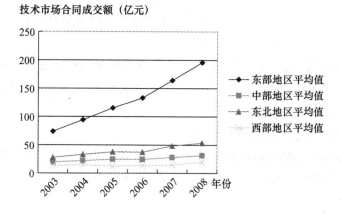

图 7 – 10 平均技术市场成交合同金额趋势

2008 年,西部企业各省(市、区)技术市场合同成交额平均为 19.50 亿元,而东部企业技术市场合同成交额则达到了 195.87 亿元,是西部企业的 10 倍。在专利申请授权量和技术市场合同成交额两个方面,东部企业都具有强大优势,而西部企业与之相比则差距甚远,并呈逐年扩大趋势。我国西部地区科学技术成果转化率亟待提高,企业的设计能力亟待增强。

一方面,西部地区的企业缺人才;另一方面,西部企业的人才流失非常严重。虽然从企业乃至中立的角度来看,西部地区用工成本比东部高(效率工资低),但从员工的角度来看,西部地区企业给的薪水过低(平均低 30% 左右),因此,西部企业人才流失严重,尤其是技术劳动力和研发人才，如西宁特钢为普钢企业免费培养了大量的特钢人才，兰石企业的人才也大量流失到竞争对手企业。与此同时，我国的法律环境还很不健全，对竞业禁止没有约束力，这大大增加了企业用人成本。

因而，虽然西部企业的员工收入水平很低，但西部企业的用工成本高出东部地区50%，如果考虑到高层次人才缺乏给企业带来的损失，西部企业承受的企业商务成本压力就会更大。西部企业也似乎陷入了一个怪圈：员工收入水平低，使得企业招聘不到优秀的人才，造成企业效益上升缓慢甚至下滑，效益增长缓慢使得企业更不愿意付出高薪招聘人才，即使能招聘到部分人才，也由于无法适应企业落后的生产、管理方式而水土不服。

综上所述，对西部地区的企业来说，这形成了一种很尴尬的局面：一方面，西部地区地理区位限制了企业的发展，增加了运输成本、贸易成本等；另一方面，西部地区的企业不得不承受较高的劳动力成本。

（二）西部企业物流成本高

在调研问卷中，53.97%的被调查者认为西部企业物流成本高；在访谈中，几乎100%的受访者认为西部企业物流成本高，这反映了西部企业的物流现状。

1. 西部地区运输线路密度小

西部地区运输线路绝对数量最大，这主要是由于西部地区面积大，区域广泛（见图7-11）。

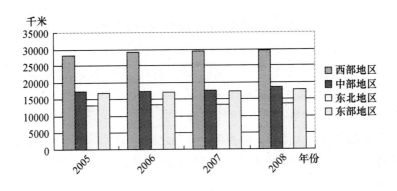

图7-11 各地区总运输里程

但西部地区的公路路况很差（以高速公路为例），运输线路密度要远远小于其他地区（见图7-12）。

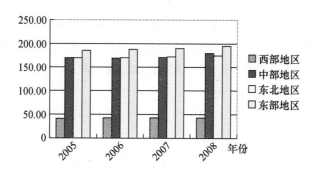

图 7 - 12　各地区运输线路密度

2. 西部地区货运量总量小

西部地区货运总量远远低于东部沿海地区，也低于中部地区，说明西部地区经济发展水平相对落后，物流相对落后（见图 7 - 13）。

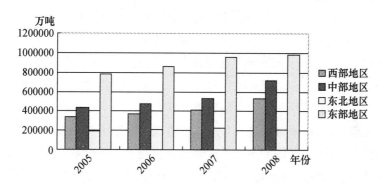

图 7 - 13　各地区货运总量

进一步地，西部地区运输线路利用率低（见图 7 - 14）。

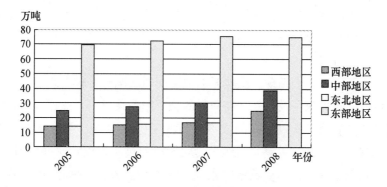

图 7 - 14　各地区运输线路利用率

从图 7-4 可以看出，西部地区每千米运输线路运送的货物远远低于东部沿海地区，也低于中部地区，基本与东北地区持平。这说明西部地区的运输线路利用率偏低，企业负担的运输线路维护成本、折旧较高，反映了西部地区较小的贸易总量和落后的物流现状，这种落后状态必然反映到运输成本方面。在调研中，几乎所有的投资者都提出了西部企业物流成本过高的问题。

3. 产业布局不当及产业集群缺乏，提高了企业物流成本

由于历史原因，西部地区分布了大量的装备制造业，随着东部经济的快速发展，西部地区的这些企业生产的产品大部分"出口"到东部地区；同时，西部缺乏产业配套（很少有产业集群），企业还需要从东部地区"进口"主要零配件，形成了"两头在外"的购销模式，购销半径过大，企业不得不承担高昂的物流成本。为了缓解这一问题，部分实力较强的企业在东部地区建立了生产基地，以利于运输和寻求配套厂家。

4. 西部地区物流行业的垄断与既得利益严重

西部地区物流行业普遍存在垄断与既得利益（事实上，东部地区也存在这一问题，只是东部地区相对透明，企业可以将这部分费用提前计入成本，而西部地区的企业则无法预测该项费用）。许多西部地区的城市只有一家企业与当地铁路局签有车皮代理协议。这家企业一般只允许自己的货运汽车进入铁路货场，垄断了铁路运输相关的货车运输服务，造成运费高于市场正常价格。例如，西部某市从工厂运输一个集装箱至铁路货场的运费为人民币 1200 元（而同样的服务，在其他地区仅为 600—700 元），而且有"特殊服务费"（仅预订车皮就要花 700 元人民币）（亚洲开发银行，2003）。另外，企业普遍反映，高速公路过路费太高，路政部门对货车罚款过多，有时罚款额甚至和运费相差无几。这种现实情况令其他地区的企业不敢到西部投资。

5. 物流服务质量有待提高

在调研中，我们发现，虽然西部地区交通状况已有较大改善，但物流软环境却乏善可陈，及时性、高质量的物流服务缺乏，企业普遍对铁路运输服务怨声载道：从以极高的成本修建的工厂专用线（部分企业有专用线，如钢铁企业）到铁路货运线人为耽搁时间过长；没有明确的时间表，交货时间没有保障；车皮数量紧张；装卸工野蛮装卸，损坏货物不赔偿；企业普遍反映铁路运输作风拖沓，缺乏服务意识。

制造商与运输商之间是一种共存的关系。运输商希望在有运输业务需求的地区设立服务机构，制造商希望在能保证自己货物运输的地区建厂。西部地区的运输现状让制造商不愿到西部投资，从而使西部的企业数量和规模受到限制，由于没有足够规模的货运量，运输商也不愿意到西部地区开展业务，进而又强化了西部企业的运输困境，形成一种恶性循环。

目前，西部路途遥远和交通困难可能是这一地区的最大劣势。在对未在西部投资的外商投资者进行的一项调查中，地理位置、运输距离和产品出省困难被列为不在西部投资的首要理由（占受访者的45%）。

西部地理位置的严酷现实是无法改变的。西部大部分地区远离国内主要市场、沿海和口岸。偏远的内陆地区似乎很难像广东那样，吸引大量出口型轻工加工企业的投资。但另一个大陆型经济实体大国——美国的历史表明，拥有全美业务经营规模的大工业完全可以在中部地区成长壮大。距离本身并非不可克服的障碍。但要解决距离的问题，一个地区需要有成本低、速度快的高效运输体系提供交通便利。

因此，西部运输建设虽然一直是国家投资的重点（如青藏铁路、高速公路网络等项目），从长期来看，这些无疑将降低西部企业的运输成本，但并没有解决西部企业运输成本高、时间长的问题。

（三）市场运行规范程度低

西部地区市场化运行规范程度低，有50.57%的受访者选了这项内容，在访谈中，这个问题表现得非常突出。

一方面，企业与企业之间的市场化程度低，如企业之间商业信用差，部分企业的销售费用要占到企业销售收入的8%，在占用企业资金的同时，还形成了大量的坏账、呆账，企业运营成本居高不下。同时，由于市场份额小，企业之间，尤其是同行之间缺乏沟通，不能实现信息共享，更谈不上分工协作、实现区域内企业的协同发展。另外，在比较大的项目、合同谈判中（这些项目往往是政府或国企项目），市场化因素的影响力有限，企业不得不消耗大量的精力、成本进行公关活动，对企业而言形成巨大的成本压力。

另一方面，西部地区的资源价格没有市场化。丰富的自然资源是西部的最大优势之一，就中国自然资源而言，西部地区占有较大份额，然而，企业在西部地区进行自然资源深加工的却比较少。大量的自然资源以非常低廉的价格被优先运送到东部地区，甚至造成资源产地生产、生活困难，如 2009 年四川"气荒"就是非常典型的案例。虽然说西部某一地区的某种资源相对于中国其他地区较为充足，但资源丰富并不意味着价格就一定要便宜，甚至不顾当地需求地"抽血"。建议对"西气东输"、"西电东送"项目及其他有关能源项目按照市场化原则进行评估，确定其是否直接促进了西部企业发展。

（四）政府行政效率低

在访谈中，几乎所有的被访者都对政府及政府行为进行批评。企业对地方政府服务反映的问题可归纳为三个方面：服务态度与开放程度、可靠性与一致性、服务质量。认为政府在某些方面的"不作为"和某些方面的"积极作为"给企业带来了成本增加。

一方面，政府官员业务素质有待提高。西部地区地方政府大部分官员的业务素质普遍不及沿海同级别官员。基层官员没有能力回答企业的问题，也没有能力帮助企业解决问题。在东部地区只是日常性的问题，到西部地区也需要安排企业高管与地方高层官员会谈解决。而且，同级别的不同官员对同一个问题往往有不同的说法，这很容易让企业无所适从。如果遇到一些复杂情况，企业很难找到既有工作经验，又掌握必要行业知识，能正确理解问题，并帮助企业解决问题的官员。企业不得不消耗大量的劳动力、物力寻求其他帮助。

另一方面，政策透明度差。西部地区政府经常在未事先通知的情况下突然改变政策，在政策一致性和透明度方面，地方政府缺乏满足企业需求的意识。官员们经常在不考虑企业需求或不征求企业意见的情况下随意做出改变。企业无法对自身经营成本作出准确评估，也无法提前做好经营调整，造成资源的极大浪费。

最后，行政审批形式化与效率低下。企业抱怨最大的问题之一是西部地区地方政府的审批内容过多，审批机制复杂、透明度差、费用高、时间长。这一问题源于我国的法律体系，东部地区也是如此，只不过在西部地区，这个问题更加突出而已。从理论上说，各国的政府审批主要采取三种方法：审批、核准、审核和备案。我国采用的是最烦琐的第一种方法，要通过不同政府部门的层层审批。但事实上，很多待批事项都超出了政府官员的专业知识范围，即使某些政府官员对该领域有所了解，也仅仅是了解而已，很难有深入的研究。因此，真正因为技术问题未通过政府审批的项目非常少，但每年都有大量的项目要经过特定的几个人漫长的审查、长官意志下的武断修改、无限期拖延，最终才能完成审批过程。这种繁杂而无效的审批制度占用了政府的大量资源，并带来了官员的"寻租"，增加了企业成本。

第五节　小结

为了吸引企业向本地区流动，地方政府出台了一系列的政策激励措施，提供包括地价优惠、税收优惠、劳动力、贴息贷款、投资补贴等在内的优惠政策。经济发展使资源和劳动力流动以及风险在区域间的分散成为可能，也增加了地区间的经济关联度，某一地区的政策激励对资本、劳动力、社会福利的影响骤增（Mehmet Demirbag，2007）。

相当多的研究指向政策激励的有效性，由于无法对政策激励做出精确的计量，目前，关于企业区位选择与政策激励的实证研究很少见。比较有代表性的是 John Mutti 和 Harry Grubert（2004），Hines J. 和 Rice E.（1994），他们发现美国企业的政策激励弹性是积极的。

C. Keith Head（1999）发现，外贸区、低税率、工作津贴对日本企业的区位选择有重大影响，单边降低支持力度将会降低该地区的日资。Lee N. Davis（2004）研究了地方商务环境的四个方面：竞争环境、供给环境、科学机构和政府支持，发现科学机构和政府支持对辅助 R&D 具有相应的促进作用。

Haufler A. 和 Wooton I.（1998）分析了两个异质地区税收竞争，认为政策激励能够抵减，甚至抵消地区市场规模狭小和市场潜力不足的缺陷。他们以两个不同规模的市场为例，分析了政策激励的有效性，认为企业更偏好流向市场规模大的地区，但不完全竞争使规模较小的市场可以通过政策激励弥补其竞争力的不足。Bénassy－Quéré，A.（2005）对 OECD 11 个国家的研究发现，某地区的市场规模或市场潜力如果比关联地区小 10%，可以把税率降低 5% 进行弥补。而且，规模较小的市场的政策激励对企业区位选择的影响效应更大（Bucovetsky S.，1991；Wilson J.，1991）。通过对比发达国家和发展中国家，Céline Azémar 和 Andrew Delios（2008）发现发达国家更具有政策选择余地；发展中国家通过政策激励会改变日本企业的区位选择；一个国家和地区市场规模狭小、市场潜力不足等缺陷可以通过政策激励来弥补，这一点与 Bucovetsky（1991）、Wilson（1991）、Bénassy - Quéré（2005）等的研究相似。

Ping Lin（2009）使用我国制造业的企业面板数据（1998—2005 年）对溢出效应进行了检验，发现来自经合组织国家企业表现出积极的、持续的溢出效应。Keller W. 和 Yeaple S.（2003）（对美国）、Grg H. 和 Strobl E.（2003）（对爱尔兰）、Haskel J.，Pereira S. 和 Slaughter M.（2007）（对英国）采用企业面板数据，控制了企业对行业的选择偏见，发现企业流入给当地带来了净收益。

唐茂华和陈柳钦（2007）从空间互补视角探讨了空间集聚的条件，相对于 Krugman（地理和贸易）将集聚归结于历史的偶然，他们认为自然的抑或人为造成的空间互补利益（如政策激励）可以降低企业商务成本，改变企业的区位决策，使之形成空间集聚。

政策激励改变了企业区位选择的心理预期。政策激励对心理预期的影响在于，企业选择进入政策激励的地区，可能不仅仅是为了受益于这些政策优惠，他们也预期该地区的政策激励会吸引其他企业进入，如果这种对企业区位选择的预期对其他企业也有类似的影响，就会改变企业的区位选择（Matsuyama K. 1991），企业的积聚就会形成，先行投入的企业的预期也会得到确认和肯定，并得到相应的回报。

企业商务成本是企业是否进入某一城市投资的重要决策依据，城市企业商务成本的判断既要与同类城市进行比较，更要与企业的主观判断进行比较（郁明华，2006）。但目前，关于企业商务成本的研究主要集中于城市竞争力和区域经济方面，而鲜见对企业层面的研究。

研究企业商务成本的根本目的在于促进企业发展进而带动经济增长。中国经济持续增长的优势，一般认为是生产资料和劳动力等要素成本优势，经过 30 多年的发展，我们在要素成本方面的比较优势正在削弱，但要素成本的上升并不必然意味着这一区域经济发展潜力的衰竭，而某些地区要素成本并不高，也并未出现人们所期待的增长。如西部地区虽然有着丰富的自然资源，但其与东部的差距进一步加大，人们甚至无法相信，形势会自行得到改善，或随着时间的推移而好转。从世界经济发展规律来看，丰富的自然资源可能是经济发展的诅咒而不是祝福。大多数自然资源丰富的国家（通常，这些国家拥有低廉的要素价格优势）比那些资源稀缺的国家增长得更慢（甚至是负增长），对我国西部的研究也表明，单纯的生产要素价格优势并不必然提高经济增长（邵帅，2008；刘瑞明，2008）。因而，构建良好的制度基础、降低交易成本才是调控企业商务成本的有效路径（张光辉，2010）。

从文献分析可以看出，政策激励通过降低某一地区的企业商务成本，有效地改变了企业的区位选择，企业商务成本的构成及其结构性变动改变了企业区位选择的心理预期，促进企业区位选择等级体系的形成；进而促进了集聚的形成和发展；集聚在自我强化以及强化企业的区位选择的同时，还通过溢出效应等有效地降低了该地区的企业商务成本，而企业商务成本尤其是其中的交易成本的降低则进一步吸引了企业的区位选择。从而形成了政策激励、企业商务成本降低、企业区位选择、集聚形成及强化、企业商务成本降低的自我强化机制（见图7-15）。

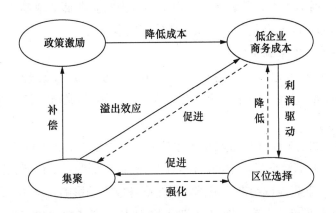

图7-15　政策激励、企业商务成本、区位选择、集聚的自我强化

第八章　不同市场规模下商务成本分析

本章利用收集的各种数据，对连续变量使用回归分析、二维列联表和对数模型分析、比较研究了市场规模（GDP 和人口）对我国 286 个地级及以上城市市辖区的运输成本（铁路运输成本、公路运输成本、航空旅行成本）、劳动力成本（劳动力价格和劳动力可获得性）和公用事业成本（水、电、通信成本）的影响，发现市场规模与企业商务成本之间呈反向关系，西部地区的企业不得不承担高昂的成本压力。

本书的数据来源主要是：

（1）各城市地区生产总值、人均生产总值和人口数据主要来源于《中国统计年鉴》、《中国城市统计年鉴》和《中国城市（镇）生活与价格年鉴》；

（2）对我国 31 个省直辖市自治区共 287 个城市的企业调查；

（3）"西部企业发展中的障碍与制约机制"课题组的调研数据。

为了更直观地说明市场规模对企业商务成本的影响，本书选取了三个城市甘肃定西市、云南昭通市、四川眉山市（市场规模排名分别为第 2 名、第 36 名、第 72 名）与中位数城市湖南衡阳市（市场规模排名为第 143 名）进行比较分析，得出其不利影响的百分率。这三个城市对应的 GDP 和人口（见表8 - 1）。

表 8 - 1　　　　　　　　　　　　　　　代表城市

市场规模	序号	省份	城市	GDP（万元）	人均 GDP（元）	人口（万人）
微小	2	甘肃省	定西市	205069	4434	8.67
很小	36	云南省	昭通市	769107	9546	12.04
小	72	四川省	眉山市	1093314	14264	29.09
中位数	143	湖南省	衡阳市	1985806	20709	101.25

需要说明的是：

（1）人口数据为市辖区非农业人口；

（2）GDP 和人均 GDP 为市辖区数据；

（3）城市次序以 GDP 规模排列；

（4）样本中全部为地级及以上城市，没有考虑县级市（虽然有些县级市比样本中某些地级市还大）；

（5）由于拉萨没有提供市辖区的数据，并且在其他调研数据中也没有反应，因此，本书的分析没有包括拉萨；同时，由于西藏自治区只有拉萨一个地级市，所以，本书的分析不包括西藏自治区。

在本书中，发现这些调查数据存在一定的偏差，如不少被调查者对被询问的问题会下意识地追求平均数；有些回答可能存在不同解释；对不同样本的调研是由不同的机构组织进行的。因此，调研过程和结果可能存在不一致性；另外，还存在各种随机误差，如调查数据计量单位不一致等。但是，这并不意味着这些数据是毫无用处的，事实上，尽管存在诸多瑕疵，这些调研数据还是揭示了企业商务成本问题。当然，识别其内在局限性和噪声也是非常必要的。为了提高数据的使用价值，本书纠正了一些明显的错误，如计量单位不一致等。

由于剔除了那些被确定为异常值的样本数据（其导致残差的正态检验失败），并且每个样本剔除的样本数不同，因此，有些样本的回归差异很大。

另外，还有一些数据缺失，所以，对不同企业商务成本项目的研究中样本数并不一致。

第一节　运输成本比较分析

一　铁路运输成本

对大多数城市来说，入市的货运成本和出市的货运成本存在比较明显的线性关系（见图 8-1）。

从图 8-1 可以看出，对大多数城市来说，从上海出发的货运成本和到上海的货运成本存在比较明显的线性关系。表 8-2 对这一比较进行了进一步研究，发现大多数城市的入市货运成本比出市成本高。

从上海出发的铁路运输成本（log）

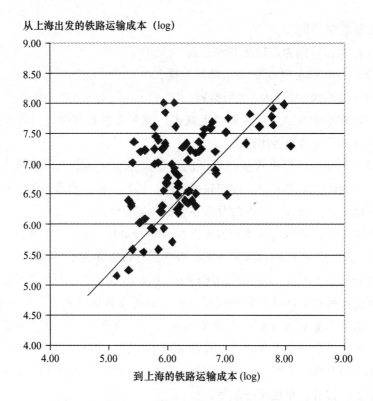

图 8 – 1　出市和入市铁路运输成本

表 8 – 2　　　　　　　　　　出市和入市铁路运输成本

	北京	上海	广州
关联系数	0. 454	0. 527	0. 675
到 > 自（%）	28. 6	10. 9	28. 1
到 = 自（%）	9. 5	8. 4	8. 5
到 < 自（%）	61. 9	80. 7	63. 4

由于样本的市场规模离差很大，并且市场规模对成本的影响并不是严格按比例增加的，因此，在本书的研究中，对市场规模变量取对数。Hummels（1999）发现在对货运成本和距离分析建模中对数线性关系非常有效，本书的模型就建立在此模型基础上，对于铁路运输成本，其函数关系为：

$$LnCt = \alpha_0 + \alpha_1 LnDis_1 + \alpha_2 LnGDP \qquad (8 - 1)$$

其中，Ct 为铁路运输成本，Dis_1 为铁路运输距离，GDP 为市辖区生产总值。

第二个函数方程是寻求市场规模的非线性效应，其表达式为：

$$\text{Ln}Ct = \alpha_0 + \alpha_1 \text{Ln}Dis_1 + \alpha_2 \text{LnGDP} + \alpha_3 \text{LnGDP}^2 \tag{8-2}$$

回归结果列于表 8-3 中，斜体字为 T 检验。

表 8-3　　　　　　　　　　铁路运输成本回归结果

	至北京	自北京	至上海	自上海	至广州	自广州
常数	4.876	3.945	4.302	3.702	2.349	2.284
	5.103	*3.394*	*4.153*	*4.197*	*2.594*	*1.585*
Ln*Dis*	0.248	0.369	0.336	0.372	0.499	0.533
	3.056	*4.002*	*2.888*	*3.495*	*5.452*	*3.602*
LnGDP	−0.281	−0.189	−0.326	−0.057	−0.278	−0.211
	−2.265	*−1.122*	*−2.819*	*−0.421*	*−3.076*	*−1.272*
LnGDP^2	0.018	0.010	0.020	0.004	0.019	0.014
	2.216	*0.999*	*2.723*	*0.508*	*3.208*	*1.325*
F-检验	2.5648	0.76963	4.0068	0.4687	5.1788	0.8858
（GDP）	[0.083]	[0.467]	[0.022]	[0.791]	[0.008]	[0.416]
R^2	0.19	0.23	0.14	0.09	0.36	0.17
样本数	264	278	262	263	259	261

T 检验用 White 的校正标准误差来克服一些遗留的异方差性。另外本书还用 Wald 检验（同 White 校正标准误差一起）检验了 GDP 和 GDP 平方项的联合显著性。

从表 8-3 中可以看出，距离因素对铁路运输成本影响显著，其系数范围为 0.25—0.53。在 GDP 方面，系数在 −0.33— −0.28 的范围内（只有在这个区间才显著）。GDP 二次式中的正系数（大多数显著）表明 GDP 大小和铁路运输成本之间呈 "U" 形关系。事实上，这一非线性关系似乎仅对于 "至" 方程有统计显著性。如果在该方程中将其排除，对分析不会产生任何影响，在后面的分析当中将使用 "不显著" 这一结论，但是目前，为了保证方程的稳健性，暂保留 GDP 平方项。本书同时也进行了 F-检验来研究 GDP 和 GDP 平方项的联合显著性。零假设将两个系数均设为零，对于该假设的否定就意味着 GDP 和 GDP 平方项联合显著。

为了得出一系列直观结果，本书对每一种成本类型都计算了 3 个代表城市（它们在 286 个城市中按 GDP 由少到多排序分别为第 3 位、第 36 位和第 72 位）同排名第 143 位的中位数城市相比的成本劣势。之所以选取这些城市，是为了研究市场规模狭小对企业商务成本劣势的影响。成本劣势的比较是将 3 个代表城市同拥有 199 亿元 GDP 总量、人均 GDP 为 20709 元和 101 万人口的湖南衡阳市进行对比（见表 8-4）。

表 8-4　　　　　与中位数城市相比企业铁路运输成本偏差　　　　单位:%

市场规模	至北京	自北京	至上海	自上海	至广州	自广州
微小	60.3	*62.1*	85.3	*7.1*	45.2	*37.2*
很小	8.2	*18.9*	15.2	*-0.4*	1	*3.2*
小	3.1	*1.3*	2.2	*1.2*	4.9	*3.1*

从表 8-4 中可以看出，不同的市场规模对企业铁路运输成本影响差别很大，市场规模"微小"的企业铁路运输成本平均要高出 49.53%，市场规模"很小"的企业铁路运输成本平均要高出 7.68%，市场规模"小"的城市企业铁路运输成本平均则高 2.63%。也就是说，市场规模（"微小"和"很小"）对企业商务成本形成了较大的制约。

需要说明的是，在本书中，成本劣势表格中的斜体栏都是以非显著性统计系数为基础的。当这种非显著性逐渐增强，而且没有任何先决原因要坚持使用这个变量时，本书便会在方程中将其舍去。然而，在此处，由于市场规模效应还没有表现出来，考虑到其在"至"方程中的重要影响，本书将其保留。

市场规模是解释企业铁路运输成本方面的重要因素之一。GDP 总量太小给企业铁路运输带来的成本劣势非常明显。除此之外，虽然没有考虑运输耗时，但是在一般情况下，只有当所运物品积累到一定数量时才能达到经济运输规模，而市场规模狭小地区的企业数量相对较少、规模相对较小，其货运总量也相对较小，为了达到运输规模要求，企业不得不等待较长的时间才能发运，这导致相对较长的延误时间。当涉及运输货物时，时间就是金钱，这种时间延误更是加大了企业的运输成本。

铁路运输成本的某些方面仍有待进一步研究。例如入市成本较高与每次运输货物规模之间是否存在某种关系。对于单个企业来说，由于企业间货物采购在来源和时间等诸多因素上很难协调，因此，将所采购的货物积累到经济运输规模比较困难。而对于出市运输，由于市场规模小的地区内部信息交流成本也相对较低，实现货物集中运输的可能性比较大（与入市运输相比）。如果这种情况成立，那么入市成本可能包含运输货物较少的因素。本书没有检验这一假设的数据，并建议未来的研究能将其作为一个主题。

二 公路运输成本

本书计算了"自"目的地和"至"目的地成本之间的关系，并检验了存在巨大差异的样本。图8-2显示了上海的情况，北京和广州的情况与其相似。

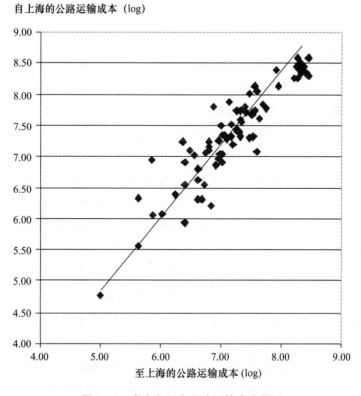

自上海的公路运输成本（log）

至上海的公路运输成本 (log)

图8-2 出市和入市公路运输成本关系

从图8-2中可以看出，同铁路运输成本相似，公路运输成本的入市与出市成本之间存在一定的线性关系，"自"和"至"公路运输成本数值非常接近，然而，这些城市仍然存在较高的入市成本和较低的出市成本（见表 8-5）。

表 8-5 出市和入市公路运输成本

	北京	上海	广州
相关系数	0.881	0.919	0.729
至 > 自（%）	38.2	18.9	42.7
至 = 自（%）	7.4	8.1	9.3
至 < 自（%）	54.4	73.0	48.0

同前，研究公路运输成本与市场规模的函数表达式为：

$$\mathrm{Ln}Cs = \alpha_0 + \alpha_1 \mathrm{LnDis}_2 + \alpha_2 \mathrm{LnGDP} + \alpha_3 \mathrm{LnGDP}^2 \qquad (8-3)$$

其中，Dis_2 为公路运输距离。

样本中有大量的西南地区和西北地区的小城市，这些城市由于地理位置影响而处于一定的偏僻状态，其与大型商业中心的交易成本相对较高，对于偏僻效应，本书分三种情况：

（1）对于距离在 50 千米以内的城市使用虚变量 D50；

（2）对于距离在 50—300 千米的城市使用虚变量 D300；

（3）对于距离超过 300 千米的城市使用虚变量 D300+。

第一类变量 D50 适用于距离最近的较大的商务中心（人口在 100 万以上）的距离在 50 千米（实际上，即使使用一个更小的距离值也不影响本书的结论）以内的城市。第二类变量 D300 和第三个变量 D300+ 的含义与 D50 相似，这些变量用于定性研究偏僻程度较小的企业与偏僻程度较大的企业之间在公路运输成本方面是否有质的差异。显然，距离主要商业中心的远近影响着企业之间的溢出效应以及企业商务成本。

结果显示第二种情况与市场规模最为相关。距离在 50 千米以内或者大于 300 千米的虚变量对结果影响不大，前者可以忽略不计而后者只有在回归中才具显著。因为偏僻状态是西南地区和西北地区样本城市的一个重要的特点，本书便希望在分析这 3 个目的地或始发地城市时考虑这一因素，并得出相似结果。但结果并非如此，或许是因为在每个回归中应用了不同的样本；也可能是对函数取对数的结果，取对数后，就意味着距离的影响被减小了。

不幸的是，市场规模、地区和偏僻状态呈现出高度共线性。西南地区和西北地区几乎完全是市场规模狭小的城市，这些城市又几乎构成了60%左右的市场规模狭小的城市样本总量（大约30%为中部地区和东北地区的城市）。

表8-6列示了GDP、人口和西南、西北地区及虚拟变量的相关系数，其共线性特征非常明显。

表8-6　　　　　　　　市场规模、地区和偏僻状态相关系数

	相关系数	
	log（GDP）	log（Pop）
西南地区	− 0.60	− 0.63
西北地区	− 0.43	− 0.36
D50	− 0.81	− 0.75
D300	− 0.77	− 0.72
D300 +	− 0.61	− 0.62

从表8-6可以看出，GDP、人口和各地区及虚拟变量之间显著相关，实际上，这种共线性表明本书的研究数据存在不足。由于这些变量之间的共线性关系，我们无法区分究竟是哪个变量真正解释了企业商务成本高的事实。未来的研究应该加大样本量以减弱其共线性关系。也就是说，需要收集更多的西南地区和西北地区以外的小型城市的数据来研究这一问题；或者设计不同的偏僻状态指标和区位指标，以便更直接地进行研究。然而，就目前的样本而言，唯一的解决办法就是利用假定来分析这些共线性指标的不同效应，当然，对此，我们不能有太高的期望值。例如，当我们用市场规模研究货运成本时，就要假定不受距离和区位的影响；如果我们研究偏僻状态对效率工资的影响时，就要假定市场规模对其没有影响。因此，本书的部分结论是规模和区位共线性作用的结果。

公路运输成本回归结果如表8-7所示。

表 8 - 7   公路运输成本回归结果

	至北京	自北京	至上海	自上海	至广州	自广州
常数	6.890	7.967	4.569	3.342	7.499	8.785
	8.619	*9.063*	*6.033*	*4.062*	*8.940*	*10.544*
LnPop	0.218	0.135	0.548	0.678	0.202	0.048
	2.976	*1.731*	*6.312*	*7.372*	*2.290*	*0.538*
LnGDP	-0.290	-0.307	-0.406	-0.316	-0.311	-0.302
	-2.765	*-2.422*	*-3.744*	*-2.614*	*-2.576*	*-2.563*
LnGDP^2	0.011	0.009	0.017	0.011	0.015	0.015
	1.812	*1.1684*	*2.504*	*1.459*	*2.134*	*2.119*
D300	0.419	0.727	0.310	0.126	-0.131	0.111
	2.468	*4.193*	*2.099*	*0.788*	*-0.885*	*0.547*
长三角、珠三角	-0.355	-0.416	-0.291	-0.357	-0.177	-0.378
	-2.049	*-2.172*	*-2.317*	*-2.683*	*-1.496*	*-1.990*
F - 检验（GDP）	16.601	29.268	29.450	24.973	5.819	11.303
	[0.000]	[0.000]	[0.000]	[0.000]	[0.005]	[0.004]
R^2	0.61	0.70	0.60	0.64	0.29	0.22
样本数	270	262	278	275	275	275

　　从表 8 - 7 中可以看出，距离系数在 0.05—0.55 的范围内变化。GDP 系数显著，其范围为 -0.41— -0.29。当二次项为正并具显著性时，GDP 的 F - 检验显示 GDP 和 GDP 平方项都具有显著性。D300 在前三个样本中显著，其正号表示公路运输要比铁路运输成本昂贵很多。长三角、珠三角企业的结果显示这些城市的企业比样本中其他城市的企业有较低的成本结构。

　　本节对除 GDP 之外的所有解释变量计算出其平均值（在估计样本中），并模拟出规模影响效应，在其他条件不变的情况下，得出相应的一条估算线（见图 8 - 3）。

　　从图 8 - 3 中可以看出，市场规模与公路运输成本存在负相关关系，即公路运输成本随着市场规模的扩大而降低。

　　从表 8 - 8 中可以看出，不同的市场规模对企业公路运输成本影响差别很大，市场规模"微小"的企业公路运输成本平均要高出 219.63%，市场规模"很小"的企业公路运输成本平均要高出 70.52%，市场规模"小"的企业公路运输成本平均高 9.07%，市场规模（"微小"和"很小"）对企业商务成本形成了较大的制约。

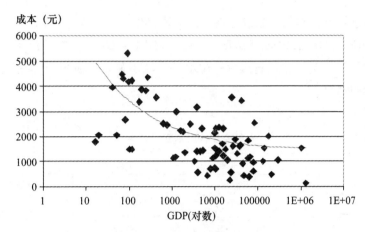

图8-3　"自上海"的公路运输成本与人口关系

表8-8　　　　　　　与中位数城市相比公路运输成本偏差　　　　　单位:%

市场规模	至北京	自北京	至上海	自上海	至广州	自广州
微小	195.3	287.4	301.5	251.6	148.3	133.7
很小	67	100.1	87.2	85	44.4	39.4
小	9.3	14.6	10.4	11.9	4.5	3.7

公路运输成本分析得出的结果比铁路运输的结果更为突出。市场规模制约对企业的公路运输成本影响更大,企业不得不承受更高的企业商务成本。

三　航空旅行成本

图8-4为北京旅行成本与人口规模散点图,很明显随着人口的上升,成本呈现下降的趋势。

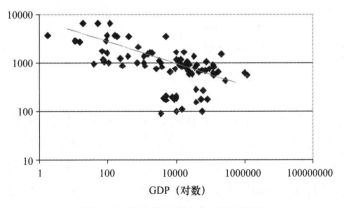

图8-4　北京旅行成本与GDP关系

航空旅行成本的函数方程同铁路运输方程：

$$LnCt = \alpha_0 + \alpha_1 LnDis_1 + \alpha_2 LnPop + \alpha_3 LnGDP + \alpha_4 LnGDP^2 \qquad (8-4)$$

其中，Ct 为航空旅行成本；GDP 平方项不显著。表 8-9 为航空旅行成本回归结果。

表 8-9　　　　　　　　　航空旅行成本回归结果

	北京	上海	广州
常数	2.255	4.486	0.407
	6.743	4.895	0.515
LnDis$_1$	0.641	0.455	0.871
	19.741	4.643	10.106
LnPop	-0.160	-0.285	-0.213
	-7.823	-7.878	-7.001
LnGDP	-0.116	-0.106	-0.121
	-11.340	-5.643	-8.132
R^2	0.93	0.58	0.76
样本数	276	265	269

从表 8-9 中可以看出，距离与旅行成本显著相关。在表 8-10 中列示了市场规模对企业的成本制约。

表 8-10　　　　　　与中位数城市相比航空旅行成本偏差　　　　单位：%

市场规模	北京	上海	广州
微小	118	103.8	125.4
很小	57.7	51.7	60.9
小	11.2	10.2	11.7

从表 8-10 中可以看出，不同的市场规模对企业航空旅行成本影响差别很大，市场规模"微小"的企业旅行成本平均要高出 115.73%，市场规模"很小"的企业其旅行成本平均要高出 56.77%，市场规模"小"的企业其旅行成本平均要高出 11.03%。总体来看，市场规模对企业航空旅行成本形成了较大的制约。

以上研究表明，市场规模是解释运输成本的重要因素。

（1）GDP 总量太小和人口太少对企业运输成本带来的劣势非常明显：价格高、时间长。具体来说，市场规模"微小"的企业运输成本平均要高出 128.30%，市场规模"很小"的企业运输成本平均要高出 44.99%，市场规模"小"的企业运输成本平均要高出 7.58%。也就是说，市场规模对企业商务成本形成了较大的制约。

（2）相对于采购货物的运输，其对销售的打击更为严重（如运到上海的铁路运输成本要比中位数城市高出 85.3%）。

（3）另外，由于货物运输必须达到一定规模才能实现规模经济，而市场规模较小的地区由于企业数量相对较少、规模相对较小，其货运总量相对较小，为了达到运输规模要求，企业不得不等待较长的时间才能发运，这种时间延误更是加大了企业的运输成本。

第二节　劳动力成本比较分析

一　效率工资

由于包含了京、沪、广、深四个经济发达城市而造成数据明显离散。为了保持一定的均衡性，本节将这些城市排除在外。市场规模与效率工资的函数方程为：

$$Lnw = \alpha_0 + \alpha_1 LnPop + \alpha_2 LnGDPc \qquad (8-5)$$

其中，w 为效率工资。

同运输成本一致，本节也用了一个二次式条件：

$$Lnw = \alpha_0 + \alpha_1 LnPop + \alpha_2 LnGDPc + \alpha_3 LnGDP^2 \qquad (8-6)$$

表 8-11 为效率工资方程的回归结果。

表 8-11　　　　　　　　　　效率工资回归结果

	CW[附注1]	CO	KP	BC	GM	PC	QT	BM
常数	-0.29	-0.024	-0.151	-8.509	-8.304	-7.957	-8.396	-9.906
	-1.332	-0.146	-0.949	-36.58	-40.402	-37.012	-47.279	-32.98
LnPop	-0.525	-0.489	-0.452	-0.257	-0.461	-0.543	-0.532	-0.298
	-7.559	-6.934	-8.907	-3.651	-7.039	-7.93	-9.403	-3.259

续表

	CW[附注1]	CO	KP	BC	GM	PC	QT	BM
LnGDPc	0.075	0.054	0.08	0.05	0.06	0.012	0.047	0.064
	3.064	3.057	4.35	1.937	2.579	0.477	2.337	2.077
样本数	280	282	282	282	280	282	281	281
R²	-0.67	-0.67	-0.76	-0.39	-0.63	-0.6	-0.73	-0.35

附注1

CW	建筑工人	CO	收银员
KP	杂工	BC	银行职员
GM	汽车修理工	PC	会计
QT	公立学校教师	BM	银行经理

从表 8-11 中可以看出，GDP 在大多数的回归中均显著，其系数范围在 -0.08— -0.05 之间。人均 GDP 在所有回归中均显著，除同银行相关工作外（银行职员和银行经理），其系数范围在 0.45—0.54 之间。

D50 工资回归结果如表 8-12 所示。

表 8-12　　　　　　　　　D50 工资回归结果

	CW	CO	KP	BC	GM	PC	QT	BM
常数	0.394	0.5	0.014	-8.431	-7.855	-7.47	-8.249	-10.137
	1.103	1.702	0.05	-21.28	-22.784	-20.749	-27.186	-20.519
LnPop	-0.506	-0.475	-0.448	-0.255	-0.448	-0.529	-0.528	-0.306
	-7.509	-6.997	-8.724	-3.537	-6.891	-7.793	-9.216	-3.27
LnGDPc	0.012	0.006	0.063	0.043	0.018	-0.033	0.033	0.085
	0.336	0.212	2.315	1.094	0.529	-0.929	1.095	1.805
D300	-0.532	-0.407	-0.128	-0.06	-0.349	-0.379	-0.114	0.177
	-2.37	-2.236	-0.75	-0.246	-1.611	-1.672	-0.598	0.558
样本数	-263	-263	-263	-258	-263	-263	-263	-258
R²	-0.7	-0.69	-0.76	-0.39	-0.64	-0.62	-0.73	-0.36

市场规模狭小的企业面临的成本劣势（见表 8－13）。

表 8－13　　　　　与中位数城市相比效率工资成本偏差　　　　单位:%

市场规模	CW	CO	KP	BC	GM	PC	QT	BM
微小	－65.5	－43.7	－71.1	－39.9	－49.6	－8.4	－37.1	－53.7
很小	－34.3	－23.6	－36.9	－21.7	－26.6	－4.8	－20.3	－28.6
小	－7.1	－5.1	－7.6	－4.7	－5.6	－1.1	－4.4	－6

从表 8－13 中可以看出，市场规模狭小增加了企业效率工资成本，市场规模"微小"的企业效率工资成本平均要低 46.13%，市场规模"很小"的企业效率工资成本平均要低 24.6%，市场规模"小"的企业效率工资成本平均要低 5.2%。总体来看，市场规模对企业商务成本形成了制约。

从以上分析可以看出，市场规模对效率工资的影响显著：较低的效率工资对企业的竞争力构成不利影响，企业在市场规模制约下不得不承担更高的劳动力成本。

二　劳动力可获得性

统计数据具有不熟练、半熟练和熟练劳动力的可获得性方面的信息。这些信息来源于三个封闭性问题，每种熟练程度对应一个问题，这些问题只可以选一个答案，问题为：不熟练/半熟练/熟练劳动力能否在本地得到，还是必须从外地引进？选项分别为：

（1）本地可以找到劳动力，不需要从外地引进劳动力。

（2）本地基本可以满足大多数用工需求，但个别时候还需要从外地引进部分劳动力。

（3）本地可以找到劳动力，但要满足用工需求，还需要从外地引进大量劳动力。

（4）本地可以找到一些劳动力，但是大部分劳动力还是需要从外地引进。

（5）本地基本找不到劳动力，绝大多数劳动力是从外地引进的。

1. 不熟练劳动力可获得性研究

表 8－14、表 8－15 显示了不熟练劳动力市场状况的交叉分类情况。

表 8 – 14   不熟练劳动力交叉分类表（人口）

劳动力可获得性	人口					合计
	类别 1	类别 2	类别 3	类别 4	类别 5	
1	26	88	51	25	20	210
2	8	22	20	3	3	56
3	4	—	4	5	—	13
4	—	—	4	2	—	6
5	1	—	—	—	—	1
合计	39	110	79	35	23	286

表 8 – 15   不熟练劳动力交叉分类表（GDP）

劳动力可获得性	GDP					合计
	类别 1	类别 2	类别 3	类别 4	类别 5	
1	52	152	25	25	8	262
2	7	7	1	—	2	17
3	—	3	1	2	—	6
4	—	—	—	—	—	
5	1	—	—	—	—	1
合计	60	162	27	27	10	286

表 8 – 14、表 8 – 15 提供了企业从外地引进劳动力的需求和市场规模的交叉分类列表。在不熟练劳动力的可获得性方面，很难探索出任何市场规模的作用，93% 以上的企业都基本可以满足其对不熟练劳动力的需求。总体而言，样本中几乎没有严重缺少不熟练劳动力的情况，只有 7 个地区的企业需定期引进劳动力，其中 1 例为严重缺乏，对于人口类别 1（人口小于 20 万）和类别 2（人口小于 50 万）以及 GDP 类别 1（GDP 小于 100 亿元）和类别 2（GDP 小于 500 亿元）的企业来说也并没有多少劣势。

为了对这些数据进行统计学检验，其分类需要被细化。因此，将所有的信息分组在 2×5 的表格中，进行 Pearson's 卡方检验。因为这是一项实验性工作，本节用两种方式聚集了市场规模和劳动力可获得性数据。第一，将第二类至第五类分为一组，并仅对第一组进行检验，这相当于对引进需求检验其完全可获得性。第二，用第三类至第五类检验第一类和第二类。即便如此，也无法满足卡方检验的条件，所以只能谨慎地给出解释（见表8－16）。

表8－16 　　　　　　　　不熟练劳动力的卡方检验

分组类型	Pearson's 卡方检验		
	Value	df	Asymp Sig. （2－tailed）
人口（1，2－5）	3.788	4	0.435
人口（1－2，3－5）	6.415	4	0.170
GDP（1，2－5）	3.963	4	0.411
GDP（1－2，3－5）	2.511	4	0.643

表8－16 的检验结果无法拒绝零假设：市场规模（无论人口还是GDP）对不熟练劳动力可获得性不显著。因此，虽然市场规模较小的企业更容易遭受劳动力缺乏的困扰，但是市场规模和不熟练劳动力之间的关系并不显著。

2. 半熟练劳动力可获得性研究

表8－17、表8－18 显示了半熟练劳动力市场状况的交叉分类情况。

表8－17 　　　　　　　　半熟练劳动力交叉分类（人口）

劳动力可获得性	人口					合计
	类别1	类别2	类别3	类别4	类别5	
1	14	55	38	26	21	154
2	20	22	32	9	2	85
3	3	33	8	—	—	44
4	—	—	1	—	—	1
5	2	—	—	—	—	2
合计	39	110	79	35	23	286

表 8 – 18　　　　　　　　　半熟练劳动力交叉分类（GDP）

劳动力可获得性	GDP					合计
	类别1	类别2	类别3	类别4	类别5	
1	21	56	18	22	7	124
2	27	86	4	5	3	125
3	11	17	5	—	0	33
4	—	2	—	—	—	2
5	1	1	—	—	—	2
合计	60	162	27	27	10	286

表 8 – 17、表 8 – 18 显示，被调查地区中有 14 个地区的企业需要定期从外部引进半熟练劳动力。然而，若观察拥有足够劳动力来源地区的百分比情况（从不引进劳动力的地区），就会发现存在人口规模效应：较小地区的百分比较小。只有 35%（34.57%）的人口类别 1（2）的城市能完全满足企业用工需求，把前两类放在一起来观察，仍有 65% 的市场规模较小的企业需时常引进半熟练劳动力。对于人口在 100 万以上的地区，则基本上能够满足企业对半熟练劳动力的需求。

再用与前面同样的步骤来检验不显著假设，发现拒绝了零假设，即市场规模较小的地区的企业在引进半熟练劳动力方面要比市场规模大的企业更为频繁（见表 8 – 19）。

表 8 – 19　　　　　　　　　半熟练劳动力的卡方检验

分组类型	Pearson's 卡方检验		
	Value	df	Asymp Sig.（2 – tailed）
人口（1, 2-5）	18.701	4	0.001
人口（1-2, 3-5）	12.644	4	0.013
GDP（1, 2-5）	14.834	4	0.005
GDP（1-2, 3-5）	8.871	4	0.064

对数序列方程阐释了人口和 GDPc 对各地区类别划分的作用，还表明市场规模相对较小的企业更可能面临半熟练劳动力短缺的问题。为了明确

人口因素的作用，表 8 – 20 给出了在各种劳动力可获得性的类别中，GDPc 为 7 万元（约 1 万美元）时的人口水平。

表 8 – 20　　　　　　　　　　半熟练劳动力临界值

劳动力可获得性	人口（1000）[如果 GDPc = MYM10000]
1	大于 1893
2	从 300—1893
3	小于 300
4	
5	

从表 8 – 20 可以看出，在 GDPc 为 1 万美元时，只有人口大于 189 万，企业才能获得充足的半熟练劳动力。但必须注意到，这是在其他条件不变下的预测，如果收入发生变化，或影响劳动力政策的因素发生变化，则会改变这一进程。尽管如此，该表仍表明随着人口的下降，企业在获取劳动力方面将面临更大的压力。

3. 熟练劳动力可获得性研究

表 8 – 21 和表 8 – 22 中有关熟练劳动力可获得性的数据是非常惊人的。

表 8 – 21　　　　　　　　　　熟练劳动力交叉分类（人口）

劳动力可获得性	人口					合计
	类别 1	类别 2	类别 3	类别 4	类别 5	
1	9	—	8	11	7	35
2	27	64	12	12	3	118
3	15	80	7	4	—	106
4	9	16	—	—	—	25
5	—	2	—	—	—	2
合计	60	162	27	27	10	286

表 8 - 22 熟练劳动力交叉分类表（GDP）

劳动力可获得性	GDP					合计
	类别 1	类别 2	类别 3	类别 4	类别 5	
1	7	16	3	13	6	45
2	20	75	12	12	3	122
3	24	66	7	2	1	100
4	6	5	5	—	—	16
5	3	—	—	—	—	3
合计	60	162	27	27	10	286

当然，我们应该谨慎地观察表中有关第二种人口类型的数据结果。然而，人口最少的类别 1 的地区中仅有 11.67% 的企业能完全满足其对熟练劳动力的需求，55% 的企业有明显的引进熟练劳动力的需求。如果将其与人口类别 4 和人口类别 5 的地区相比，就会发现明显的差异，92% 的市场规模较大地区的企业基本能满足企业对熟练劳动力的需求，只是偶尔从外部引进熟练劳动力，但市场规模较小地区的企业虽然愿意支付较高的薪水，仍然缺乏熟练劳动力。

用和前面相同的检验，得到表 8 - 23。

表 8 - 23 熟练劳动力卡方检验

分组类型	Pearson's 卡方检验		
	Value	df	Asymp Sig. (2 - tailed)
人口 (1, 2 - 5)	20.505	4	0.000
人口 (1 - 2, 3 - 5)	16.140	4	0.003
GDP (1, 2 - 5)	18.050	4	0.001
GDP (1 - 2, 3 - 5)	18.663	4	0.001

对于熟练技术劳动力来说，其 Pearson's 卡方检验要高于其他种类，这一点强有力地支撑了本书之前所得出的结论。GDP 总量较小和人口较少的地区的企业明显地需要从外部引进熟练劳动力，对于企业来说，从外部引进的劳动力具有很差的灵活性，企业不得不承受价格高和灵活性差的劣势。表 8 - 24 总结了熟练劳动力的临界值。

表 8 - 24　　　　　　　　　　　　熟练劳动力临界值

劳动力可获得性	人口 (1000) [如果 GDPc = 7 万元]
1	大于 12803
2	从 62 至 12803
3	
4	小于 62
5	

市场规模较小地区的企业在熟练劳动力缺少的问题上比半熟练劳动力上的问题更为严重，只有人口规模达到 1280 万人，才能满足企业对熟练劳动力的需求。

通过以上分析可知，在不熟练劳动力的可获得性方面，本书的研究没有拒绝零假设：市场规模对企业不熟练劳动力可获得性不显著。但市场规模对企业半熟练劳动力的需求检验拒绝了零假设，随着人口的下降，企业在获取半熟练劳动力方面面临更大的压力和成本。对熟练劳动力的研究则表明，市场规模较小的企业面临着巨大的压力，即使企业愿意支付较高的薪水，但仍然缺乏熟练劳动力，企业不得不承受熟练劳动力短缺的成本。

本节从效率工资和劳动力获得性方面研究了市场规模对企业劳动力成本的影响，结论如下：

（1）关于效率工资。如果不考虑经济比较发达的京、沪、广、深四个高收入城市，人口对效率工资的影响显著：较高的效率工资构成了企业较高的劳动力成本。

（2）关于劳动力可获得性。在不熟练劳动力的可获得性方面，本书的研究没有拒绝零假设：市场规模对不熟练劳动力可获得性不显著。即使在人口稀少的地区，企业对低水平劳动力的需求也不高，由于其效率工资要远远低于熟练劳动力，企业也不会大量投入这种劳动力，因而，低工资、低技术的劳动力并不构成企业的障碍；当然，拥有足够多的低技术劳动力也不会构成企业的成本优势，反而构成企业和社会发展的障碍。

但市场规模对半熟练劳动力的需求检验拒绝了零假设，市场规模较小的企业在引进半熟练劳动力方面要比市场规模较大的企业更为频繁，随着人口的下降，企业在获取半熟练劳动力方面面临更大的压力和成本。

对熟练劳动力的研究则表明，市场规模较小的企业仅有 11.6% 能完全满足其对熟练劳动力的需求，55% 的企业有明显的引进熟练劳动力的需求，而且，熟练劳动力的工资水平要高出很多。另外，即使企业愿意支付较高的薪水，但仍然缺乏熟练劳动力。对于企业来说，从外地引进的劳动力具有很差的灵活性，这些企业不得不承受这些劣势。总的来说，工资成本高企以及熟练劳动力缺乏严重增加了企业商务成本。

评估劳动力可获得性的实际重要性是很难的，但是以上研究提出了一个应引起我们足够重视的问题：市场规模较小的企业能否获得所需的技术劳动力？同时，这又与传统贸易理论对产业分工的阐述密切相关。因此，劳动力缺乏对技术密集型生产活动的影响远比上文罗列的要严重得多：市场规模较小的企业不得不降低对熟练劳动力的需求，并承担高昂的成本支出。

总的来说，虽然在功能良好的市场中，工资的提高会抑制用工需求，但市场规模较小的企业仍严重缺乏熟练劳动力（还缺乏半熟练劳动力），这可以解释熟练劳动力职位高薪的现象。效率工资低以及劳动力缺乏均阻碍了市场规模较小的企业生产经营。

第三节　公用事业成本比较分析

一　通信成本

通信成本包括长途电话成本、本地通话成本、线路租金以及安装成本。此外，本节还分析了电话服务中断、维修以及换新电话线的时间，这些均为类别变量，本节将用对劳动力可获得性的分析方法，即通过交叉分类表和对数方程来分析这些变量。

本书分别绘制了线路租金与安装成本、安装成本与本地通话成本、本地通话成本与线路租金的关系图，以寻找这些变量之间的关系，但是却没有发现这些变量之间存在何种明显关系。将这些变量以交替组队的方式进行检验。同样没有发现在电话服务的隐性成本、固定成本和边际成本之间有显著关系。由于我们不清楚各部分成本在总成本中的比重，这使得在总成本之间进行对比变得非常困难。

笔者还分别绘制了打至北京、上海和广州的长途电话成本和人口的关系图（见图 8 – 5）。

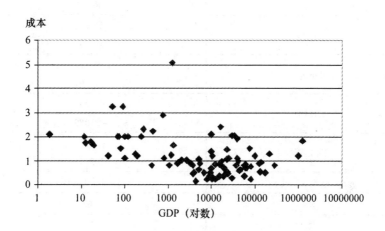

图 8 – 5　打至上海的电话成本与 GDP 关系

图 8 – 5 中有一个较明显的下降趋势，意味着市场规模可能对长途电话成本具有明显的相反作用。

同前一样，首先对这些变量取对数。因为各种电话成本均有不同的数据缺失，所以，各样本回归结果也存在差异。然后用本地和长途电话成本的数据研究市场规模对企业成本的影响。

对于长途电话成本，本节使用同航空铁路运输相同的函数：

$$\mathrm{Ln}Ci = \alpha_0 + \alpha_1\mathrm{LnDis}_1 + \alpha_2\mathrm{LnGDP} + \alpha_3\mathrm{LnGDP}^2 \tag{8 – 7}$$

其中，Ci 为长途电话成本。对于本地电话成本和固定成本，使用 GDP 和人口作为回归变量：

$$\mathrm{Ln}Cl = \alpha_0 + \alpha_1\mathrm{LnPop} + \alpha_2\mathrm{LnGDP} + \alpha_3\mathrm{GDP}^2 \tag{8 – 8}$$

$$\mathrm{Ln}Cr = \alpha_0 + \alpha_1\mathrm{LnPop} + \alpha_2\mathrm{LnGDP} + \alpha_3\mathrm{LnGDP}^2 \tag{8 – 9}$$

其中，Cl 为本地电话成本，Cr 为固定成本。表 8 – 25 显示了长途电话成本的回归结果。

表 8 – 25　　　　　　　　长途电话成本回归结果

	长话
常数	– 1.777
	– 1.844

续表

	长话
LnDis	0.38
	4.645
LnPop	−0.231
	−4.599
LnGDP	−0.338
	−3.089
LnGDP^2	0.015
	2.215
F – 检验（GDP）	11.65 [0.000]
R^2	0.63
样本数	279

从回归结果可以看出，市场规模对长途电话成本具有明显的反作用。GDP 的 F – 检验证明 GDP 和长途电话成本之间存在一个二元关系，但是方程的函数形式检验均失败了。

对于本地通信成本，人均 GDP 不显著。F – 检验表明，在二元形式下，人口在 10% 的水平上才显著。因为平方项不显著，本节将其舍去。对于固定成本，我们可以看出人口对安装成本的作用明显为正（10%）而对线路租金却无明显影响。此时，人均 GDP 似乎可以在很大程度上对其进行解释。

表 8-26　　　　　　　　本地通信成本和固定成本回归结果

	本地	安装成本	线路租金
常数	−2.471	3.524	2.039
	−6.451	*11.385*	*9.119*
LnGDP*c*	−0.074	0.106	0.364
	−1.025	*1.633*	*7.654*
LnPop	−0.073	0.058	−0.026
	−1.8	*1.721*	*−1.057*
R^2	0.05	0.06	0.42
样本数	81	90	88

在表 8 –27 中，计算了与中位数城市相比的电话成本劣势。

表 8 – 27　　　　　　　　与中位数城市相比通信成本偏差　　　　　　　单位:%

市场规模	长话	本地	安装成本	线路租金
微小	197.6	0	– 32.3	19.1
很小	60.6	0	– 20.4	10.8
小	7.1	0	– 5.2	2.4

　　市场规模较小的企业所面临的通信成本劣势十分严峻。这一结果同铁路运输十分相似，印证了市场规模以及地理偏僻状态对企业来说是一个主要问题。另外，市场规模较小的企业电话安装成本更为便宜。

　　下面对类别变量进行分析，如电话服务中断后，需要多长时间进行维修，以及铺设新电话线的可能性等。企业商务成本调查要求被调查者按照下列五种类型选择开通新电话线所需要的时间：① < 72 小时；② < 1 周；③1 周—1 月；④ > 1 月；⑤无法预知（无限期推迟）。同前一样，再将统计数据分别与人口和 GDP 进行交叉分类（见表 8 –28、表 8 –29）。

表 8 – 28　　　　　　　　　　开通新电话线交叉分类（人口）

开通新电话等待时间	人口					总计
	类别 1	类别 2	类别 3	类别 4	类别 5	
< 72 小时	6	48	12	8	1	75
< 1 周	15	48	6	6	4	79
1 周—1 个月	33	48	8	10	3	102
> 1 个月	6	10	1	2	1	20
无限期	—	8	—	1	1	10
总计	60	162	27	27	10	286

表 8 – 29　　　　　　　　　　开通新电话线交叉分类（GDP）

开通新电话等待时间	GDP					总计
	类别 1	类别 2	类别 3	类别 4	类别 5	
< 72 小时	4	33	5	6	4	52

续表

开通新电话 等待时间	GDP					总计
	类别 1	类别 2	类别 3	类别 4	类别 5	
<1 周	15	32	3	6	4	60
1 周—1 个月	34	65	12	9	2	122
>1 个月	7	16	3	2	—	28
无限期	—	16	4	4	—	24
总计	60	162	27	27	10	286

32% 的人口最少的地区的企业可以在一周内安装好新电话线，这也是最低的百分比。大部分"微小"型地区聚集在类别三中（1 周—1 个月）。同前一样，再将数据制成 2×5 的表格来检验关联的显著性（见表 8 - 30）。

表 8 - 30   开通新电话线的卡方检验

分组类型	Pearson's 卡方检验		
	Value	df	Asymp Sig.（2 - sided）
人口（1，2 - 5）	4.368	4	0.359
人口（1 - 2，3 - 5）	3.434	4	0.488
GDP（1，2 - 5）	10.245	4	0.036
GDP（1 - 2，3 - 5）	15.211	4	0.004

这些检验说明，虽然 GDP 是开通新电话线时间的一个关键因素，但人口却不是开通新电话线时间的关键因素。为了保持一致性，本书进一步对人口因素进行研究发现，无论大城市还是小城市，在安装电话线延迟方面没有差异，这一结果也可以从对数方程中人口因素不显著得到印证。

被调查者按下列五种类型选择电话中断情况：①从不中断；②极少；③偶尔；④时常；⑤经常。分别以 GDP 和人口大小将这些类别交叉分类，同样得出了市场规模效应。市场规模较小的企业不中断的百分比较低，偶尔和时常中断的比例较高。同前一样，再将数据制成 2×5 的表格来检验关联的显著性（见表 8 - 31）。

表 8 –31　　　　　　　　　　电话服务中断的卡方检验

分组类型	Pearson's 卡方检验		
	Value	df	Asymp Sig.（2 – sided）
人口（1，2 – 5）	8.427	4	0.077
人口（1 – 2，3 – 5）	3.983	4	0.408
GDP（1，2 – 5）	13.967	4	0.007
GDP（1 – 2，3 – 5）	9.393	4	0.052

对于电话服务中断来说，GDP 具有比人口更强的相关性。然而，如果以其他四类为参照来分析"从不中断"的情况，我们也能在人口因素中发现一些服务中断升高的证据（10%）。

表 8 – 32 的结果再次确认了以上的结论。对数序列模型产生了明显的人口效应，而且预测人口在 85 万以下的城市有更高的概率面临电话服务中断的可能性。

表 8 –32　　　　　　　　　　电话服务中断阶层对数

电话服务中断	人口（1000）（如果 GDPc =7 万元）
1	大于 850
2	小于 850
3	
4	
5	

基于市场规模的通信成本研究表明，市场规模对长途电话成本有显著的负影响；数据分析也显示市场规模较小的地区在电话服务方面面临更高的中断率。

二　电力成本

由于我国各地区电力价格基本一致，本书不再分析用电边际成本，安装成本的函数形式为：

$$LnCe = \alpha 0 + \alpha 1 LnPop + \alpha 2 LnGDP + \alpha 3 LnGDP^2 \qquad (8 - 10)$$

其中，Ce 为企业用电安装成本，但通过分析发现的二次方并无显著性。表 8 – 33 列示了用电成本与 GDP 和人口的回归结果。

表 8 – 33 用电安装成本回归结果

常数	3.536
	5.826
LnGDP	- 0.223
	- 1.589
LnPop	0.103
	1.519
R²	0.07
样本数	267

表 8 – 33 中，安装成本随 GDP 下降而人口上升，虽然两个系数均不显著（5%）。

以下对停电和新用电安装可获得性进行定性分析。企业商务成本调查要求被调查者按照下列五种类型选择停电情况：①从不停电；②极少停电；③偶尔停电；④时常停电；⑤经常停电。

分别以 GDP 和人口大小将这些类别交叉分类后，观察出有相对更高的停电率：25.6% 的市场规模较小的地区时常停电，而只有 14% 的类别 5 的地区面临这一问题。表 8 – 34 显示市场规模较小地区的企业更容易遭受停电的困扰。

表 8 – 34 停电卡方检验

分组类型	Pearson's 卡方检验		
	Value	df	Asymp Sig. （2 – sided）
人口 （1, 2 – 5）	11.251	4	0.024
人口 （1 – 2, 3 – 5）	4.442	4	0.349
GDP （1, 2 – 5）	18.738	4	0.001
GDP （1 – 2, 3 – 5）	20.398	4	0.000

表 8 – 35 显示了对数序列方程中人口系数的显著效应，同时指出停电率随人口的减少而大幅度增加。

表 8 – 35 停电阶层对数

停电	人口（1000）［如果 GDPc = 7 万元］
1	大于 16832
2	在 223—16832 之间
3	
4	小于 223
5	

企业商务成本调查要求被调查者按照下列五种类型选择安装新电线的等待时间：① < 72 小时；② < 1 周；③1 周—1 个月；④ > 1 个月；⑤无限期拖延。

分别以 GDP 和人口大小将这些类别交叉分类后发现 65% 的市场规模小的企业需要等待 1 周—1 个月的时间来安装新电线，与市场规模大的企业相比处于明显的劣势。卡方检验和阶层对数模型也证实了这一点（见表8 – 36）。

表 8 – 36 新用电安装的卡方检验

分组类型	Pearson's 卡方检验		
	Value	df	Asymp Sig.（2 – tailed）
人口（1，2 – 5）	18.601	4	0.001
人口（1 – 2，3 – 5）	12.544	4	0.014
GDP（1，2 – 5）	14.734	4	0.005
GDP（1 – 2，3 – 5）	8.332	4	0.061

本节的研究结论为：市场规模较小的企业可能面临停电维修服务可靠性方面的问题，安装新电线也更迟缓。

三 用水成本

用水成本采用以下函数表达式：

$$LnCw = \alpha_0 + \alpha_1 LnPop + \alpha_2 LnGDP + \alpha_3 LnGDP^2 \tag{8 – 11}$$

同前文一样，研究发现二次方并无显著性，本节将其舍去。回归结果如表 8 – 37 所示。

表 8 – 37　　　　　　　　　　用水成本回归结果

	边际成本	安装成本
常数	1. 286 *2. 649*	2. 645 *6. 022*
LnGDPc	0. 024 *0. 26*	0. 409 *4. 177*
LnPop	− 0. 184 *− 3. 516*	0. 219 *4. 445*
R²	0. 14	0. 35
样本数	82	63

　　同电话成本一样，GDPc 无显著性；然而有证据表明，人口对用水成本具有明显作用（负相关）。市场规模较小的企业有很强的成本劣势（见表 8 – 38）。

表 8 – 38　　　　　　　与中位数城市相比的用水成本偏差　　　　　　单位:%

市场规模	边际成本	安装成本
微小	244. 1	− 77
很小	106. 1	− 57. 7
小	18. 3	− 18. 1

　　表 8 – 38 说明，市场规模较小的企业在用水方面存在巨大的成本压力，而在安装成本方面，有足够的证据表明安装成本会随人口的增加而升高。

　　企业商务成本调查要求被调查者按下列五种类型选择停水情况：①从不停水；②极少停水；③偶尔停水；④时常停水；⑤经常停水。

　　分别以 GDP 和人口大小将这些类别交叉分类发现，只有20%的市场规模较小的地区从不停水；同时，只有市场规模小的企业才会面临经常停水的问题。使这些企业的正常生产、运营面临着较大的不确定性，进一步加大了企业商务成本（见表 8 – 39）。

表 8 – 39　　　　　　　　　　　停水的卡方检验

分组类型	Pearson's 卡方检验		
	Value	df	Asymp Sig.（2 – sided）
人口（1, 2 – 5）	8.576	4	0.073
人口（1 – 2, 3 – 5）	0.974	4	0.914
GDP（1, 2 – 5）	20.229	4	0.000
GDP（1 – 2, 3 – 5）	7.759	4	0.101

表 8 – 39 表明，市场规模对企业从不停水的可能性具有一定影响（特别是用 GDP 作为市场规模指示器），作为对这些检验的补充，通过将阶层对数结果与列联表相比，发现市场规模小会显著增加企业停水的可能性。表 8 – 40 列示了预计的人口对停水分布的影响。

表 8 – 40　　　　　　　　　　　停水阶层对数

停水	人口（1000）［如果 GDPc = 7 万元］
1	大于 1806
2	在 22—1806 之间
3	小于 22
4	
5	

表 8 – 40 表明，只有人口达到 180 万，企业用水才能够完全保障。

本节基于市场规模的用水成本研究发现，市场规模较小的企业用水成本较高并且缺乏保障，市场规模还显著增加企业停水的可能性，并且，企业需要等待较长的时间才能安装新水管。这使企业的正常生产经营受到较大的制约和不确定性，大大增加了企业商务成本。

第四节　小结

总体来说，市场规模对企业商务成本的负向影响显著。企业除了要支付较高的边际成本，还面临着服务中断（如停水、停电等）的风险。

表 8-41 和表 8-42 总结了市场规模对企业商务成本的影响，它们包含了一些显著性不足的效应但仍具有一定的解释力。对大部分市场规模狭小的地区，这些成本劣势均具有显著性。除了一些公用设施安装成本之外，市场规模狭小的企业在几乎所有的成本项目中都处于显著的劣势。此外，类别数据指出市场规模小的地区更缺乏熟练劳动力并且公用设施服务的可靠性较差。

表 8-41　　　　　　　　　　成本劣势总结

	微小	很小	小	备注
铁路运输				
至北京	60.3	8.2	-3.1	
自北京	*62.1*	*18.9*	*1.3*	不显著
至上海	85.3	15.2	-2.2	
自上海	*7.1*	*-0.4*	*-1.2*	不显著
至广州	45.2	1	-4.9	
自广州	*37.2*	*3.2*	*-3.1*	不显著
公路运输				
至北京	195.3	67	9.3	
自北京	287.4	100.1	14.6	
至上海	301.5	87.2	10.4	
自上海	251.6	85	11.9	
至广州	148.3	44.4	4.5	舍去函数形式
自广州	133.7	39.4	3.7	
航空旅行成本				
北京	118	57.7	11.2	舍去函数形式
上海	103.8	51.7	10.2	
广州	125.4	60.9	11.7	舍去函数形式
效率工资（元）				
建筑劳动力	65.5	34.3	7.1	
大型超市收银员	43.7	23.6	5.1	
杂工	71.1	36.9	7.6	
银行职员	39.9	21.7	4.7	
汽车修理工	49.6	26.6	5.6	

续表

	微小	很小	小	备注
会计	*8.4*	*4.8*	*1.1*	不显著
公立学校教师	37.1	20.3	4.4	
银行经理	*53.7*	*28.6*	*6*	
电话				
本地通话	0	0	0	
长途电话	97.1	48.7	9.7	舍去人口平方项
线路租金	*19.1*	*10.8*	*2.4*	不显著
用电				
成本	0	0	0	
安装	*−49.9*	*−33.3*	*−9*	不显著
水				
成本	0	0	0	
安装	−77	−57.7	−18.1	

表 8 – 42　　　　　　　　　类别数据规模效应总结

成本领域	交叉分类表	阶层对数	备注
劳动力可获得性			
不熟练	不显著	10% 显著	弱证据
半熟练	显著	显著	强证据
熟练	显著	显著	强证据
电话			
新安装	对 GDP 显著	不显著	无证据
服务中断	10% 显著	显著	有证据
维修	不显著	不显著	无证据
用电			
安装	不显著	不显著	无证据
停电	显著	显著	强证据
水			
安装	不显著	不显著	无证据
停水	10% 显著	显著	有证据

第九章　企业的区位选择与进入模式

第一节　企业如何进行区位选择

在过去30多年的世界经济全球化过程中，资本在地区经济发展中扮演着越来越重要的角色和作用，这种经济增长方式深刻地影响着地方政府对招商引资的态度，他们为鼓励企业投资而采取的政策便清楚地反映出了这一点。一方面，地方政府纷纷降低企业所得税以降低企业在本地区的企业商务成本进而吸引企业入驻。另一方面，为了吸引企业资本向本地区流动，地方政府出台了一系列的政策激励措施，通过提供包括税收优惠、贷款贴息、投资补贴、免费工业用地等补助方式来吸引在本地区设立新企业或扩大生产规模，这种投资补贴已经变得司空见惯，特别是在高科技、创造大量就业岗位和具有产业链整合能力的领域更是如此。有明显的迹象表明，市场经济进程和地区间经济一体化以及随之而来的企业投资区域的流动性增加已经引起了东部经济发达地区与西部地区的竞争冲突。在过去的十年里，东部地区已经感受到西部地区的政策激励增加了对本地区的压力，也开始提供相应的政策激励以免其流向政策更加优惠的相邻地区和西部地区。

一　建立企业区位选择模型

与企业商务成本、政策激励、区位选择相关的研究和分析主要分为两类。

第一类文献着重研究两个地区对同一个企业的竞争。在其研究模型中，均衡政策通常都涉及对企业的政策激励如补贴等。其收益包括：提供公共产品和服务的规模经济（Black & Hoyt，1989）；本地就业带来积极的溢出效应（Pertti Haaparanta，1996；Ronald B. Davies，2005）；节约交易成本（Andreas Haufler & Ian Wooton, 1999）；促进技术进步（Chiara Fumagalli, 2003）；然而，最近的研究表明，当某一地区已经存在这样的企业（Kjetil Bjorvatn, 2006）或者两地区对两个企业而不是一个企业进行竞争条件下，其收益将有所改变。而在后者的情况下（两地区竞争两企业），地方政府甚至可能会将企业非合作性税收均衡利润全额征收。该类研究文献的总体特征是涉及对抽象均衡分布的比较，从而分析了难以比对并概括的具体方案。

第二类文献采用垄断竞争模型在新经济地理学框架下分析流动企业的税收竞争（Hans Jarle Kind, 2000；Richard E. Baldwin, 2004；Gianmarco I. P. Ottaviano, 2005；Rainald Borck, 2006）。在这些研究中，同类企业生产的是不同种类的同一种综合产品。这些文献认为地方政府可以积极地在"中心城市"收取集聚租金，但是，这个结论仅适用于一些特殊的情况，即所有的企业都集聚于一个城市。

本节建立了一个包含地方政府吸引流动企业在其区域内落户的模型。为了有助于理解这种同步发展，假设地方政府都具有吸引企业入驻的动机，并且能够对企业的区位选择收取租金；为了简化讨论，假定地方政府提供的政策激励，如地价、劳动力、贴息等均可量化并等同于税收优惠，即所有的政策激励都最终表现为税收优惠（从理论上讲，这就允许出现负的企业所得税税率）；同时假定企业在外地销售产品所需支付的费用如运输成本、异地市场开拓成本等均简化为企业商务成本。这样，就大大地简化了本节的讨论。本节所关注的是政策激励以及随着经济一体化的深入而导致的企业商务成本变化以及企业在政策激励引导下的区位选择问题。

本节建立的包含两种相互作用力量（企业商务成本和消费者剩余）的寡头垄断模型，研究了两个大小不同的地区（东部和西部地区）利用简化的政策激励即企业所得税优惠来争夺外生的、易变的、均质的企业投资。该模型同时强调企业的区位租金会以对等均衡的方式上升。究其原因，一是企业为了减少竞争压力，增加总利润，会设法分布在互不邻近的区位。因此，成功吸引企业落户的地区便可以通过征税而获取区位租金。二是地方政府之所以希望企业落户其辖区范围之内，还在于比起进口产品，消费者更青睐于本地产品，其原因仍在于企业商务成本这一因素。本地区的产品要比外地产品相对便宜，本地产品消费价格更加低廉，消费者剩余更高。在其他方面无差别的情况下，地方政府有足够的动机对企业入驻提供政策激励。当然，由本地生产带来的潜在实惠并非仅仅增加消费者剩余。比如说，政府投资补贴最有力的支撑便是跨国企业会提供本地区劳动力更高的薪资奖金，对内的 FDI 还会缓解非自愿失业。这将在模型引申中探讨。

假定存在 a 和 b 两个地区，它们提供政策激励来吸引固定数量的企业。这些企业在寡头垄断竞争条件下生产均质产品 x，另外一种计价数商品 z 在完全竞争条件下生产销售，两地消费者对于这些商品偏好相同，有：

$$u_i = ax_i - \frac{\beta}{2}x_i^2 + z_i, \ i \in \{a, \ b\} \tag{9-1}$$

不失一般性，假定这两个地区市场规模不同，而且人口均匀分布。将 a 地区看作市场规模大的东部地区，假定 a 地区消费者人数为 $n > 0.5$，那么西部地区 b 消费者人数为 $(1-n)$。a、b 两地居民经济来源仅限于工资收入，而企业利润收入属于位于两地之外的资产所有者。两地区每个家庭提供一个单位的均质劳动力。各地区的工资率是由仅以劳动为唯一投入的计价数商品 z 决定的，两地均衡工资为 w。政府的所有收入为税收，标记为 T_i，全部税收收入以一次性付清的方式平均分配给本地区的居民。那么，两地区每位消费者的预算约束就为：

$$w + \frac{T_a}{n} = z_a + p_a x_a$$
$$\tag{9-2}$$
$$w + \frac{T_b}{1-n} = z_b + p_b x_b$$

P_i 表示商品 x 在 i 地区的价格，效用最大化导致反向需求曲线 $a - \beta x_i = P_i$，所有消费者对商品 x 的总需求服从市场需求曲线，合并所有消费者对商品 x 的需求，标记为 x_i：

$$x_a = \frac{n(a-p_a)}{\beta}$$
$$\tag{9-3}$$
$$x_b = \frac{(1-n)(a-p_b)}{\beta}$$

当 $n > 0.5$ 时，规模大的东部地区 a 的市场需求曲线要比西部地区 b 的更为平滑。也就是说，企业在 a 市场的获利能力更强。

不失一般性，假设共有 k 个总部在第三地的企业，这些企业向 a 和 b 两地区投资并且只能在这两个地区投资，每个企业都拥有一个单位的知识资本（如专利许可），该知识资本可以有力地用于竞争并进一步发展 x 行业。对于商品 x 来说，这一因素是必不可少的，但也是有限的，充其量仅够 k 家企业投入生产。此外，在两地区，每家企业面临固定并且相同的安装生产设备的成本，这项成本足够大，使各企业在该地区最多开办一家生产厂，那么各企业便只能在 a 地区或 b 地区之一进行生产，并服务于 a 地区或 b 地区两个市场。相对这些固定成本，若交易成本足够高，企业便会选择"跳跃"贸易障碍，并在 a, b 两个市场同时生产产品。本书假定，该地区同其他地区的交易成本相当高，以至于没有企业会选择在该地区之外的第三地区生产并服务于 a, b 两地区市场。为了使标记更为简洁，固定成本包含在下面的等式之中。

除生产选址外，各企业其他因素均相同。但选址因素很重要，因为虽然各企业均可在 a, b 两地区销售商品，但若要将企业的产品销往异地，还需考虑企业商务成本因素。也就是说，各地区市场是由在本地生产产品的"本地"企业和设在另一地区的"外地"企业共同服务的。

假设劳动力是唯一投入的可变量，而每单位产品的产出要求 γ 名劳动力。那么，生产的边际成本可以被界定为 $\omega = \gamma w$。因为两地区工资成本持平，所以在本节的模型中不作为企业区位选择的影响因素。每单位产品外销的企业商务成本为 τ，这样服务外地市场的边际成本便被大幅提高为 $(\omega + \tau)$。企业作为古诺（Cournot）竞争者，能够独立地划分其市场，自主决定其在本地市场和外地市场上的销售量分配比例，在均衡的状态下，企业的出口商品生产价格要低于本地区内市场商品价格。各企业总利润与单位所需知识资本报酬相等，则：

$$\pi_a = (p_a - \omega) x_{aa} + (p_b - \omega - T) x_{ba}$$
$$\pi_b = (p_a - \omega - \tau) x_{ab} + (p_b - \omega) x_{bb}$$

$$(9-4)$$

此时 π_j 为 j 地区内一个企业的税前利润，x_{ij} 代表 j 地区内一个企业在 i 地区的销售量（$i, j \in \{a, b\}$）。因为企业销往外地的边际成本要高于本地销售的边际成本，其在外销方面处于成本劣势，因此外地企业在某一市场的销售量要小于本地企业。

假设 a 地区有 k_a 家企业，剩余的 k_b 家企业在 b 地区，即 $k_a + k_b = k$。考虑到需求［式（9-3）］，最大化式（9-4）并得到各企业的外销水平：

$$x_{aa} = \frac{n[a - \omega + k_b \tau]}{\beta(k+1)} \qquad x_{ba} = \frac{(1-n)[a - \omega - (1+k_b)\tau]}{\beta(k+1)}$$

$$x_{ab} = \frac{n[a - \omega - (1+k_a)\tau]}{\beta(k+1)} \qquad x_{bb} = \frac{(1-n)[a - \omega + k_a \tau]}{\beta(k+1)}$$

$$(9-5)$$

假定企业商务成本足够低，使得 $x_{ab}>0$，$x_{ba}>0$，并且各企业均向外地市场出口。在式（9-5）及对称的情况下，企业所在地区大小相等（$n=0.5$）并且两地区吸引到相等数量的企业（$k_a=k_b$），那么在以下情况下，两地区的企业均会外销：

$$a-\omega-\left(1+\frac{k}{2}\right)\tau>0 \tag{9-6}$$

在下面的分析中，假设这些条件都得到满足。需要注意的是，在两地市场规模不同、$k_a\neq k_b$ 时，对两个市场的出口来说，不等式（9-6）仍是必要的（但并非充分的）。在这种情况下，可以在式（9-5）中看到 $x_{ab}>0$，$x_{ba}>0$ 的一个条件涉及对 τ 更严格的限制。

不等式（9-6）的这一限制说明企业商务成本仍位于临界上限以下，一旦超出上限，企业只会服务于本地市场。在对称情况下，这一临界企业商务成本为：

$$\tau^p=\frac{2(a-\omega)}{2+k} \tag{9-7}$$

进一步假设资源约束满足 $\gamma k_a(x_{aa}+x_{ba})<n$ 和 $\gamma k_b(x_{ab}+x_{bb})<1-n$，各地区均生产计价数商品。$x_{ab}/x_{aa}$，$x_{ba}/x_{bb}<1$，表明只要存在企业商务成本（$\tau>0$），任一市场外地企业的市场份额总是小于本地企业。

各市场均衡价格为：

$$p_a=\frac{a+k\omega+k_b\tau}{k+1}$$
$$p_b=\frac{a+k\omega+k_a\tau}{k+1} \tag{9-8}$$

式（9-8）表明，随着企业总数 k 的增加、寡头垄断行业的竞争更为激烈，两地消费价格都呈下降的趋势。此外，各地区消费价格都影响到另一地区企业的数量。换句话说，不论行业规模大小，在本地生产产品的企业增加加剧了本地竞争并降低了消费价格。

将式（9-5）和式（9-8）代入式（9-4），我们可以得到各地区企业的税前利润：

$$\pi_a=\frac{n[a-\omega+k_b\tau]^2}{\beta(k+1)^2}+\frac{(1-n)[a-\omega-(1+k_b)\tau]^2}{\beta(k+1)^2}$$
$$\pi_b=\frac{n[a-\omega-(1+k_a)\tau]^2}{\beta(k+1)^2}+\frac{(1-n)[a-\omega+k_a\tau]^2}{\beta(k+1)^2} \tag{9-9}$$

假定根据税收来源地进行征税，则企业的利润被生产所在地政府征税，各企业均被 i 地区一次性征税 t_i，那么 i 地区的总税收收入为：

$$T_i = t_i k_i, \quad \forall\, i \in \{a,\, b\} \tag{9-10}$$

两地区间税收差额为 $\Delta \equiv t_a - t_b$，在决定向哪个地区投资时，企业会比较税后净利润，从而在更加有利可图的地区落户进行生产运营。行业的区位均衡是以 $\pi_a - t_a = \pi_b - t_b$ 为特征的。代入式（9-9），可以得出选择在两地区落户的企业均衡数量：

$$k_a = \frac{k}{2} + \frac{(2n-1)\left[2-(a-\omega)-\tau\right]}{2\tau} - \frac{\Delta\beta(k+1)}{2\tau^2} \tag{9-11}$$

$$k_b = k - k_a$$

假设最初两地区征收相同的税收，即 $\Delta = 0$。如果两地区人口相同（$n = 0.5$），从式（9-11）中我们可以清晰地看出 $k_a = k_b = k/2$。也就是说，在两地区选址的企业数目是平均分布的。在不考虑企业商务成本的情况下，两地区均无区位优势，此时 k_a 无法确定。而当 $\tau > 0$，a 地区更大（$n > 0.5$）时，由于限制条件（9-6）的存在，式（9-11）中的第二项总是正值；税收方面的差异会进一步影响企业选址，也就是说，如果 a 地区对企业征收的税额比 b 地区高（即 $\Delta > 0$），a 地区所占的企业份额就会相对变小。然而就像将在之前探讨的一样，第三项永远无法完全补偿第二项，在任何不对称税收均衡中，市场规模较大的地区仍将吸引多于半数的企业数量［参照下面的式（9-20）］。本节的分析将 k_a 和 k_b 视为持续变量，因此当企业数量减少，个体企业的重新选址对均衡分布具有抽象意义时，只是接近于真实的分析。此外，我们可以在概念上分析企业随机选址的决定，并且将 k_a 和 k_b 解释为两地区预期的企业数量。本节之所以这样做是因为可以得出均衡配置以及作为外生模型参数持续作用的相关政策。

a 地区与 b 地区政府均对其辖区内企业一次性征税。值得注意的是，当税收被视为对某地吸引投资的补贴时，这些税收将会成为负值。如果从企业所得税中征收的税额是正的，那么这些税收将会一次性平均分配该地区所有居民。虽然税收具有一次性付清的特征，但不应忘记它仍会影响到流动企业的选址行为［式（9-11）］。

政府致力于本地消费者的福利最大化。为了得出两地区福利总和，采用预算约束（2）来替换（1）中计价数商品 z_i 的耗费，并且使用反向需求来消除 p_i 的影响，进一步地，采用 $x_a = x_a/n$，$x_b = x_b/(1-n)$，以及式（9－8）的均衡价格，再合计所有消费者之后得出：

$$w_a = n u_a = s_a + T_a + nw$$
$$w_b = (1-n) u_b = s_b + T_b + (1-n) w \qquad (9-12)$$

其中，s_i 是 i 地区在 x 中的总消费者剩余：

$$s_a = \frac{n [k(a-\omega) - k_b \tau]^2}{2\beta(k+1)^2}$$

$$s_b = \frac{(1-n) [k(a-\omega) - k_a \tau]^2}{2\beta(k+1)^2} \qquad (9-13)$$

因而，在已知个体效用的情况下，地区福利可表述为：x 市场中消费者剩余总和以及所有消费者货币收入（工资收入和税收收入的总和）。在总数为 k 的企业中，两地区消费者剩余逐步增加，因为其促进了竞争，从而降低生产成本［见式（9－8）］。此外，落户 a 地企业的数量的上升提高了该地区消费者剩余，却降低了 b 地区的消费者剩余，因为当本地企业数量增加时，消费价格会下降，这便激励两地区努力吸引企业在其行政辖区内落户。可以很清楚地看到，消费者剩余只是政府希望吸引企业在本地区投资的一个因素，其他因素还包括超出劳动力外在选择的工资收入、寡头垄断行业和知识溢出等，本节将在第五部分讨论这些因素。

二 商务成本对企业区位选择的影响

（1）对称地区的基准分析。将式（9－10）、式（9－11）和式（9－13）代入式（9－12），并以其税收区别两地区的福利状况。首先研究完全对等的基准情况。考虑一阶条件下的最优税率（即 $n = 0.5$ 时），并利用该约束代换企业均衡配置［式（9－11）］，于是得出普通纳什均衡税率：

$$t^s = \frac{k\tau}{(k+1)\beta} \Big[\tau - \frac{2(a-\omega) - \tau}{4(k+1)} \Big] \qquad (9-14)$$

其中，上标 s 代表对称，该均衡税率反映了在该模型中两个基本力量均在起作用。

方括号中正的第一项源于区位租金效应。这一效应之所以会出现，是由于企业希望将竞争最小化而选址于不同市场。一般来讲，在对称均衡中，某企业从 b 地区迁移至 a 地区意味着 a 地区每家企业都面临更为激烈的竞争。因为本地市场要比外地市场更加有利可图，因此在 a 地区的各企业的利润下降了，而 b 地区企业的总利润上升了。该利润的差异意味着政府可以向企业征收区位租金。区位租金的作用会随企业商务成本的升高而增强，因为后者扩大了两个市场的利润差异。

式（9-14）方括号中第二项是消费者剩余的来源，该剩余在不等式（9-6）中一定是负值。当一家新企业进入一个地区，该地区消费价格会相应下降，而且正如以上论述的，它会激励各地区为企业提供选址补贴。

从式（9-14）中，我们可以确定企业商务成本的临界水平 τ^*，在这种情况下，两种作用互相抵消，均衡税为0：

$$\tau^* = \frac{2(a-\omega)}{4(k+1)+1} \qquad (9-15)$$

当企业商务成本 $\tau > \tau^*$ 时，区位租金作用占支配地位，而且均衡税率为正；如果 $\tau < \tau^*$ 时，那么消费价格作用会相对更为强势，此时均衡税率为负（即提供补贴）。最后，如果不存在企业商务成本，这两种作用均不会起效（$\tau=0$）。在无企业商务成本的情况下，纳什均衡税为0，因为政府和企业均不关心选址的均衡形式。这一特殊情况与 Janeba E. 的分析相似，他将企业流动性引入战略税收政策标准模型之中，但是并未包含企业商务成本，他认为同抑制企业流动的贸易补贴相反（同古诺企业竞争一起），两地区的均衡贸易税将为零（Janeba E.，1998）。

应该注意，政府征税的能力是受到限制的，因为所有 k 家企业的税后利润必须保持非负值，否则有些企业会选择放弃生产活动。为了得出这个限制值，从企业所得税前利润式（9-9）中减去对称 Nash 均衡式（9-14），并将差设为0，可以得到企业商务成本 $\bar{\tau}$ 的临界值，更确切地讲，该临界值代表了交易成本的上限，因为忽略了在两地区中任意一地区选址的固定成本，如果将这些成本结合在内，那么可允许的最高税率以及门槛值 $\bar{\tau}$ 也会相应地下降：

$$\bar{\tau} = \frac{(a-\omega)\left[k-2+\sqrt{13k^2+8k-4}\right]}{(3k^2+3k-2)} \qquad (9-16)$$

式（9-16）确定了市场中企业总数与企业商务成本 $\bar{\tau}$ 临界值（最大值）之间的反比关系。一般来讲，企业数量 k 的增大会减少均衡中各企业的总利润，而高水平的 τ 会增加一个地区征收较高水平税收的能力。只有在 $\tau \leqslant \bar{\tau}$ 时，所有的 k 家企业才会准备进驻这一地区并开展生产活动。在分析中，假设以上所有条件都得到满足，我们可以明显地看出税率转换所显示的标准 τ^*［式（9-15）］会保持在门槛标准 $\bar{\tau}$ 之下。

将式（9-16）中的临界值同式（9-7）中的阻止企业商务成本进行比较，可以看出，当 $k \geq 2$ 时，$\bar{\tau} \leq \tau_P$。因此在大多数情况下，式（9-16）是对称模型中强有力的限制。当该约束条件成立时，所有的 k 家企业都会赚取非负值的税后利润，而且该均衡中仍有贸易发生。

下面分析模型中的外生参数是如何影响对称纳什均衡税率的。首先分析在一个地区中流动企业总数的增长。对 k 求式（9-14）的微分，可以得出：

$$\frac{\partial t^s}{\partial k} = \frac{\tau\{4\tau(k+1) + (k-1)[2(a-\omega)-\tau]\}}{4(k+1)^3\beta} > 0 \qquad (9-17)$$

因此，k 的增长一定会提高均衡税率。直观地讲，企业总数的增多会降低一个地区所承担的由一家企业从本地区迁到另外一个地区带来的成本，消费者剩余的下降会降低各地区提供选址补贴的意愿。此外，企业数量的增加会加强正区位租金的作用，竞争越激烈，价格越趋近于边际价格，承担额外企业商务成本的劣势也越严重。因此，在一个对称均衡当中，对通过迁移至地区外而试图逃避高额本地所得税的企业的罚金也会上升，这就加强了地区征收区位租金的能力。

式（9-17）中的相对静态的结果清楚地说明两地区不会减少其均衡范围之内的企业总数量。因为两地区对 k 家企业的税率上升了，那么税收也会相应上升。此外，很明显，消费者剩余［式（9-13）］是 k 的一个正函数。因此，每一个地区的福利也会随企业数量的增长而单调递增。

现在，重点分析这些变动对企业商务成本的影响。对 τ 求式（9-14）的微分，可以得出：$\frac{\partial t^s}{\partial k} = \frac{k[4\tau(k+1)-(a-\omega-\tau)]}{2(k+1)^2\beta}$，一般来说，该值可为正亦可为负。然而，可以为 τ 确定一个导数为零的临界值，即：

$$\tau^{**} = \frac{a-\omega}{4(k+1)+1} \qquad (9-18)$$

当 $\tau > \tau^{**}$ 时，税率会上升；当 $\tau < \tau^{**}$ 时，税率则会下降。将式（9-18）与式（9-15）进行对比，可以看出 $\tau^{**} < \tau^*/2$。

图 9-1 中显示了对称纳什均衡中企业商务成本同均衡税率之间的关系。

经济一体化可以降低企业商务成本，图 9-1 表明，若原本存在较高的企业商务成本（$\tau > \tau^*$），该成本的下降将会降低对称地区提高正税收的能力。在 τ^* 之下，税收便为负值并持续下降直至最小值 τ^{**}（即最大补贴值）。为了解释相对高水平的企业商务成本的反比关系，需注意当企业商务成本减少时，区位租金和消费价格这两种作用也弱化了。然而只要 $\tau > \tau^{**}$，地方政府收取区位租金的能力就会快速地变弱。如果企业商务成本大幅下落（$\tau < \tau^{**}$），区位租金和消费价格作用的相对力量就会颠倒过来，税率再次上升直至其达到零，即 $\tau = 0$。这样，对于对称基准的研究结果可以总结为：在对称纳什均衡中，税率可能为正值也可能为负值。随着经济一体化的发展，企业商务成本持续降低，均衡税率从正值跌至负值，然后再次升高，当企业商务成本为零后变为零。

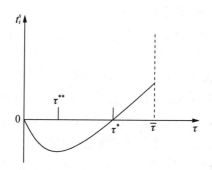

图 9 – 1　对称均衡的纳什均衡税率

（2）市场规模不均衡的一般分析。在探讨过对称情况模型的基本状况之后，转到更为普遍的情况当中，即两地区市场规模不同的情况。则不对称纳什均衡税率为：

$$t_a^* = \frac{k\tau}{\beta(k+1)}\left[\tau - \frac{nu}{2(k+1)}\right] + \frac{\tau u(2n-1)(3k+2)[2(k+1)-n]}{2\beta(k+1)^2[6(k+1)-1]}$$

$$t_b^* = \frac{k\tau}{\beta(k+1)}\left[\tau - \frac{nu}{2(k+1)}\right] + \frac{\tau u(2n-1)[2(k+1)+n(3k+2)]}{2\beta(k+1)^2[6(k+1)-1]}$$

$$(9-19)$$

此时 $u \equiv [2(\alpha - \omega) - \tau] > 0$。式（9 – 19）中的第一项对于两地区来说是相同的，包含了上面探讨过的两个互相抵消的作用：区位租金和消费价格[1]。式（9 – 19）中的第二项显示了本地市场作用是如何吸引个体企业的。各企业都会在市场规模大的地区选址落户，从而降低企业商务成本

---

① 我们很容易看出在对等情况 $n = 0.5$ 时，式（9 – 19）的第一项为式（9 – 14）。

并获得更高的总利润。这便允许市场规模大的地区 a 比在对称均衡情况下对企业征收更高的税，而 b 地区不得不向企业征收较低税（或发放较高补贴）从而对其区位劣势进行补偿。因此，只要在企业商务成本为正值的情况下，市场规模大的地区均会在均衡中征收较高税率。

下面再关注企业商务成本下降的影响。首先分析经济一体化是增加还是降低市场规模大的地区企业分布的集聚程度。将式（9－19）的最优税率代入式（9－11）中，得出：

$$k_a = \frac{k}{2} + \frac{(2n-1)\left[2(a-\omega)-\tau\right]\left[3(k+1)-1\right]}{2\tau} \qquad (9-20)$$

对式（9－20）求 τ 的微分，得到：

$$\frac{\partial k_a}{\partial \tau} = \frac{-(2n-1)\left[3(k+1)-1\right]}{2\tau\left[6(k+1)-1\right]}\left\{1 + \frac{\left[2(a-\omega)-\tau\right]}{\tau}\right\} < 0 \qquad (9-21)$$

因此企业商务成本的下降一定会增加市场规模大的东部地区企业的数量。另外，企业商务成本的下降也会减少企业在西部地区选址的劣势。然而在分析中，还存在另一种举足轻重的作用：企业商务成本在市场竞争中会保护选址本地的企业。随着企业商务成本的下降，市场规模较小的西部地区中竞争压力相对更强，因为有更多的企业（东部地区的）成为激烈的竞争者。因此总的来说，经济一体化增加东部地区生产活动的聚集程度。

式（9－20）也说明，为了确保有企业在西部地区的落户，必须超越企业商务成本临界值，记为 $\bar{\tau}$。在东西部地区大小不对称情况下，τ 的下限为：

$$\bar{\tau} = \frac{2(a-\omega)(2n-1)\left[3(k+1)-1\right]}{k\left[6(k+1)-1\right] + (2n-1)\left[3(k+1)-1\right]}，$$ 在对称情况下，$\bar{\tau}$ 为零。随着 a，b 两地区大小差距的增大，该下限也随之上升。换句话说，如果在模型中考虑较低水平的企业商务成本（即较高程度的经济一体化），那么两地区之间的大小差异就不能太大。

接下来，研究在不对称税均衡的情况下经济一体化对各地区税率的影响。对 τ 求式（9－19）的微分并在原始均衡中重新替换税率，可以得出：

$$\frac{\partial t_i^*}{\partial \tau} = \frac{2\left[a-\omega-\tau\right]t_i^* + (a-\omega)}{\tau\left[2(a-\omega)-\tau\right]}，\ \forall i \in \{a,\ b\} \qquad (9-22)$$

那么，对于这两地区的任何一个地区来说，为了确保企业商务成本降低以达到最优税率，在原始均衡中的正税率是充分的（但不是必要的），这一结果同对称地区的结果是一致的。然而，从式（9-19）中可以看出，相对于对称地区的情况，市场规模较大地区的税率成为正值的企业商务成本临界值现在降低了；而市场规模较小地区得以征正税的企业商务成本临界值却升高了。图9-2显示了两地区企业商务成本和税率之间的关系。

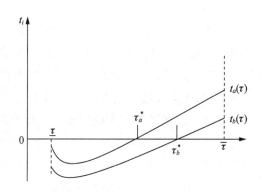

图9-2　不对称均衡的纳什均衡税率

对于不对称地区情况的研究结果可以总结为：当两地区仅存在市场规模差异时，随着企业商务成本的下降，①两地区税率均呈现先降后升的趋势，而且市场规模较大地区在 τ 各水平上均会征收较高税率；②市场规模较大地区企业的集聚程度呈现增加的趋势。

三　企业商务成本对地区福利的影响

现在研究经济一体化以及企业商务成本降低对东西部地区福利的影响，同样，还是从对称地区基准情况开始分析。将式（9-10）、式（9-13）、式（9-14）代入式（9-12）中，并设定 $k_a = k_b = k/2$，可以得出各地区福利最大值：

$$w^s = \frac{k^2}{8\beta(k+1)^2}\{[2(a-\omega)-\tau]^2 + 2\tau^2[4(k+1)+1] - 4\tau(a-\omega)\} +$$

$$\frac{w}{2} \tag{9-23}$$

对 τ 求微分后，得到：

$$\frac{\partial w^s}{\partial \tau} = \frac{k^2}{16\beta(k+1)^2}\{[8(k+1)+3]\tau - 4(a-\omega)\} \tag{9-24}$$

当企业商务成本较高时，经济一体化（ τ 下降）会降低两地区福利水平；而企业商务成本较低时，经济一体化反而会提高两地区福利水平。通过将式（9-24）中$\frac{\partial w^s}{\partial \tau}$设定为0，企业商务成本临界值在福利达到最小值时得以实现，该临界值$\overline{\tau}$为：

$$\widetilde{\tau} = \frac{4(a-\omega)}{[8(k+1)+3]} \tag{9-25}$$

地区福利同企业商务成本之间的"U形"关系高度仿照了均衡税率和企业商务成本之间的关系。当企业商务成本较高时，企业商务成本的下降会弱化区位租金的作用，降低政府征税能力，并且降低税收及福利。当τ值较低时，企业商务成本持续降低，地方政府不得不为企业提供区位补贴。这便缓解了补贴竞争，提高了各地区福利水平。将$\overline{\tau}$临界值作为导致最低税τ^{**}［见式（9-15）］企业商务成本水平，得出$\overline{\tau} > \tau^{**}$。因此，当企业商务成本下降至$\overline{\tau}$之下时，税率会继续在一定范围内下降至$\overline{\tau}$左侧，而福利则又开始攀升。福利的增长可解释为下降的税收（或增长的补贴付款）多于来自同企业商务成本减少相关的消费者剩余补偿。

为了研究市场规模不同对地区福利的影响，将式（9-11）、式（9-13）、式（9-19）代入式（9-12）中。在低水平的经济一体化中，两地区的均衡税都为正值，而且τ的减少将使税收和福利都产生下滑。然而市场规模不同的地区的福利最小化水平的τ也是不同的。假定各地区福利为企业商务成本的非单调函数，经济一体化在τ的某范围内可能对各地区具有相反的福利作用。特别地，可以看出当企业商务成本等于$\overline{\tau}$时，正如在式（9-25）中所确定的一样，这种情况就会发生。当企业商务成本为此值时（以及由于连续性，在该值周围时），下列不等式成立：

$$\frac{\partial w_a}{\partial \tau}\bigg|\widetilde{\tau} > 0, \quad \frac{\partial w_b}{\partial \tau}\bigg|\widetilde{\tau} < 0 \tag{9-26}$$

由其可以得出：企业商务成本有一个范围，由于它的存在，经济一体化（τ的下降）会降低市场规模较大的地区福利水平但会提高市场规模较小的地区福利水平。

这可由市场规模较小地区的区位租金作用和消费价格作用均弱化这一事实来解释。从企业角度来看，在市场规模较小的地区选址并非最佳选择，由于消费者较少，因此提供区位补贴的诱因也较少。正因如此，同wa相比，b地区福利水平wb在较高水平的企业商务成本的情况下，才能达到最小值。当企业商务成本下降至wb以下时，经济一体化对市场规模较小的地区是有利的，对市场规模较大的地区则是有害的。

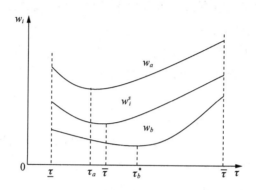

图9-3 经济一体化的福利影响

图9-3阐释了这些研究结果。在该图中，当企业商务成本在$\tau_a < \tau < \tau_b$区间内，经济一体化对两地区福利具有反作用，而此时，τ_i是有关τ的w_i的转折点。

最终，用一个模拟分析来阐释上文的研究结果，当假设$n=6$时，研究结果列于表9-1中。

表9-1 不对称地区模拟结果

τ	(1) t_a	(2) t_b	(3) t_a/π_a	(4) t_b/π_b	(5) $\Delta t_i/\pi_i$	(6) k_a	(7) w_a^{pc}	(8) w_b^{pc}
0.680	0.318	0.260	0.998	0.998	0.000	5.675	12.162	11.608
0.550	0.191	0.143	0.687	0.622	0.065	5.864	11.237	10.534
0.450	0.115	0.075	0.454	0.352	0.102	6.045	10.766	9.982
0.350	0.057	0.026	0.245	0.125	0.117	6.357	10.415	9.667
0.250	0.018	-0.005	0.081	-0.025	0.106	6.920	10.218	9.590
0.150	-0.003	-0.017	-0.016	-0.088	0.072	8.233	10.176	9.752
0.100	-0.007	-0.016	-0.034	-0.082	0.048	9.874	10.213	9.922

注：$k=10$，$a-w=5$，$n=0.6$，$\beta=1$。

在这个特定数值例中，确保非负税后利润的企业商务成本上限$\overline{\tau} \approx 0.68$，而确保市场规模较小的地区企业数量非负的下限$\underline{\tau} \approx 0.10$。第一栏和第二栏显示在企业商务成本各阶段$t_a > t_b$［命题2（1）］中，比起$a$地区，$b$ 地区税率在企业商务成本相对更高时才会变为负值。在第三栏、第四栏中，税率被当为总利润的百分比来计算，而两地区该比率趋于一致 $\bar{\tau}$。从第五栏可以看出，随着企业商务成本的降低，该比率最初较剧烈下降，但随后税差逐渐缩小。第六栏显示，企业商务成本的降低使 a 地区企业数量持续增多 [命题2 (2)]。最后，第七栏和第八栏给出了两地区人均福利水平。从两栏任何水平的 τ 值比较中，我们可以观察出，市场规模较大地区的福利总是要更高一些，因为在市场规模较大地区落户的企业数量要更多一些，因此其企业商务成本更低、市场竞争更激烈。在完全竞争因素和产品市场模式中，分析市场规模不同地区间政策激励的文献存在显著差异 (Bucovetsky, 1991；Wilson, 1991)，在本书的模型中，市场规模较小的地区征收的税率小。然而，由于分析中区位和竞争作用的缺失，市场规模较小的地区人均效用要高于市场规模较大的地区，因为其低税率导致了均衡中高资本——劳动比率的出现。而在 τ 变化水平方面，这一结果说明，企业商务成本有个区间 $\tau \in (0.15, 0.25)$，在该区间内，τ 值微幅下降会降低 a 地区的福利而提高 b 地区的福利（命题3）。

最后，虽然本节的模型同新经济地理（NEG）文献所用到的模型存在诸多差异，但这些差异同样带来了一些有趣的启示。其中一个关键差异就是，在本节的模型中，完全对称均衡中也会出现正税率；而在 NEG 模型中，只要企业以区位均衡分布，其均衡税率总为负值 (Gianmarco I. P. Ottaviano, 2005)。此外，在 NEG 模型中，如果所有企业都集中在两地区当中的一个地区，该地区的最优税率为企业商务成本的反向"U形"函数，而在本节的模型中，该税率是个"U形"函数。这些差异可归因于本节的模型中存在区位租金作用，该作用的出现是企业在均衡中以盈利为前提的。而 NEG 模型一般把市场进入作为内生变量考虑，从而使企业利润趋于零。这样，两地区都不会出现可征税的区位租金，那么后者的作用自然也就不复存在了。

四 企业区位选择模型引申

本部分讨论对本节基本模型的两个引申。首先引入由吸引外地企业而产生的就业优势。该优势很可能成为实际中很重要的政策内容。为其建模的方法是：假设在 x 行业劳动力工资奖金要大于其在计价数行业可能的所得。因此，各个家庭都会被雇用，而 x 行业会提供"更好"的工作机会。在这种情况下，对于福利最大化来说，还应考虑 x 行业雇用的薪资奖金被加入到消费者剩余和税收当中，虽然 x 商品成本较高，会降低消费者剩余，但其额外工资收入仍然足以对此作出补偿。于是政府便有更为强烈的动机来吸引投资。这便导致该均衡的低税率或高补贴，完全反映了政府吸引流动企业落户的额外收益。与为获得消费者剩余而吸引投资不同，劳动力的薪资奖金收入（基本）不受企业商务成本影响。因此，虽然经济一体化会降低地方政府征收区位租金的能力，但是由于与就业相关的因素，经济一体化并不会降低政府吸引企业选址的热情。

然而，随着企业商务成本的下降，外地直接投资带来的其他收益会像消费者剩余一样下降。例如，如果该行业生产的是差异商品，而消费者又青睐于产品多样性，下降的企业商务成本会使消费者更加容易购买这些在外地生产的差异商品。在 x 行业生产一种有差异的中间品情况下，吸引更多的企业会减少总企业商务成本，并增加该行业的竞争性。在这些情况下，投资带来的收益，会像消费者剩余一样，随着企业商务成本的下降而下降。因此，就像在基准分析中一样，当将这些变量结合到地区福利函数时，税率和福利仍会成为企业商务成本的"U形"函数。

其次，本节分析的所有企业都隶属于 a 地区与 b 地区居民，各地区企业数量同其人口多少成正比的情况，阐述了本地税后利润收入是如何被结合到地区福利函数当中去的，并得出了地区最优税率的一阶条件。但是，在这种被引申的情况下，由于地区大小的不同，函数会变得非常复杂，不具有任何意义。模拟分析结果如表9－2所示。

表 9－2　　　　　　　　　　　模拟结果

τ	(1) t_a	(2) t_b	(3) t_a/π_a	(4) t_b/π_b	(5) $\Delta t_i/\pi_i$	(6) k_a	(7) w_a^{pc}	(8) w_b^{pc}
0.680	0.105	0.061	0.337	0.229	0.108	5.854	12.279	11.445
0.550	0.055	0.013	0.199	0.054	0.146	5.947	12.180	11.355
0.450	0.025	-0.013	0.104	-0.061	0.165	6.055	12.143	11.375
0.350	0.006	-0.028	0.025	-0.141	0.166	6.224	12.142	11.472
0.250	-0.006	-0.033	-0.028	-0.171	0.143	6.529	12.175	11.647
0.150	-0.010	-0.028	-0.047	-0.143	0.096	7.240	12.244	11.899
0.100	-0.009	-0.021	-0.042	-0.108	0.066	8.129	12.291	12.054

注：$k=10$，$a-w=5$，$n=0.6$，$\beta=1$。

表9-2显示，同基准情况（见表9-1）相比，两地区税率均普遍降低。这是因为本地区居民承担了税收对税后利润的消极影响。尽管如此，因为各地区征收的部分税收仍然指向外地居民，区位租金效应仍然有效。因此，对于足够高的企业商务成本来说，两地区最优税率仍然是正值。此外，经济一体化表现了两地区福利的"U形"模式，这同本节的基准情况相一致。然而，应注意到在基准分析中，经济一体化损害了该地区利益，因为它限制了政府对不在该地区企业所有者征税的能力。当然，当所有企业为 a, b 两地区居民所有时，这一论据也就不存在了。此时每单位企业商务成本的下降会提高均衡中低效贸易量。因此，随着企业商务成本持续下跌，耗费的贸易成本总量首先上升然后下降（Brander & Krugman，1983）。对于较高水平的企业商务成本来说，这一作用支配了经济一体化的正面竞争作用，降低了福利，而对于较低水平的企业商务成本来说，成本的持续降低则会提高福利。同时，对于中间水平的企业商务成本来说，经济一体化施惠于市场规模较小的地区而伤害了市场规模较大地区的利益。事实上，相对于表9-1中的基准情况，这些互相抵制、会出现福利作用的参数范围被扩大化了。需要说明的是，同基准分析一样，地方政府并不想减少均衡中企业的数量。虽然这一减少会增加盈利收入，并且该收入被 a, b 两地区居民所获取，但必须看到，在所有的模拟分析中，该作用是以减少税收和降低消费者剩余为前提的。

第二节 企业市场进入模式

本节研究当企业在市场规模、企业商务成本、政策激励的作用下确定其区位选择后的市场进入模式。企业市场进入模式有许多不同的方式，在各种不同进入模式下有不同的优点与限制，且会受到当地企业竞争关系与未来发展的影响。因此，企业会选择一个对其最合适且有利的方式进入目标市场。本节将出口、直接投资与授权这三种进入模式纳入一个框架下研究，这样不但更符合真实的情况，也增添了研究的完整性。

一 企业进入模式研究述评

企业在已经确定进入目标市场时，通常面临该以何种方式进入的问题。关于企业市场进入模式的研究，大多研究出口或直接投资的选择。由于外地企业相对于当地企业通常具有成本或技术优势，因此对当地企业进行授权生产也是外地企业进入目标市场经常采用的方式。

相关文献大多对企业究竟会以出口或直接投资、授权或直接投资与授权或出口等两两比较的方式研究企业进入模式的选择。首先，比较研究出口/直接投资作为进入模式选择的相关文献非常多，例如 Wilfred J. Ethier（1986）、Ignatius J. Horstmann（1987，1992）、Alasdair Smith（1987）、Massimo Motta（1992）、Rowthorn，R. E.（1992）、Massimo Motta（1997）、René Belderbos（1998）、Hideo Konishi（1999）、Richard G. Harris（2000）、Andrea Fosfuri（2001）、Larry D. Qiu（2001）、Rob，R.（2003）、Theo Eicher（2005）、Frank Stahler（2006）等。这些文献研究了企业商务成本与直接投资设厂固定成本的相对大小对企业进入模式（出口或直接投资）的影响，当然，市场结构与竞争形态也扮演一定的角色。

其次，比较研究授权/直接投资作为企业进入模式的文献相对较少。Tang M. J.（1990）指出在固定费用（Fixed Fee）授权的前提下，即使外地企业能制定出最优固定授权费用，直接投资仍是外地企业的最优策略，除非东道主政府对外地企业的直接投资有所限制，授权才会是外地企业的最优策略。Kamal Saggi（1996）也比较研究了企业对直接投资和固定费用授权的选择，指出直接投资可提高东道主的市场竞争与福利水平，但企业若以授权方式进入则无法提高东道主的市场竞争。Saggi（1999）一文沿用 Saggi（1996）的假设，进一步研究外地企业不同市场进入模式的关联性，发现相对于固定费用授权，企业以直接投资模式进入市场更能防止研发外溢的发生。Jinn – Tsair Teng（2001）认为当地政府追求福利最大化与外地企业追求利润最大化影响的博弈影响企业进入模式。Amy Jocelyn Glass（2002）研究了创新程度的大小对企业选择以直接投资或技术提成费授权作为进入模式的影响，他们指出在较小的创新程度下，企业偏好直接投资的模式。

最后，在比较研究授权/出口作为市场进入模式方面，E. Young Song（1996）研究了进口限制与技术转移，指出即使没有任何传统授权诱因，企业在面对进口限制时，仍有可能以技术提成费模式授权当地企业生产。Tarun Kabiraj（2003）分析了在双寡头市场下，由于贸易成本能阻挡外地企业进入本地市场，且可提高消费者剩余，政府基于这样的考虑应如何制定相关政策以潜在竞争者以授权方式进入。Arijit Mukherjee（2006）指出当当地企业技术不如外地企业时，政策限制可吓阻潜在竞争者进入，若外地企业授权则能提高当地市场的竞争。

以上的文献，都是探讨这三种策略两两比较下企业进入模式的选择，同时研究这三种策略的文献较少，仅有 Andrea Fosfuri（2006）与 Yukako Murakami（2005）做了尝试性研究。Andrea Fosfuri（2000）研究了在授权下且允许仿冒时，拥有新技术的企业应如何选择以出口、技术提成费授权或直接投资方式进入外地市场，认为当拥有技术优势的企业能获得产品补贴或采取出口策略时能避免仿冒行为的发生；当企业采取授权策略时则应研发技术难度较大且不易仿冒的技术以防止仿冒行为的发生。Yukako Murakami（2005）以实证方法研究了日本制造业企业以出口、直接投资、委托生产或授权的方式作为目标进入市场的选择，认为相对于直接投资，生产力较高的企业会优先以委托生产或出口作为进入模式，接着才会考虑直接投资或授权策略；生产力较低的企业，则无进入目标市场的意愿。由上述研究可知，虽然理论研究仅有 Fosfuri（2003）一文，但此文着重研究仿冒行为与创新程度对企业进入决策的影响，这与本节的分析方向不同。此外，本书发现，若外地企业可考虑授权时，原先的进入决策无论为出口或是直接投资，均有可能被授权取代。

技术较优的外地企业能以出口、直接投资或授权这三种方式作为进入目标市场的模式，假定对当地企业的授权按销售量收取技术提成费，这也是一般授权文献经常研究的授权模式。外地企业既可以以出口或以直接投资方式进入目标市场，也可以以授权给技术较差的当地企业来替代出口或直接投资，即外地企业的可能策略为出口、直接投资或授权。此外，外地企业不同的进入模式也会给东道主带来不同的福利，所以本节也探讨了东道主对企业不同进入模式的偏好。

本节的主要发现为，在具有贸易障碍的开放经济中，授权是外地企业进入目标市场可能的策略。企业商务成本的高低、本企业与当地企业成本差距的大小，都会对企业进入策略的选择有所影响。当企业商务成本很低时，企业仅会出口；当企业商务成本较高但不至于太高，且两企业成本差距不大时，企业的进入模式将会由授权取代出口；当企业商务成本较高，且两企业成本差距不大时，企业的进入模式则会由授权取代直接投资。此外，企业的不同进入模式也会影响当地的福利水平，只有当企业商务成本很低或很高时，企业的进入模式才会与当地政府的偏好一致。

二 建立企业市场进入基本模型

过去虽然也有一些文献分析授权模式，但是较少同时比较研究出口、直接投资与授权这三种可能的进入模式。在本节中，我们要研究拥有较优技术的外地企业在市场规模、企业商务成本、政策激励的作用下确定其区位选择后的市场进入模式决策，并将出口、直接投资与授权这三种进入模式纳入一个框架下研究，如此不但更符合真实的情况，也增添了研究的完整性。

假设目标市场另有一家技术较差的企业与外地企业在目标市场竞争；外地企业可决定将产品出口至当地或到当地直接投资，也可以考虑将较优的技术授权给当地企业；如果决定进行技术授权，假设授权方式为对被授权的当地企业收取技术提成费；并假设若企业决定授权给当地企业，则授权后外地企业不再在被授权企业所在地生产；若未授权，则企业将选择出口或直接投资的方式作为市场进入模式。虽然我们可以考虑外地企业授权后仍生产，但是如果探讨这种模式，授权就不能当作是一种独立的进入模式，故本节只研究外地企业授权后不再生产的情况。

本节模型包括两阶段博弈：第一阶段中，外地企业决定进入模式。即在第一阶段中，外地企业的可能策略分别为出口、直接投资或授权；第二阶段中，若外地企业授权给当地企业，则因外地企业不再生产，因此当地企业独占市场；若外地企业未授权，则会以出口或直接投资方式与当地企业在目标市场进行古诺竞争。为了求得该两阶段博弈的子博弈完全均衡（Subgame Perfect Equilibrium），求解方式必须采用逆推求解法，首先求出第二阶段企业利润最大化时的最优产量，再将最优产量代回利润函数；在第一阶段中，再分别比较授权与未授权时各种进入模式的利润大小以决定最优市场进入模式。本节博弈的表示如图 9-4 所示。

假设外地企业 A 拥有较优技术，单位生产成本为 C。由于当地企业 B 技术相对落后，假设其成本与外地企业的成本差距为 ε，则其单位生产成本为 $C+\varepsilon$。我们首先研究外地企业选择出口或直接投资的方式作为进入模式的情况。若外地企业采用出口方式，则每单位商品必须支付企业商务成本 τ；若外地企业以直接投资方式，则会有固定成本 f。令外地企业与当地企业面对的市场反需求函数为 $p=a-q$，p 为市场价格，$Q=q^A+q^B$ 为市场总产量，其中 q^A 与 q^B 分别为双寡头垄断下的外地企业与当地企业产量。

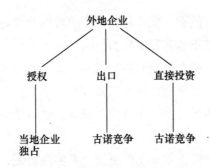

图 9 - 4　外地企业的进入策略与市场竞争

根据上述假定，在第二阶段中，若企业以出口作为进入模式，其利润函数可表示为 $\pi_E^A = (\alpha - Q)q^A - cq^A - tq^A$，下标 E 表示企业采用出口策略。若企业以直接投资作为进入模式，则其利润函数表示为 $\pi_D^A = (\alpha - Q)q^A - cq^A - f$。下标 D 表示企业采用直接投资的情形。当地企业的利润函数可表示为 $\pi^B = (\alpha - Q)q^B - (c + \varepsilon)q^B$。

借由联立求解最大化 π_E^A、π_B 二式利润函数的一阶条件，可求得在出口模式下，外地企业与当地企业的最优产量分别为 $q_E^A = (d + \varepsilon - 2\tau)/3$ 与 $q_E^B = (d + \tau - 2\varepsilon)/3$，上式中，$d \equiv \alpha - c$。再联立求解最大化 π_B^A、π^B 两利润函数的一阶条件，则可得在直接投资下，外地企业与当地企业的最优产量分别为 $q_D^A = (d + \varepsilon)/3$ 与 $q_D^A = (d - 2\varepsilon)/3$。

在求得企业的最优产量后，两企业的利润在出口与直接投资两种情况下，可分别改写为：

$$\pi_E^A = \frac{1}{9}(d + \varepsilon - 2\tau)^2 \tag{9-27}$$

$$\pi_E^B = \frac{1}{9}(d - 2\varepsilon - \tau)^2 \tag{9-28}$$

$$\pi_D^A = \frac{1}{9}(d + \varepsilon)^2 - f \tag{9-29}$$

$$\pi_D^B = \frac{1}{9}(d - 2\varepsilon)^2 \tag{9-30}$$

接下来，我们研究授权的情况，若外地企业以授权作为市场进入模式，则在技术提成费授权下，令当地企业每单位产量必须支付 r 的技术提成费给授权企业。事实上，在一个封闭的经济体系中，若授权方式为技术提成费，且授权后授权企业不再生产，则不论两企业的成本差距如何，对技术较优的企业而言，不授权的利润必会高于授权的利润，所以授权并不会发生。即在封闭经济社会，技术较优的企业没有授权诱因。在封闭经济下，未授权时 $\pi^A = (\alpha - Q)q^A - cq^A$，$\pi^B = (\alpha - Q)q^B - (c + \varepsilon)q^B$。在 $\varepsilon > d/8$ 时，最优技术提成费为 $r^* = d/2$；在 $\varepsilon < d/8$ 时，最优技术提成费则为 $r^* = (d + 4\varepsilon)/3$。若 $\varepsilon > d/8$，技术较优企业未授权的利润为 $\pi^A = (d + \varepsilon)^2/9$，而授权的利润为 $\pi_R^A = d^2/8$，此时 $\pi^A > \pi_R^A$；若 $\varepsilon < d/8$，技术较优企业未授权的利润为 $\pi^A = (d + \varepsilon)^2/9$，而授权的利润为 $\pi_R^A = (d^2 + 2d\varepsilon - 8\varepsilon^2)/9$，此时仍是 $\pi^A > \pi_R^A$，故技术较优企业并无授权诱因。但在本节的开放模型中，若外地企业不授权，则会面对出口或直接投资的额外成本（单位企业商务成本 τ 或固定成本 f）。考虑到这些额外成本，授权策略仍有可能成为外地企业的可行策略。

当外地企业授权时，外地企业与当地企业的利润函数可分别表示为：

$$\pi_R^A = rq_R^B \qquad\qquad\qquad (9-31)$$

$$\pi_R^A = (\alpha - q_R^B)q_R^B - (c + r)q_R^B \qquad\qquad (9-32)$$

式（9.31）、式（9.32）中，下标 R 表示外地企业选择以授权的方式进入目标市场。

在授权下，外地企业决定技术提成费 r 以实现利润最大化，当地企业则在既定的 r 下决定产量以追求利润最大化。因此，我们必须先求解当地企业在既定技术转让费 r 下的最优产量与利润。必须注意的是，授权必定是在两方均有意愿的情况下才可能成立，即两企业在授权后的利润均不能比授权前低。

在给定技术提成费 r 下，经由求解最大化式（9-32）利润函数的一阶条件，可求得当地企业的最优产量与利润为 $q_R^B = (d - r)/2$ 与 $\pi_R^B = (d - r)^2/4$。我们必须确认此时当地企业在接受授权后的利润是否比未授权时高。由于当地企业可能面对竞争对手出口或直接投资两种策略，这两种情况下的利润并不相同，因此我们必须分别研究。首先，当当地企业面对外地企业可能出口的情况下，其愿意接受授权的条件为 $\pi_R^B \geq \pi_E^B$，即：

$$\frac{1}{4}(d - r)^2 \geq \frac{1}{9}(d - 2\varepsilon + \tau)^2 \qquad\qquad (9-33)$$

式（9-33）可改写为 $r \leq (d + 4\varepsilon - 2\tau)/3$，即当地企业可接受的技术提成费有一上限。且企业商务成本 τ 越高时，当地企业的利润越高，其所愿接受的技术提成费 r 也就越低。

将当地企业的最优产量 q_R^B 代入式（9-31），外地企业的利润可改写为 $\pi_R^A = r(d-r)/2$。由外地企业求解利润最大化 π_R^A 的一阶条件，可得最优技术提成费为 $r_A = d/2$，但受限于当地企业所愿接受的上限。当地企业可接受的最高技术提成费 r 为 $(d+4\varepsilon-2\tau)/3$。因此，若 $r > r_A$，则外地企业将会制定最优技术提成费 $r^* = r_A = d/2$，此条件在 $\varepsilon > (d+4\tau)/8$ 时成立，亦即若外地企业与当地企业的成本或技术水平差距足够大，则当地企业为了降低生产成本所愿意支付的授权金将会很高。反之，当两企业的成本或技术差距不大 $[\varepsilon < (d+4\tau)/8]$ 时，当地企业愿支付的技术提成费 r 会比 r_A 小，此时外地企业仅能将技术提成费定在 $r^* = r = (d+4\varepsilon-2\tau)/3$。因此，外地企业在不同成本差距情况下的授权利润可表示为：

$$\pi_{RE}^A = \begin{cases} \dfrac{1}{9}(d+4\varepsilon-2\tau)(d-2\varepsilon+\tau), & 若\ \varepsilon > (d+4\tau)/8 \\[2mm] \dfrac{d^2}{8}, & 若\ \varepsilon > (d+4\tau)/8 \end{cases} \qquad (9-34)$$

式（9-34）中，π_{RE}^A 表示外地企业由出口改变为授权所获得的授权总利润。

其次，当当地企业面对外地企业可能直接投资的情况下，其愿意接受授权的条件为 $\pi_R^B \geq \pi_D^B$，即：

$$\frac{1}{4}(d-r)^2 \geq \frac{1}{9}(d-2\varepsilon)^2 \qquad (9-35)$$

式（9-35）可改写为 $r \leq (d+4\varepsilon)/3$，表示当地企业所能接受的技术提成费上限。而外地企业希望的最优技术提成费为 $r_A = d/2$。若 $r = (d+4\varepsilon)/3 > r_A$，即 $\varepsilon > d/8$（成本差距较大）时，则外地企业会将技术提成费定为 $r^* = r_A = d/2$。反之，若 $r = (d+4\varepsilon)/3 < r_A$，即 $\varepsilon < d/8$（成本差距较小）时，则外地企业仅能将技术提成费定为 $r^* = r = (d+4\varepsilon)/3$。

因此，外地企业在不同成本差距情况下的授权利润可表示为：

$$\pi_{RD}^A = \begin{cases} \dfrac{1}{9}(d+4\varepsilon)(d-2\varepsilon), & 若\ \varepsilon < d/8 \\[2mm] \dfrac{d^2}{8}, & 若\ \varepsilon > d/8 \end{cases} \qquad (9-36)$$

式（9-36）中，π_{RD}^A 表示外地企业由直接投资改变为授权所获得的授权总利润。

我们仍需进一步检视外地企业在授权下的利润是否有可能较出口或直

接投资模式下高。我们将在下一节探讨外地企业的进入模式时研究这一问题。

在本节中，我们研究了外地企业授权与未授权下各种市场进入模式的最优产量、利润与授权下的技术提成费决策。在下一节中，我们将运用本节的结论，探讨企业如何决定最优市场进入模式。

三 企业市场进入模式选择

在上一节中，我们已分别求得外地企业在授权与未授权下各种进入模式的最优产量与利润。在本节中，我们借由比较外地企业在不同情况下的利润，来研究外地企业如何选择最优进入模式。首先，我们比较未授权下外地企业考虑出口或直接投资的条件，即比较 π_D^A 与 π_E^A，故外地企业会直接投资而非出口的条件为：

$$\pi_D^A - \pi_E^A = \frac{1}{9}(4\tau\varepsilon + 4\tau d - 4\tau^2 - 9f) > 0 \qquad (9-37)$$

当外地企业选择授权时，外地企业可能有两个不同的利润，分别为由出口或直接投资转变为授权所获得的授权利润 π_{RE}^A 与 π_{RD}^A。我们可先比较外地企业在这两种情况下授权利润的大小。当外地企业与当地企业成本差距较小 $[\varepsilon < (d+4\tau)/8]$，若成本差距 ε 在 $\varepsilon < (d+4\tau)/8$ 与 $\varepsilon < d/8$ 时，利润差为：

$$\pi_{RD}^A - \pi_{RE}^A = \frac{\tau}{9}(d + 2\tau - 8\varepsilon) \qquad (9-38)$$

若成本差距 ε 在 $\varepsilon < (d+4\tau)/8$ 与 $\varepsilon > d/8$ 时，利润差为：

$$\pi_{RD}^A - \pi_{RE}^A = (d-8\varepsilon)^2 + 8\tau(d-8\varepsilon) + 16\tau^2 \qquad (9-39)$$

在产量为正的条件下，式（9-38）与式（9-39）的符号恒为正，这表示两企业成本差距较小时，π_{RD}^A 必大于 π_{RE}^A。

因此，外地企业的进入策略由直接投资改变为授权所获得的授权总利润，恒不小于其由出口改变为授权所获得的授权总利润。

上述命题的经济意义说明如下：外地企业未授权时，可能的进入策略为出口或直接投资。若外地企业出口，由于外地企业须承担企业商务成本，两企业边际成本差距较小，故当地企业将偏好外地企业的进入策略为出口，因此若外地企业采取授权，则当地企业所愿支付的技术提成费较低。当外地企业直接投资时，两企业边际成本差距较大，故当地企业较不偏好外地企业的直接投资，因此，若外地企业采取授权，则当地企业所愿支付的技术提成费较高。因此，外地企业所能得到的 π_{RD}^A 的授权利润会大

于 π_{RE}^A 的授权利润。

若外地企业与当地企业成本差距较大 $[\varepsilon > (d+4\tau)/8]$ 时，两种授权方式下的利润将会相等，即：

$$\pi_{RE}^A = \pi_{RD}^A = \frac{d^2}{8} \tag{9-40}$$

即在这种情况下，外地企业的授权利润并无差异。综合以上的分析可知，由于在任意企业商务成本 τ 下，π_{RD}^A 恒不小于 π_{RE}^A，即外地企业必会采取能得到 π_{RD}^A 授权利润的方式授权。因此，外地企业授权策略下的利润 π_R^A 可表示为 $\pi_R^A = \pi_{RD}^A$。再将式（9-37）中的 π_R^A 对成本差距 ε 微分，若 $\pi_R^A = (d+4\varepsilon)(d-2\varepsilon)/9$，可得 $\partial \pi_R^A/\partial\varepsilon = 2(d-8\varepsilon)/9 > 0$。正如前所述，当两企业成本差距 ε 较小时，当地企业所愿支付的技术提成费小于外地企业期望的水平，随着两企业成本差距 ε 增大，当地企业所愿支付的技术提成费将提高，故 π_R^A 也会越来越大。而若 $\pi_R^A = d^2/8$，则 $\partial \pi_R^A/\partial\varepsilon = 0$，这表示当两企业成本差距 ε 较大时，当地企业所愿支付的技术提成费等于外地企业期望的水平，故随着成本差距 ε 扩大，π_R^A 的授权利润并不会改变。

接下来，我们即可分别比较外地企业授权利润 π_R^A 与未授权下出口利润 π_E^A 及直接投资利润 π_D^A 的大小。在两企业成本差距较小 $[\varepsilon < (d+4\tau)/8]$ 时，外地企业采取授权的条件可分别表示为：

$$\pi_R^A - \pi_E^A = \frac{1}{9}(4d\tau + 4\varepsilon\tau - 4\tau^2 - 9\varepsilon^2) > 0 \tag{9-41}$$

$$\pi_R^A - \pi_D^A = \frac{1}{9}(f - \varepsilon^2) > 0 \tag{9-42}$$

当两企业成本差距较大 $[\varepsilon > (d+4\tau)/8]$ 时，选择授权的条件则为：

$$\pi_R^A - \pi_E^A = (3\sqrt{2} - 4)d - 4\varepsilon + 8\tau > 0 \tag{9-43}$$

$$\pi_R^A - \pi_D^A = d^2 - 16d\varepsilon - 8\varepsilon^2 + 72f > 0 \tag{9-44}$$

接着，为了研究外地企业的最优市场进入模式，我们可将上述出口、直接投资与授权不同情况下的利润比较结果式（9-41）至式（9-44），绘于图 9-5。

我们先在图 9-5 中界定两个合理范围：① $\varepsilon < d/2$ 为符合产量为正的条件。② θ 线为 $q_E^A = (d + \varepsilon - 2\tau)/3 = 0$，代表外地企业出口量为零的条件。这表示 θ 线以下的区域外地企业的出口量为正，符合上述两条件的区

域，即是图 5-2 中 OABC 所组成的梯形部分。首先，在授权未发生的情况下，图 9-5 中的 ψ 线（$\pi_E^A = \pi_D^A$）代表外地企业采取直接投资与出口无差异的（ε，τ）组合。ψ 线以下的区域表示外地企业会偏好采取出口策略，即企业商务成本 τ 较低时，外地企业较偏好出口。应注意的是，ψ 线为负斜率，这是因为外地企业采取直接投资时，边际成本会因企业商务成本的节省而降低，产量会较出口时多，对当地企业利润的冲击效果较大，两企业成本差距 ε 越大，这一效果越明显。因此，随着两企业成本差距 ε 的提高，外地企业越可能以直接投资取代出口。

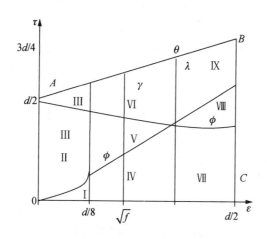

图 9-5　外地企业的不同进入模式

其次，若授权为外地企业的可能策略时，图 9-5 中的 ϕ 线（$\pi_E^A = \pi_D^A$）代表外地企业采取授权与出口无差异的（ε，τ）组合。ϕ 线以上的区域表示外地企业会偏好采取授权策略，即当企业商务成本 τ 较高或成本差距 ε 较小的情况下，外地企业会较偏好授权。值得注意的是，ϕ 线为正斜率，这是因为在成本差距较大，且 ε 大于（$d+4\tau$）/8 时，若外地企业授权，则可得到 $\pi_R^A = d^2/8$ 恒为常数的授权利润。但随着两企业成本差距 ε 增大，外地企业的出口利润将会越高，故外地企业以授权替代出口的可能性越小。在两企业成本差距较小，且 ε 小于（$d+4\tau$）/8 时，若外地企业授权，由上一节的分析可知，外地企业不但无法将技术提成费定为 r_A，而且外地企业仅能接受当地企业的要求。亦即，外地企业在当地企业的妥协下，会将最优技术提成费定为 $r = r^*$。若两企业成本差距 ε 仍较小，但

$\varepsilon > d/8$ 时，若外地企业授权，则授权利润不会受到成本差距 ε 与企业商务成本 τ 的影响；若外地企业出口，则企业商务成本 τ 越低时，外地企业的出口利润将越大。综合上述可知，不论两企业成本差距 ε 大小，随着两企业成本差距 ε 的增加，外地企业越可能偏好出口而非授权。

接着，图 9-5 中的 λ 线与 γ 线 ［均为 $(\pi_R^A = \pi_D^A)$］ 分别代表两企业成本差距较大 ［$\varepsilon > (d+4\tau)/8$］ 与成本差距较小 ［$\varepsilon < (d+4\tau)/8$］ 时，外地企业采取授权与直接投资无差异的 (ε, τ) 组合。在图 9-5 中，由于 λ 线必落在 γ 线的右方，因此外地企业会以授权取代直接投资的条件为 λ 线。又由于 λ 线和企业商务成本 t 无关，故 λ 线为一垂直线。在 λ 线左方的区域，表示相对于直接投资，外地企业较偏好授权。这是因为在两企业成本差距 ε 较大 ［$\varepsilon < (d+4\tau)/8$］ 时，若外地企业授权，则授权利润恒为常数且不会受成本差距与企业商务成本 τ 的影响，但是若外地企业直接投资，则直接投资的利润会因成本差距 ε 增大而增加。因此，在较大的成本差距下，外地企业较偏好直接投资而非授权。在两企业成本差距 ε 较小 ［$\varepsilon < (d+4\tau)/8$］ 时，外地企业授权，虽然仅能接受与当地企业妥协的技术提成费，但是若外地企业直接投资，则随着成本差距 ε 的缩小，直接投资利用也减少，因此在较小的成本差距下，外地企业较偏好授权而非直接投资。

经比较出口、直接投资与授权三种进入模式的利润，我们可将图 9-5 中 Ⅰ 区至 Ⅸ 区各区的结果，整理如表 9-3 所示。

表 9-3 外地企业的市场进入模式

Ⅰ	此时 $\pi_E^A > \pi_R^A$，$\pi_E^A > \pi_D^A$，$\pi_R^A > \pi_D^A$，可知 $\pi_E^A > \pi_R^A > \pi_D^A$。 故外地企业的进入策略为出口
Ⅱ	此时 $\pi_R^A > \pi_E^A$，$\pi_E^A > \pi_D^A$，$\pi_R^A > \pi_D^A$，可知 $\pi_R^A > \pi_E^A > \pi_D^A$。 故外地企业的进入策略为授权
Ⅲ	此时 $\pi_R^A > \pi_E^A$，$\pi_D^A > \pi_E^A$，$\pi_R^A > \pi_D^A$，可知 $\pi_R^A > \pi_D^A > \pi_E^A$。 故外地企业的进入策略为授权
Ⅳ	此时 $\pi_E^A > \pi_R^A$，$\pi_E^A > \pi_D^A$，$\pi_R^A > \pi_D^A$，可知 $\pi_E^A > \pi_R^A > \pi_D^A$。 故外地企业的进入策略为出口
Ⅴ	此时 $\pi_R^A > \pi_E^A$，$\pi_R^A > \pi_D^A$，$\pi_E^A > \pi_D^A$，可知 $\pi_R^A > \pi_E^A > \pi_D^A$。 故外地企业的进入策略为授权

续表

VI	此时$\pi_R^A > \pi_E^A$，$\pi_D^A > \pi_E^A$，$\pi_R^A > \pi_D^A$，可知$\pi_R^A > \pi_D^A > \pi_E^A$。 故外地企业的进入策略为授权
VII	此时$\pi_E^A > \pi_R^A$，$\pi_E^A > \pi_D^A$，$\pi_D^A > \pi_R^A$，可知$\pi_E^A > \pi_D^A > \pi_R^A$。 故外地企业的进入策略为出口
VIII	此时$\pi_E^A > \pi_R^A$，$\pi_D^A > \pi_E^A$，$\pi_D^A > \pi_R^A$，可知$\pi_D^A > \pi_E^A > \pi_R^A$。 故外地企业的进入策略为直接投资
IX	此时$\pi_R^A > \pi_E^A$，$\pi_D^A > \pi_E^A$，$\pi_D^A > \pi_R^A$，可知$\pi_D^A > \pi_R^A > \pi_E^A$。 故外地企业的进入策略为直接投资

　　综合上述研究可知，在图9-5中的 I 区、IV区与VII区中，外地企业的最优进入策略为出口；II 区、III 区、V 区与VI区中，最优进入策略为授权，VIII区与IX区中，最优进入策略则为直接投资。在具有贸易障碍的开放经济中，授权将成为外地企业可能的策略。

　　接下来，为了便于研究，结合图9-3，将外地企业最优进入模式重新绘制为图9-6。

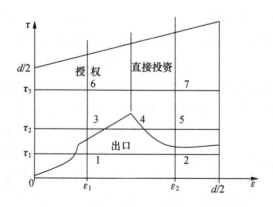

图9-6　外地企业最优进入模式

　　根据图9-6，当两企业成本差距很大时，外地企业只会考虑出口或直接投资的进入策略。只有当两企业成本差距不大时，授权才有可能取代出口或直接投资，此时，若企业商务成本较高，授权将会取代直接投资；若企业商务成本较低，则授权会取代出口策略。

　　上述命题可说明如下。首先，由图9-6可知，外地企业的授权策略会发生在两企业成本差距 ε 相对较小时，且由图9-6可知，当 (ε, τ) 组合落在Ⅲ区与Ⅵ区中，外地企业的进入策略将由原先的直接投资改为授权策略。当 (ε, τ) 组合落在Ⅱ区与Ⅴ区中，则将由原先的出口改为授权策略。

　　接着，我们可借由图9-6研究两企业成本差距 ε 与企业商务成本 τ 对外地企业进入目标市场决策的影响。我们可先研究在给定成本差距 ε 时，在不同的企业商务成本 τ 下，外地企业的进入模式决策。首先，不论两企业成本的差距 ε 的大小，在企业商务成本 τ 很低时，外地企业必定采取出口策略，如点1或点2。当企业商务成本 τ 较高且两企业成本差距 ε 较小（如图9-6中的 ε_1）时，外地企业会采取授权策略，如点3或点6；两企业成本差距 ε 较大（如图中的 ε_2）时，则会取采直接投资策略，如点5或点7。

　　由上述研究可知，当企业商务成本很低时，外地企业必然会出口。当企业商务成本较高时，外地企业则会视成本差距的大小决定最优策略。在两企业成本差距较小（大）时，外地企业的进入模式为授权（直接投资）。

　　不论两企业成本差距 ε 的大小，当企业商务成本 τ 很低时，外地企业的出口利润会更高，故外地企业必会采取出口策略。当企业商务成本 τ 较高时，外地企业的出口利润将较少，故不会再采取出口策略，此时外地企业将视两企业成本差距 ε 的大小，而决定应改用授权或直接投资策略。当两企业成本差距 ε 较小（如图9-6中的 ε_1）时，且 ε 小于 $(d+4\tau)/8$ 时，若外地企业授权，则外地企业仅能接受当地企业的要求，并只能将最优技术提成费制定在与当地企业妥协的水平。这表示当企业商务成本 τ 越高时，外地企业的出口利润将减少，故外地企业越可能授权。当两企业成本差距 ε 较小（如图9-6中的 ε_1）时，且 ε 大于 $(d+4\tau)/8$ 时，若外地企业授权，则授权利润不会受到成本差距与企业商务成本的影响。

　　若出口则企业商务成本 τ 越低时，外地企业的出口利润将越大。因此，由上述可知，在给定成本差距 ε 较小的情况下，当企业商务成本 τ 越高时，外地企业越可能授权。当企业商务成本 τ 较高且两企业成本差距 ε 较大（如图9-6中的 ε_2）时，若外地企业直接投资，由于边际成本会因企业商务成本的节省而降低，且随着两企业成本差距 ε 的扩大效果将更为明显。因此我们可知，两企业成本差距 ε 越大与企业商务成本 τ 越高时，外地企业越可能以直接投资取代出口。

上述是研究在给定成本差距 ε 下，分析在不同企业商务成本水平 τ 下的外地企业进入模式决策。反之，我们也可以在给定企业商务成本 τ 之下，研究两企业成本差距 ε 的大小，如何影响外地企业的进入策略。当企业商务成本 τ 较高时（如图 9 - 6 中的 τ_3），外地企业的进入策略将由直接投资改为授权，如点 7 移到点 6。在企业商务成本中度时（如图 9 - 6 中的 τ_2），外地企业将由直接投资改为出口再改为授权，如点 5 移到点 4 再移到点 3。当企业商务成本 τ 较低时，外地企业将由出口改为授权。

由以上的研究可知，若两企业成本差距逐渐缩小，在企业商务成本较高时，外地企业的进入策略将由直接投资改变为授权；在企业商务成本中度时，则会由直接投资改变为出口，再改变为授权；在企业商务成本较低时，则会由出口改变为授权。

上述命题的经济意义可说明如下。当企业商务成本 τ 较高（如图 9 - 6 中的 τ_3）时，外地企业的出口利润将减少，外地企业不会采取出口策略，若此时两企业成本差距 ε 也较大，外地企业会直接投资。随着两企业成本差距 ε 逐渐缩小，且 ε 仍大于 $(d+4\tau)/8$ 时，若外地企业授权，则授权利润恒为常数且不受成本差距 ε 与企业商务成本 τ 的影响，但若外地企业仍直接投资，则直接投资的利润会因成本差距的降低而逐渐减少。若两企业的成本差 ε 小于 $(d+4\tau)/8$ 时，外地企业授权，则仅能接受与当地企业妥协的技术提成费。即随着成本差距 ε 增大，外地企业越偏好直接投资。因此我们可知，当企业商务成本 τ 较高时，随着成本差距 ε 的缩小，外地企业将由直接投资改为授权。当企业商务成本 τ 较低时，随着成本差距 ε 的缩小，外地企业越可能以出口取代直接投资，而随着两企业成本差距 ε 再缩小，且 ε 仍大于 $(d+4\tau)/8$ 时，由于外地企业的授权利润恒为常数。又若外地企业出口则出口利润将减少，故外地企业会偏好改用授权策略。若两企业成本差距 ε 小于 $(d+4\tau)/8$ 时，则外地企业只能得到被当地企业妥协的授权利润，即随着两企业成本差距 ε 越大或企业商务成本 τ 越低时，外地企业越可能以出口取代授权。而一如前述分析，当两企业成本差距 ε 越小或企业商务成本 τ 越低时，外地企业的出口利润减少，则会较偏好以授权取代出口。

由本节的研究可知，企业商务成本高低与两企业成本差距的大小，会同时影响外地企业决定最优进入模式。当企业商务成本很低，外地企业进入策略必为出口，当企业商务成本较高且两企业成本差距较小（大），则为授权（直接投资），若两企业的成本差距 ε 逐渐缩小，在企业商务成本较高（低）时，外地企业的进入策略为直接投资（出口）改为授权；在中度的企业商务成本下，则由直接投资改变为出口再改变为授权。

第三节　小结

由于外地企业进入目标市场的可能模式为出口、直接投资或授权，而且不同的进入模式，将产生不同的福利水平，因此，我们可比较各种进入模式产生的福利水平，借以研究东道主对外地企业进入模式的偏好。

假定额外成本转变为东道主收益，则东道主福利包含了当地的消费者剩余 cs、当地企业利润 π^B 与可能的收入 $\tau\, q_E^A$。若外地企业以出口方式进入目标市场，消费者剩余为 $cs_E = (2d - \varepsilon - \tau)^2/18$，若进入模式为直接投资，消费者剩余则为 $cs_D = (2d - \varepsilon)^2/18$，若进入模式为授权，且两企业成本差距较小 $[\varepsilon < (d + 4\tau)/8]$ 时，消费者剩余为 $cs_R = (d - 2\varepsilon)^2/18$，若两企业成本差距较大 $[\varepsilon > (d + 4\tau)/8]$ 时，消费者剩余则为 $cs_R = d^2/32$。因此，福利 w^B 在外地企业进入模式为出口、直接投资与授权时可分别表示为：

$$w_E^B = \pi_E^B + cs_E + \tau\, q_E^A = \frac{1}{6}(2d^2 + 3\varepsilon^2 - 3\tau^2 - 4d\varepsilon + 2d\tau) \tag{9-45}$$

$$w_D^B = \pi_D^B + cs_D = \frac{1}{6}(2d^2 + 3\varepsilon^2 - 4d\varepsilon) \tag{9-46}$$

$$w_R^B = \pi_R^B + cs_R = \begin{cases} \dfrac{1}{6}(d^2 - 4d\varepsilon + 4\varepsilon^2), & \text{若 } \varepsilon < (d+4\tau)/8 \\ \dfrac{3d^2}{32}, & \text{若 } \varepsilon > (d+4\tau)/8 \end{cases} \tag{9-47}$$

我们可借由式（9-45）至式（9-47），比较各种不同进入模式下的福利影响。首先，若外地企业不授权，比较式（9-45）与式（9-46），可得福利在外地企业出口与直接投资相等的条件为：

$$w_E^B - w_D^B = \frac{1}{6}(2d - 3\tau)\tau = 0 \tag{9-48}$$

若外地企业授权，由式（9-45）、式（9-46）二式分别与式（9-47）比较可得，在两企业成本差距较小 $[\varepsilon < (d+4\tau)/8]$ 时，外地企业在出口与授权或直接投资与授权下东道主福利相等的条件分别为：

$$w_E^B - w_R^B = \frac{1}{6}(d^2 - \varepsilon^2 - 3\tau^2 + 2d\tau) = 0 \qquad (9-49)$$

$$w_D^B - w_R^B = \frac{1}{6}(d+\varepsilon)(d-\varepsilon) = 0 \qquad (9-50)$$

而在两企业成本差距较大 $[\varepsilon > (d+4\tau)/8]$ 时，福利相等的条件则可分别表示为：

$$w_E^B - w_R^B = 23d^2 + 48\tau\varepsilon^2 - 48\tau^2 + 32d\tau - 64\varepsilon d = 0 \qquad (9-51)$$

$$w_D^B - w_R^B = 23d^2 - 48\varepsilon^2 - 64\varepsilon d = 0 \qquad (9-52)$$

综合上述比较，我们可将不同模式下东道主福利相等的条件式绘制图9-7。

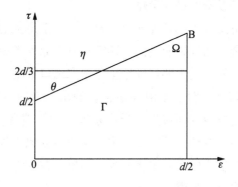

图9-7　东道主对企业进入模式的偏好

图9-7中的 η 线（$w_E^B = w_D^B$）为外地企业采取出口与直接投资时，东道主福利无差异的（ε, τ）组合。η 线上方的区域，表示东道主偏好外地企业的进入策略为直接投资。

另外，在图9-7中，不论两企业成本差距如何，若我们将（$w_D^B = w_R^B$）外地企业采取直接投资或授权时东道主福利无差异的（ε, τ）组合的条件式绘出，则此福利相等的垂直线落于 $\varepsilon = d/2$ 的右方，这表示不论两企业的成本差距如何，相对于授权，东道主偏好外地企业采取直接投资。若我们亦将（$w_E^B = w_R^B$）外地企业采取出口或授权时东道主福利无差异的（ε，τ）组合的条件式绘出，则会落于 θ 线上方，这表示不论两企业的成本差距如何，相对于授权，东道主较偏好外地企业选择出口策略。

由上述的分析，我们可知在图 9-7 中的 Γ 区域，东道主偏好外地企业出口，Ω 区域则表示东道主偏好外地企业直接投资。由以上的研究可知，若外地企业以授权的方式进入东道主，相对于出口或直接投资模式，外地企业的授权并不会为东道主带来更高的福利。

由于外地企业授权给当地企业，将使当地企业独占市场而不利于市场竞争，消费者剩余因而减少，且当地企业的利润增加不会大于消费者剩余的减少，因此东道主的福利水平也因而减少。这与 Saggi（1996）的当外地企业采取授权时，无法提高东道主的竞争与福利的结论相似。

此外，当企业商务成本较低（$\tau<2d/3$）时，东道主偏好外地企业采取出口的进入策略。当企业商务成本较高（$\tau>2d/3$）时，东道主则偏好外地企业采取直接投资的进入策略。

该命题的经济意义为：若外地企业出口，则东道主的福利不仅包含了东道主消费者剩余与当地企业利润，还额外有企业商务成本收入，使得东道主的福利提高，故东道主偏好外地企业采取出口策略。但是当企业商务成本 τ 很高（$\tau>2d/3$）时，不但外地企业的出口量减少很多，也会使市场上的总产量因竞争减少而降低，导致东道主的消费者剩余减少，此外，在企业商务成本很高的情况下，东道主的企业商务成本收入会因出口减少而不增反减，故东道主的福利也将减少。因此，在这种情况下东道主会较偏好外地企业采取直接投资。

最后，我们可比较外地企业的实际进入模式与东道主偏好的进入模式是否一致。我们可将图 9-6 和图 9-7 合并为图 9-8。

在图 9-8 中，Δ 区域与 Ψ 区域分别表示外地企业的进入模式为出口与直接投资，同样，东道主也偏好外地企业采取出口与直接投资策略。而在 Φ 区域与 E 区域，则分别表示外地企业的进入策略为授权与直接投资，但当地企业则偏好外地企业采取出口策略。由此可知，唯有当企业商务成本水平很低或很高时，外地企业的进入模式才会与东道主偏好的进入模式一致。

本章建立了一个包含两种相互作用力量（企业商务成本效应和消费者剩余）的寡头垄断模型，讨论两个市场规模不同的地区利用简化的政

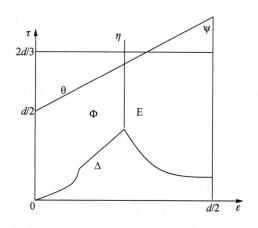

图9-8　东道主福利与外地企业进入策略

策激励即企业所得税优惠来争夺外生的、易变的、均质的企业投资。主要结论为：

（1）企业的区位租金会以对等均衡的方式上升，经济一体化导致了企业商务成本与均衡税率之间的"U形"关系。在经济发展的初期阶段，政策激励较多，税率呈下降状态，即各地政府为了获取更多的企业投资而提供更广泛的政策激励；但随着企业商务成本的降低，均衡税率逐步上升。

（2）即便在企业分布对称均衡中，同样会出现可征税的区位租金。因此，地方政府均试图通过提供政策激励的形式，吸引资本流入和企业入驻，从而降低企业商务成本，增加本地福利水平。这些互相抵制的力量最终产生经济一体化的非单调结果，即随着企业商务成本的不断下降，税率和福利首先下降，而后上升。

（3）在一定的企业商务成本范围内，经济一体化会提高西部地区的福利水平，而降低东部地区的福利水平。

最后，在本章的静态模型中，面对企业商务成本，企业为了减少竞争，试图选址于不同行政辖区。本节假定每家企业只有一次选址的机会，不允许企业在另一地区进行再次选址。在一个跨时期的框架中，同正重新选址成本相关，一个引申的模型可以包含企业重新选址。重新选址会增加企业目前的区位租金，并且会加大东道主福利增加的可能性。由于政府无法制定未来的政策，但都清楚在投资部分下滑的情况下，吸引企业落户的诸多益处，于是，各地区便会在初始阶段通过区位补贴展开激烈的竞争（Doyle C., 1994）。相反，随着经济一体化的发展，降低了重新选址成本，由于政府可以征收的税收越来越少，投资补贴也会下降。将这些跨时期的因素结合到税收竞争模型中将是该领域研究中颇具挑战性的任务。

外地企业进入目标市场的模式有许多不同的方式，因此，本章研究了技术较优的外地企业能以出口、直接投资或授权（技术提成费模式）这三种可能的方式进入目标市场时的最优策略。由于外地企业不同的进入模式，将影响东道主福利与未来发展，本节进一步探讨了企业进入策略与东道主福利的关系及东道主对外地企业进入模式的偏好。

本章主要结论为：出口、直接投资或授权，这三种模式均可能成为外地企业进入目标市场的策略，外地企业进入策略的选择，会受到企业商务成本高低、外地企业与当地企业成本差距大小的影响。在企业商务成本很低时，外地企业仅会出口而不会采取其他策略；在企业商务成本较高时，则由两企业成本差距的大小决定来选择最优进入策略：若两企业成本差距较小时，外地企业会采用授权策略进入东道主；在两企业成本差距较大时，外地企业则会采取直接投资的策略进入东道主；另外，随着两企业成本差距逐渐缩小，在较高的企业商务成本下，外地企业将由直接投资改为授权；在企业商务成本中度下，外地企业的策略由直接投资改为出口再改为授权；而在较低的企业商务成本下，外地企业则由出口改为授权策略。此外，经过比较各种进入模式下的东道主福利水平，发现当企业商务成本较低时，东道主偏好外地企业采取出口的进入策略；当企业商务成本较高时，东道主则偏好外地企业采取直接投资的进入策略。

第十章　结论

本书从知识溢出的视角分析知识溢出和产业集群中的企业研发行为，知识溢出对企业衍生特别是企业知识存量的影响，企业的现有知识存量是企业进行研发创新的知识基础和重要因素；探讨知识溢出和集群企业的研发策略选择问题，分析在产业集群发展的不同阶段，集群企业不同的研发策略选择；以及集群企业对研发成果的吸收利用，企业对研发成果的吸收利用是企业研发活动的最终目的；接下来，研究了市场规模对企业商务成本的反向影响，进而研究了在市场规模影响下，企业商务成本与政策激励联合作用下对企业区位选择的影响，以及区位选择确定后企业在企业商务成本影响下的进入方式，并研究了企业商务成本的自我强化机制和对西部地区的影响。通过以上研究，本书结论如下。

第一，企业的知识存量或者原有知识库是企业开展研发活动的基础和必要条件。企业研发创新成果在知识溢出的情况下对企业衍生和发展起着重要作用，伴随着企业衍生，知识溢出效应将引起集群企业知识存量的变化；在产业集群内部更容易出现知识溢出，短期内由于知识溢出的负外部性，企业知识将会流失、知识存量减少；但是，为了更好地吸收利用外部流动知识，企业选择加大研发投入与学习，从而带来知识溢出的长期积极效应——企业知识获取，这最终会促进产业集群中企业知识存量的提高，集群整体知识资本的平均水平进一步得到提升，为企业研发创新打下知识基础，为产业集群长期发展奠定基础。

第二，在产业集群发展的不同阶段，集群内部机制和知识溢出的作用也不相同，在产业集群萌芽时期，没有形成产业集群内部知识交流平台、信任机制和惩罚机制，企业之间进行有限次数的合作博弈，虽然彼此都知道合作研发是帕累托最优策略，但为了防止竞争对手的不合作行为的发生，每个参与企业都会选择自己的占优策略，即不合作研发策略，此时产业集群中企业之间是不稳定的研发合作关系。在产业集群稳定时期，产集群中各个企业之间的研发合作次数增多，各研发主体之间形成较密的合作关系，产生合作的正向激励累积作用就会较大，此时，企业彼此倾向于研发合作，企业间的研发合作处于稳定状态。在产业集群成熟阶段，企业之间的研发合作界面较为完善，合作的企业间在资源、产品、信息等方面达成了一致的标准，形成了交流合作的渠道和媒介，并建立了完善的市场机制、法律法规等规则机制，研发主体间可以较为顺利的交流，企业间建立的研发合作关系也就比较稳定。

第三，在产业集群中存在大量的流动知识，集群企业能够比较容易地获得这些外部知识，企业研发创新投入能够提高企业自身知识存量，同时也提高了企业吸收外部知识的能力，拥有较强知识吸收能力的企业对识别并有效利用外部知识流动准备得更为充分。企业的研发知识吸收能力本身实际上就是一种竞争优势，企业进行研发创新能够开发和保持自己的竞争优势，企业维持自身竞争优势同时也取决于企业对研发成果的吸收转化能力。企业独特竞争力的创造与保持过程是一个研发创新、吸收知识、利用知识的过程，在这个过程中企业的研发成果吸收能力十分重要。如果企业的研发知识吸收能力较弱，企业学习吸收科技知识的速度相对较慢，那么将降低企业研发创新的投资回报率，企业可能丧失竞争力优势。

第四，产业集群和集群企业研发创新、知识溢出和知识积累的基础和动力是信任机制以及由此带来的合作性收益。在企业享受产业集群知识溢出带来的优势时，也会出现知识溢出的负效应，将会发生产业集群风险和企业风险，这些因素将直接影响着产业集群的健康发展。集群企业需要在信任的基础上培养企业"吸引—满足—保持"股东及顾客的能力，建立集群企业之间信息共享等积极的关系，促进企业实现更好的业绩。

第五，市场规模较小地区的企业存在企业商务成本劣势。市场规模较小地区的企业存在各种潜在成本劣势，这些劣势不但给企业带来了较高的企业商务成本，还逐渐削弱其内在竞争力。如果企业商务成本高，市场规模较小地区的企业即使充分利用贸易带来的益处也无法获得持续的发展。在运输成本方面，市场规模较小带来的劣势非常明显，由于货物运输必须达到一定规模才能实现规模经济，而市场规模较小地区的企业数量相对较少、规模相对较小，其货运总量很难达到有效的运输规模，企业不得不承担较高的运输成本。一方面，为了达到小于运输经济规模的一定的运输量，企业不得不等待较长的时间才能发运，这种时间上的延误对于竞争日益激烈的信息社会的企业来说，无疑是一次灾难性的打击。

企业商务成本存在明显的规模效应，即市场规模较小地区的企业在企业商务成本方面基本处于潜在的劣势地位。市场规模较小地区的企业不得不承受非常大的成本压力，如果这些超额成本不能转嫁到消费者那里，那么，企业将不得不接受较低的收益率。当这些超额成本转换为收益的降低，对企业将非常不利。市场规模较小给企业带来的商务困境是客观存在的，随着经济的发展，企业的服务半径越来越大，这些地区对企业的吸引力很可能会越来越小。

第六，政策激励有助于实现企业商务成本的自我强化机制。政策激励通过降低某一地区的企业商务成本，有效地改变了企业的区位选择，企业商务成本的构成及其结构性变动改变了企业区位选择的心理预期，促进企业区位选择等级体系的形成；进而促进了集聚的形成和发展；集聚在自我强化以及强化企业的区位选择的同时，还通过溢出效应等有效地降低了该地区的企业商务成本，而企业商务成本的降低则进一步吸引了企业的区位选择，从而形成了政策激励、企业商务成本降低、企业区位选择、集聚形成及强化、企业商务成本降低的自我强化机制。

第七，通过研究外生的、易变的、均质的企业在企业商务成本效应和消费者剩余相互作用下对两个市场规模不同的地区利用简化的政策激励即企业所得税优惠来争夺投资情况下的区位选择，证明了企业的区位租金会以对等均衡的方式上升，经济一体化导致了企业商务成本与均衡税率之间的"U形"关系。还证明了即便在企业分布对称均衡中，同样会出现可征税的区位租金。因此，地方政府均试图通过提供政策激励的形式，吸引资本流入和企业入驻，从而降低企业商务成本，增加本地福利水平。这些互相抵制的力量最终产生经济一体化的非单调结果，即随着企业商务成本的不断下降，税率和福利首先下降，而后上升。同时，市场规模较小的地区在经济一体化会从市场规模较大的地区得到补偿。

第八，企业进入目标市场的模式有许多不同的方式，通过研究技术较优的外地企业能以出口、直接投资或授权（技术提成费模式）这三种可能的方式进入目标市场时的最优策略，发现出口、直接投资或授权这三种模式均可能成为外地企业进入目标市场的策略，外地企业进入策略的选择，会受到企业商务成本高低、外地企业与当地企业成本差距大小的影响。在企业商务成本很低时，外地企业仅会出口而不会采取其他策略；在企业商务成本较高时，则由两企业成本差距的大小决定来选择最优进入策略；若两企业成本差距较小时，外地企业会采用授权策略进入东道主；在两企业成本差距较大时，外地企业则会采取直接投资的策略进入东道主；另外，随着两企业成本差距逐渐缩小，在较高的企业商务成本下，外地企业将由直接投资改为授权；在中度的企业商务成本下，外地企业的策略由直接投资改为出口再改为授权；而在较低的企业商务成本下，外地企业则由出口改为授权策略。此外，经过比较各种进入模式下的东道主福利水平，发现当企业商务成本较低时，东道主偏好外地企业采取出口的进入策略；当企业商务成本较高时，东道主则偏好外地企业采取直接投资的进入策略。

参考文献

中文部分

[1] 〔英〕阿瑟·庇古：《福利经济学》，台湾银行经济研究室1971年版。

[2] 〔英〕亚当·斯密：《国民财富的性质和原因的研究》，商务出版社1965年版。

[3] 〔美〕波特：《国家竞争优势》，华夏出版社2002年版。

[4] 〔美〕彼得·德鲁克：《21世纪的管理挑战》，刘毓玲译，生活·读书·新知三联书店2003年版。

[5] 〔美〕彼得·德鲁克：《知识管理》，中国人民大学出版社、哈佛商学院出版社1999年版。

[6] 〔美〕伯纳德·鲍莫尔：《经济学：原理与政策》，方齐云译，北京大学出版社2006年版。

[7] 〔美〕保罗·克鲁格：《发展、地理学与经济理论》，北京大学出版社、中国人民大学出版社2002年版。

[8] 〔美〕保罗·克鲁格曼：《地理与贸易》，北京大学出版社2000年版。

[9] 〔美〕保罗·萨缪尔森：《经济学》，华夏出版社1992年版。

[10] 储节旺等编：《知识管理概论》，清华大学出版社2005年版。

[11] 〔美〕蒂瓦纳著：《知识管理精要：知识型客户关系管理》，徐丽娟译，电子工业出版社2002年版。

[12] 付跃龙：《产业集群中的技术溢出路径》，《武汉理工大学学报》2006年第3期。

[13] 〔美〕戈登·塔洛克：《对寻租活动的经济学分析》，西南财经大学出版社2000年版。

[14] 高闯等：《高科技企业集群治理结构及其演进机理》，经济管理出版社2008年版。

[15] 韩伯棠、艾凤义：《不对称条件下双寡头横向R&D合作》，《现代管

理科学》2011 年第 2 期。

[16] ［美］胡佛：《区域经济导论》，商务出版社 1990 年版。

[17] ［美］科尔曼：《社会理论基础》，社会科学文献出版社 1990 年版。

[18] 鲁文龙、陈宏民：《R&D 合作与政府最优政策博弈分析》，《中国管理科学》2003 年第 11 期。

[19] ［美］迈克尔·波特：《族群与新竞争经济学》，郑海燕译，《经济社会体制比较》2000 年第 2 期。

[20] ［英］波兰尼：《个人知识：迈向后批判哲学》，贵州人民出版社 2000 年版。

[21] 马中东：《分工视角下的产业集群形成与演化研究》，人民出版社 2008 年版。

[22] ［英］乔治·马歇尔：《经济学原理》，廉运杰译，华夏出版社 2005 年版。

[23] ［美］乔治·泰奇：《研究与开发政策的经济学》，清华大学出版社 2002 年版。

[24] 仇保兴：《小企业集群研究》，复旦大学出版社 1999 年版。

[25] 仇保兴：《发展小企业集群要避免的陷阱——过度竞争所致的"柠檬市场"》，《北京大学学报》（哲学社会科学版）1999 年第 1 期。

[26] 任忠贤、王建彬：《知识管理的策略与务实》，中国纺织出版社 2003 年版。

[27] 任志安：《企业知识共享网络理论及其治理研究》，中国社会科学出版社 2008 年版。

[28] 王清晓：《跨国公司知识管理：理论与实证研究》，经济管理出版社 2007 年版。

[29] 王玉灵：《技术创新成果溢出的分析研究》，《中国软科学》2001 年第 8 期。

[30] 王辑慈：《关于中国产业集群研究的若干概念辨析》，《地理学报》2004 年第 10 期。

[31] ［美］威廉姆森：《资本主义经济制度：论企业签约与市场签约》，商务出版社 2003 年版。

[32] 魏后凯：《我国产业集聚的特点、存在问题及对策》，《经济学动态》2004 年第 9 期。

［33］［德］韦伯：《工业区位论》，李刚剑等译，商务出版社 1997 年版。

［34］吴晓颖：《基于博弈论的知识溢出效应解构及约束机制》，《情报杂志》2008 年第 1 期。

［35］吴玉鸣：《中国区域研发、知识溢出与创新的空间计量经济研究》，人民出版社 2007 年版。

［36］谢富纪：《知识、知识流与知识溢出的经济学分析》，《同济大学学报》（社会科学版）2001 年第 2 期。

［37］［美］约瑟夫·E. 斯蒂格利茨：《政府为什么干预经济》，中国物资出版社 1998 年版。

［38］［日］野中郁次郎、竹内广隆：《创造知识的公司：日本公司是如何建立创新动力学的》，科学技术部国际合作司 1999 年版。

［39］［日］野中郁次郎：《知识创造的公司》，《南开管理评论》1998 年第 2 期。

［40］朱美光：《空间知识溢出与中国区域经济协调发展》，郑州大学出版社 2007 年版。

［41］安虎森：《欠发达地区工业化所需最小市场规模》，《广东社会科学》2006 年第 6 期。

［42］安礼伟、李锋、赵曙东：《长三角 5 城市企业商务成本比较研究》，《管理世界》2004 年第 8 期。

［43］［德］奥古斯特·勒施：《经济空间秩序——经济财货与地理间的关系》，商务印书馆 1998 年版。

［44］［德］奥古斯托·洛佩兹 – 克拉罗斯、迈克尔·E. 波特、克劳斯·施瓦布：《2006—2007 全球竞争力报告——创造良好的企业环境》，锁箭等译，经济管理出版社 2007 年版。

［45］［美］保罗·克鲁格曼：《地理和贸易》，北京大学出版社、中国人民大学出版社 2000 年版。

［46］［美］保罗·克鲁格曼：《发展，地理学与经济理论》，北京大学出版社、中国人民大学出版社 2000 年版。

［47］鲍新仁、孙明贵：《企业商务成本变动与长三角经济发展》，《浙江学刊》2007 年第 4 期。

［48］［瑞典］伯尔蒂尔·奥林：《地区间贸易和国际贸易》，商务印书馆 1986 年版。

[49] 毕子明：《商务成本增加对区域经济发展的影响》，《长江论坛》2003 年第 4 期。

[50] 陈建军、郑瑶：《长江三角洲地区城市群企业商务成本比较研究——以杭、沪、嘉、甬、苏为例》，《上海经济研究》2004 年第 12 期。

[51] 陈珂、陈炜：《企业商务成本的构成及其评价问题的研究》，《价值工程》2005 年第 5 期。

[52] 傅钧文、金芳、屠启宇：《北京、上海、深圳三地企业商务成本比较研究》，《社会科学》2003 年第 5 期。

[53] 高闯：《高科技企业集群治理结构及其演进机理》，经济管理出版社2008 年版。

[54] 高汝熹、张建华：《沪深苏三市投资环境比较》，《上海经济研究》2003 年第 2 期。

[55] 官建成、何颖：《基于 DEA 方法的区域研发系统的评价》，《科学学研究》2005 年第 2 期。

[56] 黄玖立、黄俊立：《市场规模与中国省区的产业增长》，《经济学季刊》2008 年第 7 期。.

[57] 黄玖立、李坤望：《出口开放、地区市场规模和经济增长》，《经济研究》2006 年第 6 期。

[58] 黄志启、张光辉：《产业集群中知识溢出：一个研究述评》，《未来与发展》2009 年第 10 期。

[59] 侯晓辉、范红忠：《城乡收入差距、市场规模与 FDI 的区位选择》，《华中科技大学学报》（社科版）2007 年第 4 期。

[60] 胡大立：《中国区域经济发展差距与民营经济发展差距的相关性分析》，《上海经济研究》2006 年第 2 期。

[61] 鲁明泓：《外国直接投资区域分布与中国投资环境评估》，《经济研究》1997 年第 12 期。

[62] 江静、刘志彪：《企业商务成本：长三角产业分布新格局的决定因素考察》，《上海经济研究》2006 年第 11 期。

[63] 昝国江、安树伟、王瑞娟：《西部中心城市工业发展中企业商务成本的判断与控制——以西安市为例》，《经济问题探索》2007 年第8 期。

[64] 赖涪林、吴方卫：《日本东京圈的企业商务成本》，《现代日本经

济》2005 年第 2 期。

[65] 李锋、安礼伟、赵曙东:《商务成本比较与区域发展战略选择》,《南京社会科学》2003 年第 S2 期。

[66] 李锋、赵曙东、安礼伟:《集聚经济、企业商务成本与 FDI 的流入:理论分析与来自长江三角洲地区的经验证据》,《南京社会科学》2004 年第 5 期。

[67] 李品嫒:《大连开发区企业商务成本满意度调查的实证分析》,《社会科学辑刊》2006 年第 4 期。

[68] 梁琦、刘厚俊:《空间经济学的渊源与发展》,《江苏社会科学》2002 年第 6 期。

[69] 梁琦:《比较优势说之反例的批评》,http://www. cenet. org. cn/article. asp? articleid = 8536,2003 - 02 - 16。

[70] 梁琦:《空间经济学:过去、现在与未来》,《经济学》(季刊)2005 年第 4 期。

[71] 凌定胜、王春彦、孙明贵:《"长三角"企业商务成本的变动趋势与比较研究》,《生产力研究》2008 年第 1 期。

[72] 刘凤根:《FDI 投资区位的决定因素的实证研究——来自中国对外直接投资的经验数据》,《科学决策》2009 年第 7 期。

[73] 刘瑞明、白永秀:《资源诅咒:一个新兴古典经济学框架》,《当代经济科学》2008 年第 1 期。

[74] 刘顺忠、官建成:《区域研发系统研发绩效的评价》,《中国管理科学》2002 年第 1 期。

[75] 刘斯敖:《城市商务环境评价模型及其实证分析》,《北方经济》2008 年第 6 期。

[76] 鲁明泓:《制度因素与国际直接投资区位分布:一项实证研究》,《经济研究》1999 年第 7 期。

[77] 潘飞、张川:《中心城市商务成本比较分析——一个国际视角》,《上海财经大学学报》2006 年第 6 期。

[78] 潘镇:《外商直接投资的区位选择:一般性、异质性和有效性》,《中国软科学》2005 年第 7 期。

[79] 钱运春:《长江三角洲外资空间演进对城市群发展的推动机制》,《世界经济研究》2006 年第 10 期。

［80］邵帅、齐中英：《西部地区的能源开发与经济增长——基于"资源诅咒"假说的实证分析》，《经济研究》2008 年第 4 期。

［81］施放、莫琳娜、孙江丽：《关于降低城市商务运行成本的对策研究》，《软科学》2006 年第 3 期。

［82］唐茂华、陈柳钦：《从区位选择到空间集聚的逻辑演绎》，《财经科学》2007 年第 3 期。

［83］［日］藤田昌久：《集聚经济学》，商务印书馆 1986 年版。

［84］［日］藤田昌久、［比］雅克－弗朗克斯·蒂斯：《集聚经济学》，刘峰、张雁、陈海威译，西南财经大学出版社 2004 年版。

［85］［日］藤田昌久、［美］保罗·克鲁格曼、安东尼·J. 维纳布尔斯：《空间经济学：城市、区域与国际贸易》，梁琦主译，中国人民大学出版社 2005 年版。

［86］［德］沃尔特·克里斯塔勒：《德国南部中心地原理》，商务印书馆 1998 年版。

［87］王春彦、居新平、孙明贵：《上海市企业商务成本构成因素及趋势分析》，《华东经济管理》2007 年第 6 期。

［88］王洛林主编：《2000 中国外商投资报告》，中国财政经济出版社 2000 年版。

［89］王志雄：《区域企业商务成本分析》，《上海经济研究》2004 年第 7 期。

［90］魏后凯、贺灿飞、王新：《外商在华直接投资动机与区位因素分析——对秦皇岛市外商直接投资的实证研究》，《经济研究》2001 年第 2 期。

［91］［德］威廉·阿隆索：《区位和土地利用》，商务印书馆 2007 年版。

［92］亚洲开发银行：《西部地区利用外资研究》，2003 年。

［93］杨晔：《中国区域投资环境评价指标体系建立与应用》，《经济问题》2008 年第 7 期。

［94］郁明华、李廉水、陈抗：《基于城市与企业间动态博弈的城市企业商务成本研究》，《中国软科学》2006 年第 7 期。

［95］［德］约翰·冯·杜能：《孤立国同农业和国民经济的关系》，商务印书馆 1993 年版。

［96］［英］约翰·伊特韦尔等：《新帕尔格雷夫经济学大辞典》（第三

卷），陈岱孙，经济科学出版社 1996 年版。

[97] 张光辉、黄志启：《企业商务成本与区域经济增长：一个研究述评》，《未来与发展》2009 年第 10 期。

[98] 张光辉、黄志启：《商务成本、区位选择、集聚的自我强化研究》，《生产力研究》2009 年第 10 期。

[99] 张光辉、黄志启：《政策激励对资本的区位选择和福利影响的研究》，《预测》2010 年第 3 期。

[100] 郑政秉、林智杰：《制造业海外直接投资区位选择的决定因素探讨》，《产业经济研究》2003 年第 6 期。

外文部分

[1] Ades A., Glaeser E. "Evidence on Growth, Increasing Returns and the Extent of the Market", *Quarterly Journal of Economics*, 1999, 114 (3): 1025 – 1045.

[2] Agnieszka Chidlow, Laura Salciuviene, Stephen Young. "Regional Determi Nants of Inward FDI Distribution in Poland", *International Business Review*, 2009, 18 (2): 119 – 133.

[3] Alan Bevan, Saul Estrin, Klaus Meyer. "Foreign Investment Location And Institutional Development in Transition Economies", *International Business Review*, 2004, 13 (1): 43 – 64.

[4] Alasdair Smith. "Strategic Investment, Multinational Corporations and Trade Policy", *European Economic Review*, 1987, 31 (1 – 2): 89 – 96.

[5] Amy Jocelyn Glass, Kamal Saggi. "Licensing Versus Direct Investment: im Plications for Economic Growth", *Journal of International Economics*, 2002, 56 (1): 131 – 153.

[6] Andrea Fosfuri, Massimo Motta, Thomas Rande. "Foreign Direct Invest Ment and Spillovers Through Workers' Mobility", *Journal of International Economics*, 2001, 53 (1): 205 – 222.

[7] Andrea Fosfuri. "Patent Protection, Imitation and the Mode of Technology Transfer", *International Journal of Industrial Organization*, 2000, 18 (7): 1129 – 1149.

[8] Andreas Haufler, Ian Wooton. "Country Size and Tax Competition for Foreign Direct Investment", *Journal of Public Economics*, 1999, 71 (1):

121 – 139.

[9] Anselin L. , varga A. , Z. J. Acs. "Local Geographic Spillovers Between University Research and High Technology Innovations", *Journal of Urban Economics*, 1997, (42): 422 – 448.

[10] Antonio Majocchi, Manuela Presutti. " Industrial Clusters, Entrepreneurial Culture and the Social Environment: The Effects on FDI Distribution", *International Business Review*, 2009, 18 (1): 76 – 88.

[11] Arijit Mukherjee, Enrico Pennings. " Tariffs, Licensing and Market Structure", *European Economic Review*, 2006, 50 (7): 1699 – 1707.

[12] Aristidis Bitzeni, Antonis Tsitouras, Vasileios A. Vlachos. " Decisive FDI Obstacles as an Explanatory Reason for Limited FDI Inflows in an EMU Member State: The Case of Greece", *Journal of Socio – Economics*, 2009, 38 (4): 691 – 704.

[13] Avinash K. Dixit & Joseph E. Stiglitz. " Monopolistic Competition and Optimum Product Diversity", *American Economic Riview*, 1977, (6): 297 – 308.

[14] Acs Z. *Innovation and the Growth of Cities*. Edward Elgar, Cheltenham, 2002.

[15] Alchian A. A. "Uncertainty, Evolution and Economic Theory", *Journal of Political Economy*, 1957, (58): 211 – 221.

[16] Amin A. , Cohendet P. , *Architectures of Knowledge*. In: *Firms, Capabilities and Communities*. Oxford University Press, Oxford, 2004.

[17] Andersen P. H. , & Kumar R. "Emotions, Trust and Relationship Development in Business Relationships: A Conceptual Model for Buyer – seller Dyads", *Industrial Marketing Management*, 2004, 35 (4): 522 – 535.

[18] Anselin L. , varga A. and Z. J. Acs. "Local Geographic Spillovers Between University Research and High Technology Innovations", *Journal of Urban Economics*, 1997, (42): 422 – 448.

[19] Arita T. , McCann, P. Industrial Clusters and Regional Development: A Transactions Costs Perspective on the Semiconductor Industry. In: de Groot, H. L. F. , Nijkamp P. , Stough, R. R. (eds.), *Entrepreneurship and Regional Economic Development: A Spatial Perspective*. Cheltenham,

Edward Elgar, 2004.

[20] Arita T. , McCann, P. , "The Spatial and Hierarchical Organization of Japanese and US Multinational Semiconductor Firms", *Journal of International Management*, 2002a, 8 (1): 121 – 139.

[21] Arita T. , McCann P. The Relationship Between the Spatial and Hierarchical Organization of Multiplant Firms; Observations From the Global Semiconductor Industry. In: McCann, P. (ed.), *Industrial Location Economics*. Edward Elgar, Cheltenham, 2002b.

[22] Arora A. , Gambardella A. , "The Changing Technology of Technological Change: General and Abstract Knowledge and the Bivision of Inno Vative Labour", *Research Policy*, 1994, (23): 523 – 532.

[23] Arino A. , de la Torre J. , & Ring P. S. "Relational Quality: Managing Trust in Corporate Alliances", *California Management Review*, 2001, 44 (1): 109 – 131.

[24] Arrow K. "The Economic Implications of Learning by Doing", *Review of Economics Studies*, Vol. 29, 1962.

[25] Atkins D. , Bates I. , & Drennan, L. *Reputational Risk: A Question of Trust*, London: Lesson Professional Publishing, 2006.

[26] Audretsch D. B. , "Technological Regimes, Industrial Demography and the Evolution of Industrial Structures", *Industrial and Corporate Change* 6 (1): 49 – 82, 1997.

[27] Audretsch D. B. "Agglomeration and the Location of Innovative Activity", *Oxford Review of Economic Policy*, 1998, 14 (2): 18 – 29.

[28] Audretsch D. B. , Feldman M. P. "Knowledge Spillovers and the Geography of Innovation and Production" . *American Economic Review*, 1996, 86 (3): 630 – 640.

[29] Autant – Bernard C. , Mangematin V. , Massard N. Creation and Growth of High – Tech SMEs: The Role of the Local Environment. In: Leage – Hellman J. , McKelvey M. , Rickne A. (eds.), *The Economic Dynamics of Biotechnology: Europe and Global Trends*. Edward Elgar, Aldershot, 2003.

[30] Audretsch D. , Feldman M. P. , Knowledge Spillovers and the Geography

of Innovation. In: Henderson, J. V. , Thisse, J. – F. (eds.), *Hand-book of Urban and Regional Economics*, 2004. Vol. 4, Elsevier, North Holland.

[31] Abdel – Rahman H. , Anas A. Theories of Systems of Cities. In: Henderson J. V. , Thisse J. – F. (eds.), *Handbook of Urban and Regional Economics*. Cities and Geography, 4. Elsevier, North Holland.

[32] Babbar S. , Rai A. , "Competitive Intelligence for International Business", *Long Range Planning*, 2004, 26 (3): 103 – 113.

[33] Bala V. , Goyal S. A. "Noncooperative Model of Network Formation". *Econometrica*, 2000, (68): 1181 – 1229.

[34] Berliant M. , Fujita M. "The Dynamics of Knowledge Diversity and Economic Growth", MPRA, 2008, p. 9516, University library of Munich, Germany.

[35] Black D. , Henderson J. V. "A Theory of Urban Growth". *Journal of Political Economy*, 1999, (107): 252 – 284.

[36] Boschma R. A. , Wenting, R. The Spatial Evolution of the British Automobile Industry. Does Location Matter? Utrecht University Working Paper, Utrecht, 2005.

[37] Breschi S. , Lissoni F. "Knowledge Spillovers and Local Innovation Systems: A Critical Survey", *Industrial and Corporate Change*, 2001, 10 (4): 975 – 1005.

[38] Brown S. A. Knowledge, Communication, and Progressive Use of Information Technology. Ph D. Dissertation. University of Minnesota.

[39] Breschi S. and F. Lissoni. "Knowledge Spillovers and Local Innovation Systems: A Critical Survey", *Industrial and Corporate Change*, 2001, 10 (4): 975 – 1005.

[40] Brett Anitra Gilbert, Patricia P. McDougall and David B. "Audretsch, Clusters, Knowledge Spillovers and New Venture Performance: An Empirical Examination", *Journal of Business Venturing*, Volume 23, Issue 4, July 2008, 405 – 422.

[41] Barrell R. , N. Pain. " Domestic Institutions, Agglomerations and FDI in Europe", *European Economic Review*, 1999 (43): 925 – 934.

［42］Bénassy – Quéré A. ，Fontagné L. ，Lahrèche – Révil A. " How does FDI React to Corporate Taxation"，*International Tax Public Finance* ，2005，12（5）：583 – 603.

［43］Black D. A. ，Hoyt W. E. "Bidding for Firms"，*American Economic Review* ，1989，79（1）：1249 – 1256.

［44］Brander J. A. ，Krugman P. "A 'Reciprocal Dumping' Model of International trade"，*Journal of International Economics*，1983，（15）：313 – 323.

［45］Breschi S. ，F. Lissoni. "Knowledge Spillovers and Local Innovation Systems：A Critical Survey"，*Industrial and Corporate Change*，2001，10（4）：975 – 1005.

［46］Brett Anitra Gilbert，Patricia P. McDougall，David B. "Audretsch，Clusters，Knowledge Spillovers and New Venture Performance：An Empirical Examination"，*Journal of Business Venturing*，2008，23（4）：405 – 422.

［47］Bucovetsky S. "Asymmetric Tax Competition"，*Journal of Urban Economics*，1991，30（2）：167 – 181.

［48］C. Keith Head，John C. Ries，Deborah L. Swenson. "Attracting Foreign Manufacturing：Investment promotion and Agglomeration"，*Regional Science and Urban Economics*，1999，29（2）：197 – 218.

［49］Carr D. L. Markusen J. R. Marskus K. E. "Eastimating the Knowledge – Capital Model of the Multinational Enterprise"，*American Economic Review*，2001，91（3）：693 – 708.

［50］Céline Azémar，Andrew Delios. "Tax Competition and FDI：The Special Case of Developing Countries"，*Journal of the Japanese and International Economies*，2008，22（1）：85 – 108.

［51］Chiara Fumagalli. " On the Welfare Effects of Competition for Foreign Direct Investments"，*European Economic Review*，2003，47（6）：963 – 983.

［52］Chun – Chien KUO，Chih – Hai YANG. "Knowledge Capital and Spillover on Regional Economic Growth：Evidence from China"，*China Economic Review*，2008，19（4）：594 – 604.

［53］Chyau Tuan，Linda F. Y. Ng. "FDI Facilitated by Agglomeration Economies：Evidence From Manufacturing and Services Joint Ventures in China"，*Journal of Asian Economics*，2003，13（6）：749 – 765.

[54] Chyau Tuan, Linda F. Y. Ng. "Manufacturing Agglomeration as Incentives to Asian FDI in China after WTO", *Journal of Asian Economics*, 2004, 15 (4): 673 – 693.

[55] Chyau Tuan, Linda F. Y. Ng, Bo Zhao. "China's Post – Economic Reform Growth: The Role of FDI and Productivity Progress", *Journal of Asian Economics*, 2009, 20 (3): 280 – 293.

[56] Calantone R. J., Cavusgil, S. T., & Zhao Y. "Learning Orientation, Firm Innovation Capability, and Firm Performance", *Industrial Marketing Management*, 2002, 31 (6): 515 – 524.

[57] Caniels M. C. J. *Knowledge Spillovers and Economic Growth: Regional Growth Differentials Across Europe*, Edward Elgar, Cheltenham, 2000.

[58] Cantwell J. A., Piscitello L., Competence – Creating Versus Competence – Exploiting Activities of Foreign – Owned MNCs: How Interaction with Local Networks Affects Their Location. Rutgers Business School, Working Paper, 2005.

[59] Cantwell J. A., Iammarino S., *Multinational Corporations and European Regional Systems of Innovation*, Routledge, London and New York, 2003.

[60] Cantwell J. A., Santangelo G. D., "The Frontier of International technology Networks: Sourcing Abroad the Most Highly Tacit Capabilities", *Information Economics and Policy*, 1999, (11): 101 – 123.

[61] Carlino G., Hunt R., Chatterjee S. Urban Density and the Rate of Invention. Philadelphia Federal Reserve Bank Working Paper, 2006, Vol. 6 – 14.

[62] Cassar A. and Nicolini R. "Spillovers and Growth in a Local Interaction Model", *Annual of Reginal Science*, 2008, (42): 291 – 306.

[63] Chun – Chien KUO and Chih – Hai YANG, "Knowledge Capital and Spill Over on Regional Economic Growth: Evidence from China", *China Economic Review*, *Article in Press*, *Corrected Proof – Note to users*.

[64] Ciccone A., Hall R. "Productivity and the Density of Economic Activity", *American Economic Review*, 1996, (86): 54 – 70.

[65] Ciccone A., Peri G., "Identifying Human Capital Externalities: Theory with Applications", *Review of Economic Studies*, 2006, (73): 381 – 412.

[66] Cockburn I. , Henderson R. "Absorptive Capacity, Coauthoring Behavior, and the Organization of Research in Drug Discovery", *The Journal of Industrial Economics*, 1998, 46 (2): 157-183.

[67] Cohen W. , Nelson, R. , Walsh J. Protecting Their Intellectual Assets: Appropriability Conditions and Why US Manufacturing Firms Patent (or not) . NBER Working Paper #7552. NBER. Cambridge, MA, 2000.

[68] Cohen W. , Levinthal D. "Innovation and Learning: The Two Faces of R&D", *Economic Journal*, 1989, (99): 569-596.

[69] Cohen W. M. , Levinthal D. A. "Absorptive Capacity: A New Perspective on Learning and Innovation" . *Administrative Science Quarterly*, 1990, 35 (1): 128-152.

[70] Cohen W. M. , Levinthal D. A. "Fortune Favors the Prepared Firm" . *Management Science*, 1994, 40 (2): 227-251.

[71] Connell J. , & Voola R. "Strategic Alliances and Knowledge Sharing: Synergies or Silos?" *Journal of Knowledge Management*, 2007, 11 (3): 52-66.

[72] Czamanski S. , & Ablas L. A. "Identification Of Industrial Clusters and Complexes: A Comparison of Methods and Findings" . *Urban Studies*, 1979, 16 (1): 61-80.

[73] D' Aspremont C. , Bhattacharya S. , Gerard-Varet L. -A. "Knowledge as a Public Good: Efficient Sharing and Incentives for Develop Ment Effort", *Journal of Mathematical Economics*, 1998, 30 (4): 389-404.

[74] Das T. K. , & Teng B. S. "Trust Control, and Risk in Strategic Alliances: An Integrated Framework", *Organizational Studies*, 2001, 22 (2): 251-283.

[75] David B. "Audretsch and Max Keilbach, Resolving the Knowledge Paradox", *Knowledge-Spillover Entrepreneurship and Economic Growth Research Policy*, Volume 37, Issue 10, December 2008, Pages 1697-1705.

[76] Davis J. H. , Schoorman F. D. , Mayer R. C. , Tan H. H. "The Trusted General Manager and Business Unit Performance: Empirical Evidence of Competitive Advantage", *Strategic Management Journal*,

2000, 21 (5): 563 - 576.

[77] Duranton G. , Puga D. "Nursery Cities: Urban Diversity Process Inno-
vation, and the Life Cycle of Products", *American Economic Review*,
2000, (91): 1454 - 1477.

[78] Duranton G. , Puga D. Microfoundations of Urban Agglomeration Econo-
mies. In: Henderson, J. V. , Thisse, J. - F. (eds.), *Handbook of
Urban and Regional Economics*, 2004, Vol. 4. Elsevier, North Hol-
land.

[79] Duranton G. "Urban Evolution: The Fast, the Slow, and the Still",
American Economic Review, 2007, (97): 197 - 221.

[80] Duranton G. , Charlot S. "Cities and Workplace Communications: Some
Quantitative French Evidence". *Urban Studies*, 2006, (43): 1365 - 1394.

[81] David B. Audretsch, Max Keilbach. "Resolving the Knowledge Para-
dox: Knowledge - Spillover Entrepreneurship and Economic Growth",
Research Policy, 2008, 37 (10): 1697 - 1705.

[82] David Wheeler, Ashoka Mody. "International Investment Location Deci-
sions: The Case of U. S. Firms", *Research Policy Journal of Internation-
al Economics*, 1992, 33 (1 - 2): 57 - 76.

[83] DeCoster Gregory P. , Strange William C. "Spurious Agglomeration",
Journal of Urban Economics, 1993, 33 (3): 273 - 304.

[84] Doyle C. , van Wijnbergen S. "Taxation of Foreign Multinationals: A
Sequential Bargaining Approach to Tax Holidays", *International Tax
and Public Finance*, 1994, 1 (1): 211 - 225.

[85] E. Young Song. "Voluntary Export Restraints and Strategic Technology
Transfers", *Journal of International Economics*, 1996, 40 (1 - 2):
165 - 186.

[86] Effie Kesidou, Henny Romijn. "Do Local Knowledge Spillovers Matter
for Development? An Empirical Study of Uruguay's Software Cluster",
World Development, 2008, 36 (10): 2004 - 2028.

[87] Ekrem Tatoglu, Keith W. Glaister. "An Analysis of Motives for Western
FDI in Turkey", *International Business Review*, 1998, 7 (2): 203 - 230.

[88] Ekrem Tatoglu, Keith W. Glaister. "Performance of International Joint

Ventures in Turkey: Perspectives of Western Firms and Turkish Firms", *International Business Review*, 1998, 7 (6): 635 – 656.

[89] Elhanan Helpman. "International Trade in the Presence of Product Differentiation, Economies of Scale and Monopolistic Competition: A Chamberlin – Heckscher – Ohlin Approach", *Journal of International Economics*, 1981, 11 (3): 305 – 340.

[90] Elhanan Helpman. "Variable Returns to Scale and International Trade: Two Generalizations", *Economics Letters*, 1983, 11 (1 –2): 167 – 174.

[91] Elhanan Helpman, Assaf Razin. "Increasing Returns, Monopolistic Competition, and Factor Movements: A Welfare Analysis", *Journal of International Economics*, 1983, 14 (3 –4): 263 – 276.

[92] Facundo Albornoz, Gregory Corcos, Toby Kendall. "Subsidy Competition and the Mode of FDI", *Regional Science and Urban Economics*, 2009, 39 (4): 489 – 501.

[93] Effie Kesidou and Henny Romijn, "Do Local Knowledge Spillovers Matter for Development? An Empirical Study of Uruguay's Software Cluster", *World Development*, Volume 36, Issue 10, October 2008, Pages 2004 – 2028.

[94] Enke M. , & Greschuchna L. How to Initiate Trust in Business Relationships? Theoretical Framework and Empirical Investigation. Academy Marketing Science Congress Proceedings, Italy: Verona, 2007.

[95] Ettlie J. E. *Managing Technological Innovation*. John Wiley & Sons, New York, 2002.

后　记

看着已经完成的著作，我感慨颇多。

二十多年前本人为了及早跳出农门而略带遗憾地选择了上中专学校。有遗憾的人生是不完美的。为了人生不留遗憾和实现自己的梦想，我一直走在求学的路上，专科、本科、硕士直到博士，这一走就是十几年，当然，这一历程中也充满了酸、甜、苦、辣。

一路走来，离不开众人的关心、支持和帮助。首先，感谢我的博士生导师王正斌教授，在读博士期间，老师对于我的请教，有求必应，使我收获很多，本著作也是在我博士论文基础之上完成的。其次，感谢赵景峰教授的诸多帮助和热心指导，他不断地督促我追求进步。特别感谢同门张光辉博士，他一直给予我最耐心的指点和最无私的帮助，著作里包含着他的心血和成果。另外，还有华北水利水电大学管理与经济学院的各位领导和老师，工作和生活都离不开他们的关心和鼓励，在此一并致以深深的谢意。最后，感谢一直默默给予我关心和支持的家人，上至父母、妻子兄弟，下及孩子。他们永远是我不断前进的动力和最后的归宿。

谨以此，感谢他们。

黄志启于华北水利水电大学

2015 年 12 月 16 日